企业并购重组
财税一本通

巴海鹰 著

国家行政管理出版社
NATIONAL ADMINISTRATION PRESS
·北京·

图书在版编目（CIP）数据

企业并购重组财税一本通 / 巴海鹰著 . —北京：
国家行政管理出版社，2022. 1
ISBN 978-7-5150-1748-8

Ⅰ. ①企… Ⅱ. ①巴… Ⅲ. ①企业兼并－财务管理－中国 ②企业兼并－税收管理－中国 Ⅳ. ①F279. 23 ②F812. 423

中国版本图书馆 CIP 数据核字（2021）第 162193 号

书　　名　企业并购重组财税一本通
　　　　　QIYE BINGGOU CHONGZU CAISHUI YIBENTONG
作　　者　巴海鹰　著
责任编辑　王　莹
出版发行　国家行政管理出版社
　　　　　（北京市海淀区长春桥路 6 号　100089）
综 合 办　（010）68928903
发 行 部　（010）68922366　68928870
经　　销　新华书店
印　　刷　北京盛通印刷有限公司
版　　次　2022 年 1 月北京第 1 版
印　　次　2022 年 1 月北京第 1 次印刷
开　　本　170 毫米 × 240 毫米　16 开
印　　张　15. 25
字　　数　223 千字
定　　价　45. 00 元

序言一

并购重组是企业业务经营中最重要而又最复杂的活动之一，其财税处理贯穿并购重组全流程，其重要性不言而喻。但是，要讲清楚并购重组的财税问题并不容易，需要具有跨专业、跨行业、跨理论和实务的能力。跨专业是因为并购重组的财税问题涉及企业管理、会计、法律、证券、基金、税务等相关知识；跨行业是因为每一个并购重组业务都需要深入了解一个专门的行业；跨理论和实务是因为我国作为全球化下的新兴经济体，每一次并购重组都可能蕴藏着巨大商机，也可能埋藏着巨大风险，已有的并购重组理论并不能完全解释我国的并购重组实践，需要借鉴我国本土的智慧和经验。全国税务领军人才巴海鹰博士结合工作和学习中的实践和总结，编写了这本以并购重组财税为专题的著作，可以说是勇气可嘉、可喜可贺。我也非常荣幸能够受邀为本书作序。

正如文中所述，"企业并购重组几乎每天都在上演，今天你不谋划并购，明天你可能会被并购"。在市场上，投资人通过发现被低估价值或者有发展潜力的企业，通过并购重组进行业务调整，不仅会提升公司质量，改善产业结构，也能够优化资源配置，提高经济发展质量。据不完全统计，目前全球范围内每年公司并购重组市场交易额高达3万多亿美元，涉及交易数目达3万次之多。我国每年发生的并购重组交易数量也在不断增长，即使在"黑天鹅"事件频发的2020年，各类并购事件也发生了1893起，并购总规模超过120万亿人民币。如此巨大的并购交易市场，需要更多的专业人士参与其中，财税业务就是重要的内容之一。

并购重组的财税业务不同于企业日常的财税管理，而是与企业的并购策略紧密相关，贯穿并购的全过程。无论是前期的财税尽职调查、项目架构设计，还是并购中的资金筹集、并购支付的实施，以及并购后的评估和审计，等等，都离不开财税人员的专业服务。更重要的是，越来越多的企业高层管理者已经意识到，财税风险管控不仅每一个环节都需要考虑，而且需要前置到业务流程中。也就是说，在企业进行并购重组可行性设计的时候，就要考虑财税问题，这样不仅可以较为准确地评估项目的净收益，而且可以最大限度地做到合规安全，降低可能的财税风险，实现企业更加可持续的发展。这就要求财税人员不仅是并购重组业务的辅助者、提供支持的后台，而且需要作为核心工作组成员，在一线攻坚克难。

巴海鹰博士先后在辽宁省葫芦岛市国家税务局、宁夏惠农区国家税务局稽查局和宁夏回族自治区国家税务局进出口处工作，又在厦门大学攻读博士学位、在财政部科研所完成博士后研究。成功转型之后她曾服务某四大中国企业税务服务组、间接税组，现在担任中汇税务咨询的税务合伙人，并考入第五批税务领军人才。我与海鹰博士是参加税收会议讨论学习时认识的，并一起赴韩国首尔参加国际财政学会（IFA）第72届年会。年会期间朝夕相处，被这位"特别"的税务合伙人所折服。她乐观开朗、风趣幽默，谈起工作和业务举重若轻、颇有大将风度。她待人真诚、热爱学习，交流起来毫无芥蒂。熟识之后，更是在多个税收研讨会、交流会上见到她。自 2020 年起，她担任中央财经大学税务专业硕士的校外导师，她和蔼可亲，对学生关怀备至，给予学生很多专业能力和职业发展的指导。

可以说，该书的作者拥有税务系统和中介机构丰富的税收实务经验，又拥有税收理论研究的功底，是从事多项企业并购重组业务实践的总结和升华。相信这本书不仅是一本难得的工具书和业务指南，也是广大读者认识了解企业并购重组中财税问题的重要窗口。

何　杨

中央财经大学财政税务学院

副院长、教授、博士生导师

序言二

新冠肺炎疫情下世界经济格局的发展变化，赋予了企业并购前所未有的重大意义。一方面，基于人类命运共同体视角，世界经济复苏需要资本运营的活力催动。而企业并购正是一种重要的资本运营方式，开展好企业并购，无疑会给未来的世界经济复苏提供更多活力。另一方面，基于我国“双循环”新发展格局视角，我国经济持续向好发展需要运用好企业并购。2019 年 GDP 总量超过 1 万亿美元的 16 个国家中，只有中国在 2020 年实现正增长。其中，新冠肺炎疫情带来的海外订单增加等构成重要因素。只有及时跟进企业并购等资本运作，才有可能将暂时性的“订单客体优势”固化为长期性的“股权主体优势”，化危为机乘势而上，构建好我国“双循环”的新发展格局。值此重大历史机遇，我师妹巴海鹰所著的《企业并购重组财税一本通》面世了，可谓生逢其时，可喜可贺。

巴海鹰女士毕业于厦门大学，获得经济学博士学位，并在毕业后毅然离开体制内，投身财税咨询专业服务界打拼多年，现为中汇集团公司高级税务合伙人，国家税务总局领军人才，是名副其实的既有扎实理论功底，又有深厚实践底蕴的业界翘楚。这本书，是她在繁忙的日常工作和领军人才学习之余，呕心沥血之作。古人称立德、立功、立言为“三不朽”，巴海鹰女士在税务系统工作时，为国收税，业绩斐然；在财税咨询界工作时，为企业服务，有口皆碑，此可谓“立功”。她还在多家大专院校为税务、会计等专业的学生授课，为国家培养众多财税人才；在《税务研究》《国际税收》等业内顶级刊物发表文章，开拓财税研究新领域；现在又编著了企业并购重组专著，为国家“双循环”新发展格局献计献策，此可谓“立言”。既“立功”又“立言”，此之谓“立德”，立的是为国家做贡献之德，立的是为企业专业服务之德，立的是自我不断完善提高之德。

鉴于此，每每对他人提及巴海鹰女士，我是自豪的，为自己有这样一个优秀的师妹，为自己近朱者赤；我也是惭愧的，为自己的不努力，为自己的鲜有建树。虽然我是国家税务总局在全国选聘的十个特约研究员之一，但我清楚地知道，如果这个师妹当年没有离开税务系统，那么这个特约研究员称谓必定非她莫属。

谨以此序，向巴海鹰女士致以崇高敬意，向本书读者致以崇高敬意，向祖国建设者们致以崇高敬意。

谭　伟

中国社会科学院税务研究生导师

青岛市国际税收研究会秘书长

序言三

各位读者好：

同事海鹰女士嘱我为她的新书《企业并购重组财税一本通》作序，以前曾为许多财税实务的新书出版写过推荐语，作序倒是头一回，与有荣焉。借此机会，谈谈我对财税领域并购重组实务的浅薄体会。

并购重组是我关注和感兴趣的领域，正如孔子有云“好之者不如乐之者”，每天的实务工作中都会遇到这类的客户需求或者案例解读。开启与重组并购的缘分，还是来自我在2009—2010年在欧洲学习时的那次经历，有一门课程就是《M&A》，通过这个课程较为系统地学习了相关的法律、会计准则及其在欧美资本市场的著名案例。近十年，我也曾经写过若干篇涉及重组并购的实务文章，也常年为税务师后续教育和几所财经院校税务专业的研究生、本科生开展讲解并购重组的讲座。

理解财税实务的并购重组，首先需要厘清其定义。反复推敲，我觉得《关于企业重组业务企业所得税处理若干问题的通知》财税〔2009〕59号中“指企业在日常经营活动以外发生的法律结构或经济结构重大改变的交易，包括企业法律形式改变”最能涵盖其内涵。因为即使两家企业也可能产生重组交易，一项经济行为也可能涉及重组事项，所以很难用具体的交易对手和交易行为的数量来加以界定。而“日常经营活动以外的法律结构或者经济结构的重大改变”高度抽象地提炼出了并购重组的核心概念，即便是出自企业所得税的规范性文件，我觉得也适用于所有税种。

从无到有，新中国首例企业重组的案例出现于1984年，河北保定的纺织机械厂和锅炉厂兼并了当地的风机厂和针织器材厂。随后，企业间的并购重组现象逐渐出现。1989年颁布的《关于企业兼并的暂行办法》是我国首部有关企业重组的行政法规，其中对企业兼并涉及的财政税收问题进行了初步明确。随着党的十四大决定建立社会主义市场经济体制，企业重组开始进入市场化轨道。1992年，《股份制试点企业有关税收问题的暂行规定》首次对相关重组事项涉及的税收问题进行了明确。随着中国资本市场的建立，1993年，《关于股份制试点企业适用税收法律问题的通知》明确了境内企业改组为股份有限公司的税法适用问题。为了吸引外资，1997年，《关于外商投资企业合并分立股权重组资产转让等重组业务所得税处理的暂行规定》明确了外商投资企业几种常见重组方式的所得税处理。为了解决实践中重组收益和纳税能力不匹配的问题，2000年，《关于企业股权投资业务若干所得税问题的通知》规定企业整体资产转让中如果非股权支付比例不高于20%，则转让企业可暂不计算确认资产转让所得或损失，其取得股权的计税成本以其原持有资产的账面净值为基础确定。此期间跨越二十余年，不断出现的企业重组实践体现出“从无到有”的特征，为后续中国并购重组的税收政策制定奠定了实践基础。

从有到优，中国并购重组涉税法律体系的优化肇始于2008年。彼时，新《企业所得税法》及其一系列“四梁八柱”性质的规范性文件颁布实施，《国家税务总局关于〈股权转让所得个人所得税管理办法（试行）〉》的公告（国家税务总局公告2014 年第67 号）、《财政部 国家税务总局关于完善股权激励和技术入股有关所得税政策的通知》（财税〔2016〕101 号）等一系列并购重组的重要规范性文件相继出台，覆盖增值税、企业所得税、个人所得税、土地增值税、契税、印花税等主要税种，体现出中国重组并购涉税法律体系“从有到优”的发展特点，有效地促进了中国经济在十年间的跨越式发展。

从优到高质量发展，中国重组并购的财税法律体系还应该进一步与时俱进。法律总是滞后于日常经济和社会发展，这是一个普遍性规律。也正因为如此，应该秉持“税收法定”原则，进一步促使并购重组法律体系向高质量发展进化。目前，千变万化的“对赌、可转债等股份支付方式、合并破产重整及其债务重组、股权激励、非货币性交易”等均需要对现行税法进行评估和优化；企业所得税和个人所得税之间，企业所得税和增值税之间，在并购重组领域的衔接和适配也需要进一步厘清。值得一提的是，近年来，并购重组在诸如税务复议、税务诉讼领域的案例也逐渐披露，体现出虽然并购重组的财税法律体系较为完备，但仍有进一步“从优到高质量发展”的必要性，以便更好地节省行政和诉讼资源，更好地促进中国经济的转型升级。

海鹰女士是厦门大学的博士、财政部科学研究所的博士后、国家税务总局的领军人才，工作勤勉，积极乐观，各项工作取得了优异的成绩。《淮南子·原道训》有说“圣人不贵尺之璧而重寸之阴”，在繁忙的工作之余还能编撰出著作，本就是不易之事，在本书即将付梓之刻，我再次向海鹰女士致以祝贺。也期待越来越多的学者和财税实务的专家在并购重组领域取得更多更好的研究成果。

是为序。

孙　洋

中汇江苏税务师事务所董事长

序 言 四

重组好时节　税收正当令

近年来，各行业、各领域的企业、公司、事业单位等纷纷通过合并与分立、股权和资产收购、债务重组、资产划转等多种形式积极进行整合，兼并重组步伐加快，产业组织结构不断优化，取得了明显成效。在促进企业兼并重组的过程中，国家出台了一系列财政、金融、外汇、工商管理、税收方面的优惠政策来为其保驾护航、助威助力。就税收而言，我们可以毫不客气地说，"企业重组波澜壮阔，税收政策功不可没"。

面对企业改制重组的浪潮，财政部和国家税务总局顾全大局、脚踏实地、审时度势，对企业改制重组涉及的资产转让所得、资产评估增值、债务重组收益、土地房屋权属转移等给予税收优惠或者递延纳税，出台了《财政部 国家税务总局关于企业重组业务企业所得税处理若干问题的通知》（财税〔2009〕59 号）、《财政部 国家税务总局关于企业清算业务企业所得税处理若干问题的通知》（财税〔2009〕60 号）、《财政部 国家税务总局关于促进企业重组有关企业所得税处理问题的通知》

（财税〔2014〕109号）、《财政部 国家税务总局关于非货币性资产投资企业所得税政策问题的通知》（财税〔2014〕116号）、《财政部 国家税务总局关于个人非货币性资产投资有关个人所得税政策的通知》（财税〔2015〕41号）、《财政部 国家税务总局关于完善股权激励和技术入股有关所得税政策的通知》（财税〔2016〕101号）、《财政部 税务总局关于继续执行企业 事业单位改制重组有关契税政策的公告》（财政部 税务总局公告〔2021〕17号）、《财政部 税务总局关于继续实施企业改制重组有关土地增值税政策的公告》（财政部 税务总局公告〔2021〕21号）、《财政部 国家税务总局关于企业改制过程中有关印花税政策的通知》（财税〔2003〕183号）等一系列税收优惠政策或者特殊政策，即使是在备受关注的营改增纲领性文件《关于全面推开营业税改征增值税试点的通知》（财税〔2016〕36号）中也涉及资产重组的相关增值税政策规范。

税收政策的生命力在于其运用，而不在于其静态的文字表述。企业改制重组业务纷繁复杂，其涉税处理的争议也是层出不穷。如何理解和适用现行涉及企业重组的税收政策，如何解决企业重组中遇到的各类税收难题，我们经常会感觉“山重水复无疑路”。比如，资产收购过程中如果同时收购了与被收购资产有关的负债，这部分负债是否要作为非股权支付来看待？母子公司合并到底能不能适用特殊性税务处理？什么才是同一控制下不需要支付对价的企业合并？企业资产、负债等整体资产进行打包划转，能不能适用国家税务总局公告2015年第40号的有关特殊性税务处理政策？债务重组如果采用债权转股权的形式，如何确定相关股权的计税基础？美式企业重组中的三角合并怎样在中国落地？企业重组涉及的自然人股东的个人所得税如何找到好的解决方法？单位、个人在改制重组时以房地产作价入股进行投资，对其将房地产转移、变更到被投资的企业，暂不征土地增值税，这里的改制重组到底要不要作为一个前提条件来看待?“柳暗花明又一村”，如何推动重组涉税政策的优化与更新，为了解决这些涉及企业重组的重大实务操作问题，巴海鹰所著的《企业并购重组财税一本通》一书应运而生。巴海鹰博士是中汇税务师事务所的合伙人，税务师行业的标杆人物，一直在企业并购重组税务服务的第一线冲锋陷阵，她的作品不仅包含着个人多年的专业知识积累，更是和纳税人、税务机关之间充分互动交流的沉淀。

遇到一本好书，需要配一杯好茶，拿上一支笔，铺上一沓稿纸，深入去阅读和体会。有时若有所思、有时豁然开朗、有时低声吟唱。

读你千遍也不厌倦
读你的感觉像三月
浪漫的季节醉人的诗篇
读你千遍也不厌倦
读你的感觉像春天
喜悦的经典美丽的句点
重组税务的篇章
读你千遍也不厌倦

王　骏

中国财税浪子

北京中翰税务师税务师集团合伙人

前　言

企业并购一直是现代企业资本运营的主要手段。

企业并购项目实施大致包括并购战略定位及设计、并购财税运作、并购法务及并购风险把控、并购整合等。其中，企业财税人员在整个并购项目中起非常关键的作用。

企业并购项目实施中财税工作主要包括：参与并购项目设计、组织和参与并购前期财税尽职调查、并购支付安排、并购资金筹措、并购财务风险分析评估、并购过程中公司价值及资产评估、协调并购财务顾问、并购审计中介、并购后财税整合、并购财税账务处理等环节的工作。

企业并购财税工作具有很强的财税专业性，相关工作人员必须具备跨专业知识，即与并购相关的法务、证券、基金及并购目标行业相关的背景知识。

当前国内外并购市场发展迅猛，图书市场上介绍企业并购的书籍和资料很多，我们尝试结合多年并购财税工作实践，借助学习积累资料，重点从并购财税工作应用角度，阐述企业并购财税的相关知识及专业应用。然而在编写过程中，虽小心翼翼，但由于我们视野及水平有限，白天忙于日常工作，晚上一身疲惫敲击键盘，又急于将本书与广大读者分享，书中难免错遗不到之处，请广大读者及专业人士批评指正。

书中部分案例及文献来源于平时收集积累的专业机构的学习资料和网络资料（部分根据本书需要做了适当改编），在此向这些资料的原作者及分享机构致以最诚挚的谢意。由于时间仓促，有的可能尚未核证原出处及原作者，在此一并表示真挚的感谢和歉意，同时也期盼再版弥补遗憾！

本书可作为财经类大专院校师生学习有关企业并购知识的基础教材或补充读物，亦可为企业提供参考。

巴海鹰

2021 年 12 月于北京

目　录 MU LU

附　录

第一章　并购重组概述

企业并购一直是扩大规模、增强实力、提高效率的资本运营主要手段。

当前“并购重组”仍旧是企业资本运营的核心。

继全球五次并购浪潮之后，正在掀起中国企业主导的“第六次全球并购浪潮”；国内企业间并购浪潮更是如火如荼。

1895 年开始至今，全球共经历了五次大的企业并购浪潮。

全球历次的“并购浪潮”都不同程度地改变和促进了“商业生态”发展，人们从中看到更加广阔的经济前景。当前中国正引领全球产业并购整合——第六次并购浪潮正悄无声息地席卷而来。

随着中国经济改革开放逐步深入和市场经济体制的确立和完善，中国在全球的经济地位及影响日益提高，现已成为最大全球跨境并购收购国！近几年，中国企业频频“走出去”，在并购浪潮中快速崛起，以其高涨的投资热情，成为对外收购的主力军。

在过去的五次并购浪潮中，中国基本上是旁观者。而第六次并购浪潮可以形象地比喻为以中国为圆心，全球为半径。当前以中国企业全球产业并购为主导的“第六次并购浪潮”，是第一次以新兴市场去并购发达市场，第一次以非英语国家去并购英语国家，第一次以相对落后的产业去并购相对先进的产业——即“以弱并强”，正是因为这些独特的现象，才可以称之为学术意义上的“第六次并购浪潮”。与此前五次并购浪潮“以强并弱”不同的是，这一次是新兴经济体主导的对西方发达国家企业的并购，核心是技术、品牌、渠道、人才的全球整合。

2015—2019 年中国企业参与并购交易金额如图 1 - 1 所示。

综观全球范围内的主要工业国家，通过反思金融危机，都主动在知识、产业和政策三大纬度进行系统性创新，这集中反映在工业产业链层面的基于大数据（欧美称作 data intensive，我国称作 big data）的价值链重构

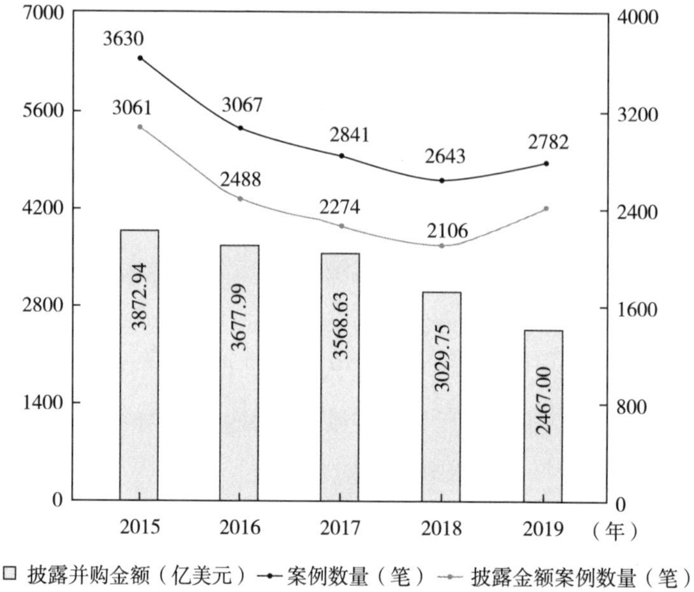

图 1－1　2015—2019 年中国企业参与并购交易金额

数据来源：CVSource 投中数据，投中研究院，2020 年 1 月。

活动，并以此重返高端制造业且试图继续处于全球领导地位。例如，美国的 3D 打印、页岩气、工业机器人，德国的工业制造 4.0，日本和韩国的 3D 打印、机器人。换而言之，全球范围内的主要经济体，在前期金融危机基础上，都在围绕现代数据技术进行本国高端价值链的恢复、重塑、整合和提升。对具体企业而言，实质上这是一个有破有立、有生有死、进行价值链扬弃的过程。

随着经济全球化进程的发展、中国加入 WTO 以及国企改革的进一步深入，我国企业也面临着产业整合、企业重组、社会资源重新配置的供给侧改革等一系列变革。特别是我国市场经济体制进一步深化，政府逐步放宽了对企业并购的限制，国内企业间并购热潮如火如荼。企业并购重组已成为当前企业扩大规模、增强实力、提高效率的重要手段。

我国自改革开放与实行市场经济以来，特别是到 2015 年 7 月，中国加入世贸组织已经整整 15 年，WTO 的 15 年保护期结束，税收、进口等发生了一系列实质性变化，依赖传统出口经济的企业躺着数钱的好日子一去不复返。WTO 后过渡期结束后，中国企业面临的产能过剩现象越来越严重，大批企业面临结构调整、产业转型等一系列问题。

另一方面，随着国家提出“大众创业，万众创新”，自主创业已经成为我国当代主题，在政府的推动下，一波又一波的创业者如雨后春笋般站上了这样一个创业的新舞台。在这个“全民创业”的时代下，“投机取巧”的并购必然成为有实力“取捷径”的资本运营手段。特别是以“互联网＋”为新模式的新企业层出不穷，伴随的不仅仅是表面上的一派繁荣，还有企业过剩以及产能过剩的问题。许多同类企业的竞相涌现，更使许多产业的竞争日趋激烈，在这种强烈的竞争关系下会产生许多问题。如企业恶性价格战、商家以次充好获利等。同时，必定能让一部分优秀的企业脱颖而出，也会有很多的企业因强烈的竞争面临绝境。在这种“大鱼吃虾”的特殊环境下，“并购重组”成了许多国内企业发展强大的必经之路，这也是维护整个社会企业良好发展的必然之策。

我国的供给侧改革，实质是为了适应这一轮全球化变革，在制造业、消费领域、金融领域进行的系统性、结构性的改革，在“产业层面、调控层面、财税制度层面、资本层面”四个维度着重发力，进行新的部署，形成“供给侧改革”的重点领域和规模，为了适应需求端的变化，既要在供给侧进行“去产能、去库存、去杠杆、降成本”的结构化重构，又要进行“价值链的转型创新，补短板”。

供给侧改革意味着，从央企到地方国企的整合将向下层逐级推开，针对企业价值链的“破产清算、剥离出售与混合所有制改革、资产证券化、传统企业＋互联网转型、一带一路”的建设进程将加快。同以往的淘汰落后产能相比，本次化解过剩产能不再只是针对经济形势的临时性措施，而是面向全局的战略性部署。

回顾我国资本市场近几年的各项变革，2016 年走过了不寻常的一年：一是为了支持实体企业发展，资本市场开始进行适应供给侧改革的结构化变化，包括新三板的分层、上海战略新兴板、创业板的 IPO 规则将做出实质调整和变化；二是海外红筹公司纷纷退市、借壳回国；三是门口的“野蛮人”增加，公司被举牌的可能性越来越大，公司原股东的控制权遭受挑战；四是注册制呼之欲出，导致资本市场的“壳”的期权价值发生变化，各种借壳案例和市场操作层出不穷；五是供给侧改革将会把市值管理推向新的高度，在资本市场公开操作的合规性前提下，注重实现股东价值和企业价值。供给侧改革要求企业进行价值链重塑，资本市场上各种基于“破产清算+重整”“并购+转型”的重组案例将成为主流。如此一来，我国资本市场有望在“十四五”期间因为丰富的公开操作而迎来更新的行情。

特别是在我国经济转型和政府推进供给侧改革的背景下，银行并购贷款业务条件的放宽、重组企业税收优惠、相关行政许可事项的取消和简化等一系列并购利好政策不断出台，这些改革红利的释放将有望进一步推动企业并购市场早日迎来黄金发展期。

目前众多传统行业面临着需求不振、产能过剩的阵痛，而代表创业创新的新兴产业将在整体经济结构中扮演更为重要的角色。此消彼长之下，越来越多的上市公司有动力通过并购重组向新兴行业转型。

此外，很多新兴行业已完成从萌芽期向成长期的过渡。行业处于成长期的一个显著特点是并购频繁，有先发优势的企业能够利用资本市场给予较高估值，进行产业并购以迅速扩大规模和市占率。

下面我们简要回顾分析一下国内上市公司与非上市公司并购情况。

国内上市公司的并购重组主要包括收购、重组、股份回购、合并、分立五种业务。从A股历年上市公司并购重组的具体情况来看，并购重组活跃度和交易规模整体呈井喷态势，并购案例数由2008年的18起增长到2015年的1444起，年均复合增长率高达72.5%。而且中国海外并购在2015年也再创历史新高，全年中资海外并购总计为478宗，涉及资金超过2268亿美元。

国内非上市公司方面：近年来IPO停闸开闸断断续续，不少企业宁愿选择借壳方式进入资本市场，使壳资源价格持续攀升；新三板火爆的另一面是大量挂牌企业缺乏交易与融资，被上市公司并购成为新三板企业另一出路。产业并购的驱动力也非常强，中小板和创业板企业成为产业并购主力军，一类是志存高远公司的产业整合和扩张，另一类是业绩下滑公司通过收购实现利润增长。

一些拟上市公司通过外延式的并购重组，重新整合重组资源，进一步对接资本市场资源，实现企业的迅速扩大和发展，让企业的市值翻倍，很多股东“一夜暴富”，成为亿万富翁。

中国境内很多房地产开发企业过去抓住了机遇，在市场上赚足了“金子”，当前又遇到国内房地产市场日益过剩、发展政策限制，于是转型、扩张是其理想的选择。

随着20世纪90年代我国“大经贸战略”和“走出去战略”的实施，中国赚足了大量的外汇储备，国内生产富足有余，使中国企业牢牢把握住了第六次并购浪潮的主动权和制高点。

一些商家认为：自己的公司不缺钱，但是要突破发展瓶颈，进行企业提升和发展，单纯依靠自主创新能力是不行的，因为周期太长，等不起。这也是很多企业热衷并购、急于出海的主要原因。

正是由于这样并购整合行业内资源，使之合理分配化，才实现了资源的合理效益规模化利用。并且，中国在并购重组支付手段、定价方面也变得更加灵活而有弹性。这些大尺度的“宽衣”，将大大降低企业并购重组成本。由此，真正市场化的并购浪潮将在中国掀起，辐射全球。

不论国内还是国外，企业并购的浪潮已经强势来袭。那么，谁将是傲立潮头的弄潮儿呢？中国显然是一个不可忽视的存在。

面对国际经济如此动荡的今天，未来我们各行各业都需要通过并购完成国内乃至全球市场的并购扩张，因为“今天你若不谋划并购，那只能等被并购”。

第二章 并购重组财务规则

不同时期不同国家（地区）的财税法规制度及会计准则对企业并购重组项目的决策及企业的市场股价表现有着关键影响。

以会计准则及制度为例，当前时期和地域所适用的并购重组财税法规制度及会计准则对该并购重组项目的重要影响表现为：并购重组前后，双方企业在市场上的股价表现是截然不同的。

由于会计制度和准则的规定对企业并购重组存在决策影响，因此企业开展并购重组前后，项目相关人士必须非常详尽地熟悉这个时期自己所在地区及并购目标公司所在区域相关财务规则。

一、中国并购财务规则

（一）中国财务法规基本体系

归纳我国会计法律制度体系，广义上的会计法规体系可包括狭义上的会计法规体系和《中华人民共和国公司法》（以下简称《公司法》）、《中华人民共和国税法》（以下简称《税法》）、《中华人民共和国保险法》（以下简称《保险法》）等其他财经法规体系。

狭义上的会计法规体系主要包括会计法律、会计行政法规和会计规章与制度等。其基本构成如下。

1. 会计法律

会计法律是调整我国经济事务中会计关系的法律总称，在我国就是《中华人民共和国会计法》（以下简称《会计法》）。我国的《会计法》于1985年1月21日第六届全国人大常委会第九次会议通过，根据1993年12月29日第八届全国人大常委会第五次会议《关于修改〈中华人民共和国会计法〉的决定》修正，1999年10月31日第九届全国人大常委会第十二次会议再次修订，自2000年7月1日正式实施。《会计法》是我国会计法律制度中层次最高的法律规范，是制定其他会计法规的依据，也是指导会计工作的最高准则，可以说是会计行业中的根本法，是“会计母法”。

2. 会计行政法规

会计行政法规指调整我国经济事务中某些方面会计关系的法律规范，主要由我国国务院制定发布，或者由国务院有关部门（主要指财政部）拟定经国务院批准发布，其主要依据《会计法》制定。例如，1990 年 12 月 31 日国务院发布的《总会计师条例》；1992 年 12 月 16 日国务院批准，1992 年 12 月 31 日财政部发布的《企业会计准则》；以及后来陆续颁布的一些具体企业会计准则。

3. 会计规章

会计规章是指由国家主管全国会计工作的行政部门——财政部就会计工作中某些方面的内容所制定的规范性文件。国务院有关部门根据其职责制定的会计方面的文件，如实施国家统一的会计制度的具体办法等，也属于会计规章，但必须报财政部审核批准。会计规章是依据会计法律和会计行政法规制定的。主要有国家财政部发布的《股份有限公司会计制度》《会计基础工作规范》，财政部与国家档案局联合发布的《会计档案管理办法》等。

4. 地方性会计法规

财会法规是我国经济法的一部分，会计法规与其他经济法规一样，是各省、自治区、直辖市人民代表大会及其常务委员会在同宪法和会计法律、行政法规不相抵触的前提下制定发布的会计规范性文件，也是我国会计法律制度的重要组成部分。

由上述可见，《会计法》是会计法律制度中层次最高的法律规范，是制定其他会计行政法规、会计规章的依据，也是指导会计工作的最高准则。

以上我国会计法规服务于国家经济建设，主要服务主体或者说调整的关系主体基本上是企业（公司），因此又都统一遵循于《公司法》，是在《公司法》框架下执行与实施的。

从广义财务法规角度考虑，可以归纳总结如图 2－1 所示。

图 2－1 为我国财务法规简单分类体系，属于总的会计规范体系范畴。狭义财务法规包括财务制度、会计制度两大类，其他相关财经法规有《公司法》《税法》等。会计规范体系实际上可细分为会计技术理论规范体系、会计制度规范体系、会计职业道德规范和会计法律规范体系等。

在会计规范体系中，从具体实施会计管理和最终成果角度看，会计技

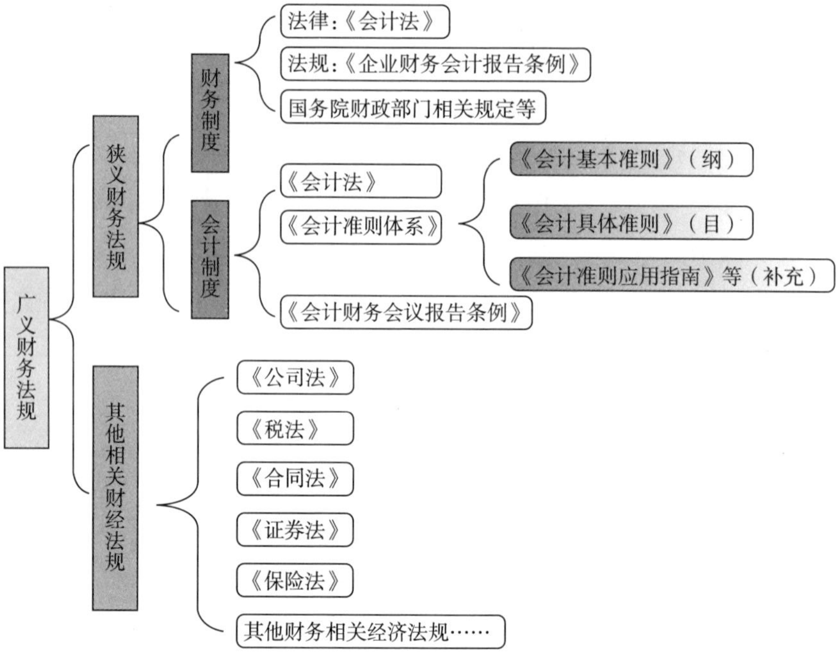

图2-1　广义财务法规结构图

术理论规范和会计制度规范是核心内容，而会计职业道德规范和会计法律规范是从外在特定的方面来约束和影响会计技术理论规范和会计制度规范的确立的。

（二）中国并购重组会计法规体系

中国并购重组会计法规体系主要由基本会计准则和相关具体会计准则、指南、解释、问题解答等构成。

上市公司并购法规体系如图2-2所示。在本体系中，《公司法》《证券法》是基础法规，上市公司并购主要涉及的到最重要的两个法规就是《上市公司收购管理办法》和《上市公司重大资产重组管理办法》。

中国会计准则：如2007年1月1日起施行的《企业会计准则——基本准则》等。

中国具体会计准则及应用指南：如2006年10月30日发布，2007年1月1日开始实施的《企业会计准则第20号——企业合并》及应用指南。

中国会计法规解释及问题解答：如2007年11月16日，《中国财政部关于印发〈企业会计准则解释第1号〉的通知》（财会〔2007〕第14

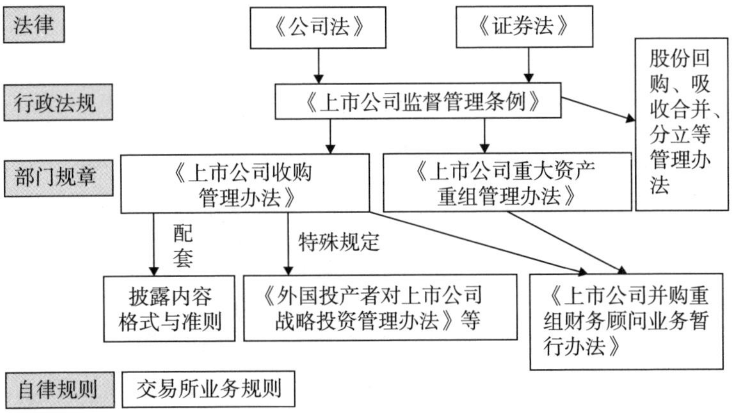

图 2－2　上市公司并购法规体系

号）；2008 年 8 月 7 日《关于印发〈企业会计准则解释第 2 号〉的通知》（财会〔2008〕11 号）；2009 年 6 月 11 日发布的《关于印发〈企业会计准则解释第 3 号〉的通知》（财会〔2009〕8 号）；2007 年 2 月 1 日发布的《企业会计准则实施问题专家工作组意见》（一）（二）（三）等。

2016 年 2 月 15 日，财政部在北京举行会计、审计准则发布会，共颁布了 39 项会计准则和 48 项审计准则，并规定于 2017 年 1 月 1 日在境内上市公司实行。会计准则的历史性变革，能在很大程度上改变财务报表数据，从而使上市公司的利润在短期内发生较大变化。

新准则较旧准则在修订上主要包括以下几个方面的内容。

（1）基本准则有所变更。新基本准则中的会计基本原则，继续保留了重要性原则、谨慎原则、实质重于形式原则等，也强调了可比性、一致性、明晰性等原则，但权责发生制和历史成本不再作为会计核算的基本原则。完善了会计一般原则。原准则第二章“一般原则”中，具体规定了 12 项会计一般原则。这些原则都是为了满足会计信息的真实、可靠、及时、有用、清晰明了等要求，国际上一般称为“会计信息或财务报表的质量特征”。新准则将原基本准则第二章“一般原则”修改为“会计信息质量要求”，主要是因为基本准则中再规定“一般原则”较难解释，与国际惯例也难以协调，改为“会计信息质量要求”更能体现该章的内容实质。同时对原准则规定的 12 项原则进行了适当调整：将权责发生制原则作为会计基础在总则中进行了规定。

（2）存货管理办法发生变革。新存货准则下，取消了“后进先出”法，一律使用“先进先出”法记账，这对生产周期较长的公司将产生一定影响。原先采用“后进先出”法、存货较多、周转率较低的公司，采用新的存货记账方法后，准其毛利率和利润将出现不正常的波动。例如，采用“后进先出”法的家电上市公司，在显像管价格不断下跌过程中，一旦变革为“先进先出”法，后果将是成本大幅上升，毛利率快速下滑，当期利润下降。

（3）计量基础有了较大的变革。新基本准则不再把权责发生制和历史成本作为会计核算的基本原则，把原来权责发生制原则改为了记账基础。由于公允价值的应用，计量成为此次准则修改中的一大亮点。此次准则体系中主要在金融工具、投资性房地产、非共同控制下的企业合并、债务重组和非货币性交易等方面采用公允价值，对公允价值的运用还是比较谨慎的。

（4）所得税会计处理方法有重大改变。所得税准则是本次企业会计准则体系中修订的一项重要内容。本准则没有按照原《企业所得税会计处理暂行规定》那样，将税前会计利润与纳税所得之间的差异分为永久性差异和时间性差异，而是直接借鉴《国际会计准则第 12 号——所得税》，采用暂时性差异的概念，据此计算递延所得税资产或递延所得税负债，由此确认的所得税费用包括了当期所得税费用和递延所得税费用。然后根据利润总额扣除所得税费用，得出税后利润即净利润。自财政部 1994 年发布《企业所得税会计处理暂行规定》以来，我国企业的所得税会计基本是应付税款法和纳税影响会计法（包括递延法和债务法）并存。绝大多数企业采用了应付税款法，而本准则引入了资产、负债的计税基础和暂时性差异等概念。要求企业在取得资产、负债时，应当确定其计税基础。资产、负债的账面价值与其计税基础存在差异的，确认所产生的递延所得税资产或递延所得税负债。而适用税率发生变化的，企业应对已确认的递延所得税资产和递延所得税资产负债进行重新计量。因此，本准则实际只允许企业采用纳税影响会计法中的债务法。这是对所得税会计的一个革命性变化。由于许多会计人员甚至是许多注册会计师对纳税影响会计法缺乏实际经验，可以想象本准则将是本次企业会计准则体系中实行难度最大的准则之一。

新会计准则体系的建立，顺应中国经济市场化和国际化的需要，以提高会计信息质量为核心，强化为投资者和社会公众决策提供有用会计信息的理念，首次构建了与我国社会主义市场经济相适应，与国际准则趋同、涵盖企业各项经济业务、可独立实施的企业会计准则体系，并为改进国际财务报告准则提供了有益借鉴，实现了我国企业会计准则建设性的跨越和历史性的突破。

中国会计准则基本体系如图 2－3 所示。

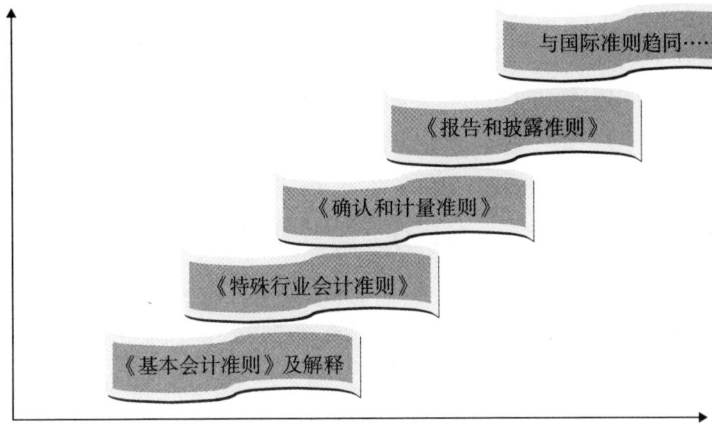

图 2－3　中国会计准则基本体系图

（三）中国并购重组法规体系

中国并购重组法规基本体系如图 2－4 所示。

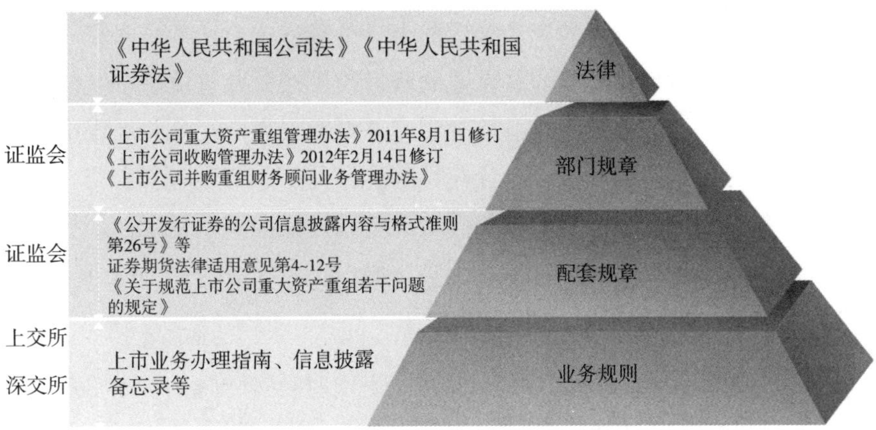

图 2－4　中国并购重组法规基本体系

此外，还包括《上市公司证券发行管理办法》《上市公司非公开发行股票实施细则》等法规，以及财税部门为企业并购重组业务专门出台的相关法规，如《企业重组业务企业所得税管理办法》。

（四）中国并购重组会计准则变迁

我国2006年2月15日颁布的《会计准则第20号——企业合并》并没有遵循国际惯例采用单一的购买法，而是采用两种方法进行企业合并核算：把企业合并分为同一控制和非同一控制两种情况，前者采用权益结合法，后者采用购买法。

在我国，上市公司在进行并购重组时将涉及股权转让、债务重组、资产出售、资产转换、资产注入等情形，在进行会计处理时，要求会综合运用债务重组、企业合并、长期股权投资等会计准则。上市公司并购重组根据上市公司控制权是否发生转移，分为同一控制和非同一控制下不同的会计处理方式。其中同一控制的企业合并采用权益结合法，非同一控制的企业合并采用购买法。

权益结合法是将规模大小相当的公司资产、负债和股东权益联合起来组成一个单一的、更大的经济实体；在计量基础的选择上，以原账面价值入账，不确认商誉；参与合并公司的留存收益在合并日，反映在合并公司的财务报表中；对所有合并公司的收益进行汇总作为合并收益对外报告，并不考虑合并发生的时间。

购买法则是要求所有权发生变化，即将一家公司视为买方，另一家公司视为卖方；采用了常规的资产购置的会计处理程序，注重合并完成日资产、负债的实际价值，对被合并企业的资产需要按公允价值进行重估；在合并日，只有购买方的留存收益反映到合并财务报表中；合并报表中的企业利润仅包括购买方的利润以及合并日后被购买方所实现的利润。

权益结合法与购买法的比较分析见表2-1。

表2-1　权益结合法与购买法的比较分析

项目	权益结合法	购买法
初始计量	合并方在合并日以其应享有的被合并方账面所有者权益的份额计量	购买方按照被购买方可辨认的净资产的公允价值入账
留存收益的处理	被合并企业在合并日前的盈利（即留存收益）作为合并方利润的一部分并入合并企业报表，不构成合并方的投资成本	被购买企业合并前的留存收益作为购买成本的构成部分

续 表

项目	权益结合法	购买法
商誉的确认	并不发生实质的购买交易	购买成本高于所取得被购买方可辨认的净资产的公允价值部分确认为商誉
对净资产收益率的影响	净资产收益率较高	净资产收益率较低

二、国际并购重组相关会计规则

（一）国际并购重组相关会计规则分析

会计，作为一种通用的商业语言，其内涵和外延是随着经济生活和商业活动的复杂化而不断扩展的。作为会计商业语言的沟通桥梁，国际会计准则也是与时俱进的。

在全球并购重组迅猛发展的大环境下，会计准则已经逐渐演变成一种较为完善和系统的制度安排。这种制度安排紧紧围绕着会计主体的并购重组运营运动展开，通过会计信息的制度化沟通，并结合其他制度，协调相关者利益，降低商业活动的风险，增强交易各方的信心，确保并购重组复杂的商业活动能够持续顺利地进行。

在不同的国家，政治体制、法律制度、文化习俗不同，从而会计作为制度安排也有所不同。在有些国家，会计准则的制定权限属于国家政府部门管辖，但在另一些国家则是民间组织的自发行为。因此，全世界范围内的统一会计模式至今尚未形成。

《国际财务报告准则》由国际会计准则委员会组织制定。截至 2015 年 1 月 1 日，国际会计准则理事会（IASB）批准了约 15 项国际财务报告准则、26 项国际会计准则、14 项国际财务报告解释公告和 7 项解释公告。

我国于 2006 年确立了与国际财务报告准则体系实质趋同的企业会计准则体系，2010 年又发布了《中国企业会计准则与国际财务报告准则持续趋同路线图》，并按照路线图的要求对准则进行了相关修订。

中国与国际会计基本准则比较分析见表 2－2。

表2－2　中国与国际会计基本准则比较分析

主要区别		中国会计准则（CAS） 2006年前的会计准则	中国会计准则（CAS） 新会计准则（2006年版）	国际准则编报财务报告的框架
基本会计准则	目标	无特指的目标人群	以公众投资者为首的财务报告使用者	外部财务报告使用者
	功用	符合国家宏观经济管理需要，满足了解财务信息的需要等	满足财务报告使用者决策需要	满足决策和监督需要
	性质	披露工具	交流工具	交流工具
	基础	核算基础为权责发生制，核算前提为持续经营	确认、计量和报告基础为权责发生制，确认、计量和报告前提为持续经营	权责发生制和持续经营均为报告基础
	记账本位币	人民币	人民币，以外汇收支为主，可选用外币	按所处经营环境及企业所使用的主要货币为功能货币
	要素	无差异	资产、负债、权益、收入、费用、利润	资产、负债、权益、收益、费用
	质量要求	无明显差异	真实可靠、内容完整，相关性，可理解，可比性，实质重于形式，重要性，审慎性，及时性	可理解性、相关性、可靠性、可比性以及公允表述
	计量方法	初始计量为实际成本，后继计量为市价、可变现净值、可回收金额	初始计量为历史成本、公允价值，后续计量为历史成本、重置成本、可变现净值、现值、公允价值	无差异

（二）国际上企业合并会计处理规则的变化

我们知道，会计师如果可以运用一种以上的方法处理企业合并，那么不同方法会产生截然不同的结果。这种情况会促使企业为达到特定的会计结果而调整交易。

据统计，20世纪90年代初，美国企业合并中采用权益结合法的只占5%，而到了90年代末，竟达到55%。由于采用权益结合法，被合并企业在合并年度所实现的利润也被包括到并购企业的利润中去，所以往往会产生“当期利润”，为此，权益结合法的使用历来被国际上很多国家（地区）会计准则制定组织严格限制。

2004年3月，国际会计准则理事会发布IFRS3（国际财务报告准则第3号），取代此前的企业合并准则IAS22，明确对独立主体间的合并只应采用购买法而废止权益结合法。

三、并购重组与中国及全球主要股票市场会计信息质量

会计信息质量事关企业并购重组，并对企业市场股价表现及社会产生一定的影响，对国内并购重组项目如此，对跨国并购重组项目亦如此。我们通过表2-2对国内会计规则与国际会计准则进行比较可以看出，正确采用会计准则处理，对一国（或地区）股票市场会计信息质量可靠性、稳健性、及时性、价值相关性等至关重要。

股票市场会计信息质量是企业管理层表述和独立的外部审计师向外部会计信息使用人确保这些表述正确性的共同作用的结果。管理层的动机影响暂不考虑，而审计师的类型也会对会计信息质量产生重要的影响：一般大规模的审计机构（如“四大”会计师事务所）通常比小规模审计机构的审计质量高，审计信息质量可靠，其一般被认为有动机确保客户遵循会计准则。相对来说其审计后的会计信息质量对企业并购重组更客观、有利。

会计信息质量是一个比较抽象、综合性的概念，影响会计信息质量的因素比较多。会计信息质量不仅是会计监管（含准则制定）中的关键问题，还是会计理论研究尤其是经验研究中的一个核心问题。我们可以分别从中国境内企业层面和境外国家层面分析研究。

蒋义宏等（2008）围绕中国上市公司信息质量研究分别从盈余质量、盈余管理、价值相关性、及时性、预测价值、可比性和审计收费等七个角度开展研究。

在全球主要股票市场会计信息质量研究方面，由于国家层面会计信息质量除了受管理层动机的影响，还与一国（地区）的制度环境密切相关，包括法律渊源（英美法系 common law 和大陆法系 code law）、政治、经济、

文化、股票市场发展程度、公司治理、会计准则及执行情况等，这些因素的存在对一国（地区）股票市场会计信息质量计量十分困难。这必然使我们开展跨国并购重组项目相比较国内并购重组项目来说困难得多。

过去十多年，世界各国（地区）股票市场监管部门、会计准则制定机构、国际组织（如 ISOCO、IASB、IFAC）等为改进会计信息质量，尤其是改进财务报告的可比性采取了很多实质性措施，这使一国（地区）会计准则等相关制度在这段时期里发生了较大的变迁，其中较为明显的一个变化是越来越多的国家（地区）股票市场开始强制采纳高质量的 IFRS（国际财务报告准则）。

陈辉发博士认为：全球主要股票市场会计信息质量可以从以下几方面考量，即避免亏损比例、避免盈余下降比例、应计利润大小、非审计意见比例、非“四大”审计师比例、审计费用大小等六个方面。在此基础上可以研究全球主要股票市场会计信息质量综合指标，即财务报告质量指标指数。

财务报告质量指标指数是一项综合指标，其取决于上述六项指标得分，是根据每个证券交易所每年所有六项会计信息质量指标得分的算术平均，从而得出该证券交易所每年的财务报告质量指数，即

财务报告质量指标指数 =（避免亏损比例 + 避免盈余下降比例 + 应计利润大小 + 非审计意见比例 + 非“四大”审计师比例 + 审计费用大小）/6

如某一指标缺失，假设某年的审计费用数据无法获取，则以前五项会计信息质量指标得分除以五得出该年度交易所会计报告信息质量指标指数。

并购重组主要会计信息质量（计量属性）比较见表 2 - 3。

表 2 - 3　并购重组主要会计信息质量（计量属性）比较

国际会计准则概念框架中的计量属性	中国已修改及准备修改的会计准则概念框架
1. 历史成本 2. 现行成本 3. 可变现价值 4. 现值	1. 重置成本 2. 可变现净值 3. 使用价值 4. 公允价值

第三章　并购重组融资与支付安排

业内将并购支付方式和并购融资方式并称为“并购财务方式”。

并购支付安排及并购融资是成功并购的关键。

当并购企业决定对目标企业（target）并购时，企业财务首先要面对两个基本问题：一是支付安排问题；二是并购融资问题。

并购资金通常不是一个小数目，仅靠企业自身积累资金是远远不够的。为此，在并购支付安排设计与并购融资上很有讲究。

支付问题是指并购企业应以何种资源获取目标企业控制权；融资问题是指并购企业应该利用何种金融工具筹集用以实施并购所需的资源。

并购支付方式和并购融资方式选择设计问题最终都可归结为收购企业利用何种金融工具实施并购的问题，其所讨论的焦点是一致的：均涉及企业的融资方式。

业内将融资方式和支付方式并称为“并购财务方式”。

本章我们先介绍有哪些并购融资方式，再以此分析并购支付安排。

第一节　并购重组融资的方式

并购融资是指并购企业为了兼并或并购目标企业而进行的融资活动。根据融资获得资金的来源，我国企业并购融资方式可分为内源融资和外源融资。两种融资方式在融资成本和融资风险等方面存在着显著的差异。这对企业并购活动中选择融资方式有着直接影响。

并购融资方式如图 3－1 所示，其主要方式包括以下两个方面。

（一）内源融资

内源融资（internal financing）是指企业通过自身生产经营活动获利并积累所得的资金。内源融资主要指企业提取的折旧基金、无形资产摊销和企业的留存收益。内源融资是企业在生产经营活动中取得并留存在企业内

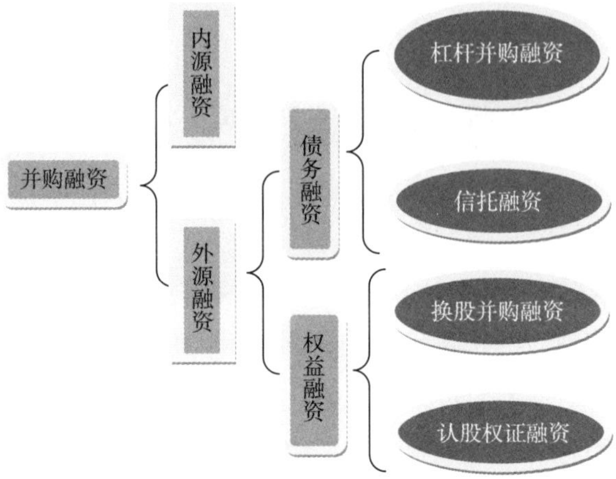

图 3-1　并购融资分析方式

可供使用的"免费"资金，资金成本低，但是内部供给的资金金额有限，很难满足企业并购所需大额资金。

（二）外源融资

外源融资（extermal financing）是指企业通过一定方式从企业外部筹集所需的资金，外源融资根据资金性质又分为债务融资（debt financing）和权益融资（equity financing）。

1. 债务融资

债务融资是指企业为取得所需资金通过对外举债方式获得资金。债务融资包括商业银行贷款、发行公司债券和可转换公司债券。债务融资相对于权益性融资来说，债务融资不会稀释股权，不会威胁控股股东的控制权，债务融资还具有财务杠杆效益，但债务融资具有还本付息的刚性约束，具有很高的财务风险，风险控制不好会直接影响企业生存。在债务融资方式中，商业银行贷款是我国企业并购时获取资金的主要方式，这主要是由于我国金融市场不发达，其他融资渠道不畅或融资成本太高。此外，并购活动也往往是政府"引导"下的市场行为，解决国有企业产权问题，比较容易获取国有商业银行的贷款。

（1）杠杆并购融资。杠杆并购（Leveraged buy-outs，简称 LBO）是指并购企业以目标公司的资产作抵押，向银行或投资者融资来对目标公司进行并购，待并购成功后再以目标公司的未来收益或出售目标公司部分资产偿还本息。杠杆并购融资不同于其他负债融资方式，杠杆并购融资主要依靠目标公司被并购后产生的经营收益或者出售部分资产进行偿还负债，而其他负债融资主要由并购企业的自有资金或其他资产偿还。通常，并购企业用于并购活动的自有资金只占并购总价的15%左右，其余大部分资金通过银行贷款及发行债券解决，杠杆并购具有高杠杆性和高风险性的特征。杠杆并购融资对缺乏大量并购资金的企业来说，可以借助于外部融资，通过达到“双赢”促成企业完成并购。

（2）信托融资。信托融资并购是由信托机构向投资者融资购买并购企业能够产生现金流的信托财产，并购企业则用该信托资金完成对目标公司的并购。信托融资具有筹资能力强和筹资成本较低的特点。根据中国人民银行2002年发布的《信托投资公司管理办法》规定，信托公司筹集的信托资金总余额上限可达30亿元人民币，从而可以很好地解决融资主体对资金的大量需求。由于信托机构所提供的信用服务，降低了融资企业的前期筹资费用，信托融资降低了融资企业的资本成本，信托融资就有利于并购企业完成并购目标公司。

2. 权益融资

权益融资是指企业通过吸收直接投资、发行普通股、优先股等方式取得资金。通过权益融资取得的资金可供长期使用，不存在还本付息的压力，但权益融资容易稀释股权，威胁控股股东控制权，而且以税后收益支付投资者利润，融资成本较高。

（1）换股并购融资。换股并购融资是指并购企业将目标公司的股票按照一定比例换成并购企业的股票，目标公司被终止或成为并购公司的子公司。换股并购通常分为三种情况：增资换股、库存股换股、母公司与子公司交叉持股。换股并购融资对并购企业来说不需要支付大量现金，不会挤占公司的营运资金，相对于现金并购支付而言成本也有所降低。换股并购融资对我国上市公司实现并购具有重要的促进作用。

（2）认股权证融资。认股权证是一种衍生金融产品，它是由上市公司发行的，能够在有效期内（通常为3～10年）赋予持有者按事先确定的价格购买该公司发行一定数量新股权利的证明文件。通常，上市公司发行认股权证时将其与股票、债券等一起发行，通过给予原流通股股东一定的补偿，提高了股票、债券等融资工具对投资者的吸引力，这样有助于顺利实现上市公司融资的目的。因此，发行认股权证对需要大量融资的并购企业来说可以成功达到筹资的目标。

我国资本市场在1992年就尝试应用权证，比如飞乐和宝安等公司发行了配股权证。但由于我国上市公司股权结构的不合理，一股独大，个别机构操纵市场，市场投机现象严重，权证交易不得不被停止。但随着我国资本市场各项法规、制度以及监管政策的到位，我国推出认股权证的条件逐渐成熟，相信认股权证融资终究会成为我国企业并购融资的重要方式。

第二节　并购重组融资的考虑因素及途径

一、选择并购融资方式的主要考虑因素

企业并购融资不仅对并购成功与否有直接影响，而且会对目标企业未来的发展产生重要影响。因此，在融资方式的选择上需要综合考虑，如图3－2所示。

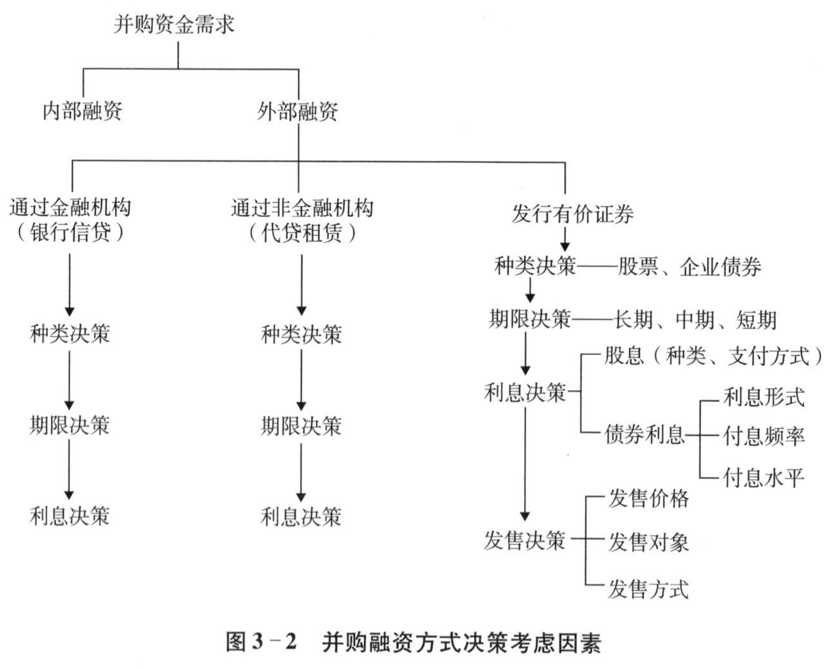

图3－2　并购融资方式决策考虑因素

（一）融资成本高低

资金的取得、使用都是有成本的，即使是自有资金，资金的使用也绝不是“免费的午餐”。企业并购融资成本的高低将会影响企业并购融资的取得和使用。企业并购活动应选择融资成本低的资金来源，否则，并购活动将违背并购的根本目标，损害企业价值。西方优序融资理论从融资成本考虑了融资顺序，该理论认为，企业融资应先内源融资，后外源融资，在外源融资中优先考虑债务融资，不足时再考虑股权融资。因此，企业并购融资方式选择时应首先选择资金成本低的内源资金，再选择资金成本较高的外源资金，在进行外源资金选择时，优先选择具有财务杠杆效应的债务资金，后选择权益资金。

（二）融资风险大小

融资风险是企业并购融资过程中不可忽视的因素。并购融资风险可划分为并购前融资风险和并购后融资风险，前者是指企业能否在并购活动开始前筹集到足额的资金保证并购顺利进行；后者是指并购完成后，企业债务性融资面临着还本付息的压力，债务性融资金额越多，企业负债率越高，财务风险就越大，同时，企业并购融资后，该项投资收益率是否能弥补融资成本，如果企业并购后，投资收益率小于融资成本，则并购活动只会损害企业价值。因此，我国企业在谋划并购活动时，必须考虑融资风险。我国对企业股权融资和债权融资都有相关的法律和法规规定，比如国家规定，银行信贷资金主要是补充企业流动资金和固定资金的不足，没有进行并购的信贷项目，因此，企业要从商业银行获取并购信贷资金首先面临着法律和法规约束。我国对发行股票融资要求也较为苛刻，《中华人民共和国证券法》《中华人民共和国公司法》等对首次发行股票、配股、增发等制定了严格的规定，“上市资格”比较稀缺，不是所有公司都符合条件可以发行股票募资完成并购。

（三）并购融资方式对企业资本结构的影响

资本结构是企业各种资金来源中长期债务与所有者权益之间的比例关系。企业并购融资方式会影响企业的资本结构，并购融资方式通过资本结构影响公司治理结构，因而并购企业可通过一定的融资方式达到较好的资本结构，实现股权与债权的合理配置，优化公司治理结构，降低委托代理成本，保障企业在并购活动完成后能够增加企业价值。因此，企业并购融资时必须考虑融资方式给企业资本结构带来的影响，根据企业实力和股权偏好来选择合适的融资方式。

（四）并购融资时间的影响

融资时间长短也会影响企业并购成败。在面对有利的并购机会时，企业能及时获取并购资金，方便快捷地快速获取并购资金有利于保证并购成功进行；反之，融资时间较长，会使并购企业失去最佳并购机会，甚至导致不得不放弃并购。在我国，获取商业银行信贷的时间通常比较短，而发行股票融资面临着严格的资格审查和上市审批程序，所需时间较长。因此，我国企业在选择融资方式时要考虑融资时间问题。

二、并购融资的途径

（一）利用中小企业并购基金融资

从我国中小企业并购融资渠道狭窄的实际出发，应由政府部门资助或牵头设立中小企业并购基金。该基金以产权交易市场为主要投资领域，专门为企业资本扩张或重组调整提供融资与相关服务。按基金与被投资企业的关系可将并购资金划分为参与型并购基金与非参与型并购基金。

有发展前景的中小企业在实施并购时理应得到政府的支持，因为中小企业并购有利于当地企业结构和产业结构的调整，有利于区域经济发展。

（二）利用无抵押贷款融资

无抵押小额贷款是专门针对中小企业的一种贷款形式，是金融机构面向普通小企业提供的信用贷款产品。金融机构对资金需求方提供贷款支持，不需要正常商业贷款所需要的固定资产、提货单等抵押或担保。

由于无抵押贷款有很高的风险，所以对贷款企业要求的门槛较高。

（三）卖方融资

卖方信贷在美国称“卖方融资”（seller financing），是指卖方以取得固定的收购者的未来偿付义务的承诺。在美国，常于公司或事业部获利不佳，卖方急欲脱手的情况下，产生这种有利于收购者的支付方式。对于公司并购价格固定情况下的卖方信贷而言，运作过程比较简单。

并购双方依据并购条款及支付条款的规定存在一种明确的债权债务关系，并购后目标公司经营如何，并购成败与否是并购企业应该承担的责任，不可能无故解除或变更这种债权债务关系。

（四）管理层融资

在优势企业对目标企业进行并购的融资结构中，来自目标企业管理层的资本是重要组成部分。向目标企业管理层融资是多样化的，债务资本融资可以给予管理层稳定的债务利息收入，权益资本融资可以给予管理层较为丰厚的分配利润。

对于目标企业的管理层来说，拥有股权，就拥有企业的投票权和利润的分配权，这对他们来说是一种很大的激励。给予管理层一定的股权，也就给予了他们对公司一定的控制权和利润分配权。管理层一旦获得企业的股权，企业的利益就是管理层的利益。

可见，管理层融资的重要性并不在于融资本身，而在于建立起一种以股权为基础的激励机制。

三、并购融资策略

在中小企业并购融资过程中，策略的选择也非常重要，具体策略如下。

1. 挖掘内部潜力，充分利用企业不需要的非金融性有形资产

并购方利用拥有的机器设备、厂房、土地、生产线、部门等非金融性资产作为支付手段来实现对目标公司的并购。

2. 成功的连续抵押策略

针对我国中小企业资产少，普遍贷款难的情况，可以在融资过程中先以优势企业的资产作为抵押，向银行争取适当数量的贷款，等并购成功后，再以目标企业的资产作为抵押向银行申请新的贷款。

3. 风险资本的组合策略

这种组合策略包括风险资本来源的组合和债务资本、权益资本的组合。

来源组合就是指从多个风险投资公司获得，这样的组合不仅可以降低单个风险投资公司的融资额，降低融资的难度，而且可能由于风险投资公司的不同侧重优势给企业带来多方面的帮助和支持。

债务资本和权益资本的组合不仅是指债务资本主要来自风险资本，权益资本也可以部分来自风险资本，这样可以利用风险资本在债务资本和权益资本中的不同参与程度，获得大量的风险资本，同时可以得到风险资本

在企业管理、经营、市场和技术等方面的指导，提高管理水平，实现并购价值。

4. 分期付款策略

一般的做法是优势企业在获得目标企业控股地位的同时，以分期付款方式在一定时间内将款项付清，这样可以在一定程度上降低融资的规模和难度，尽快实现并购。

5. “甜头加时间差”

在获得债务资本时，可在利率等方面给债权方更大的让步，但交换条件是在较长时间内还款，这样可以减轻并购后随之而来的还债负担。

6. 国际融资

有优势的中小企业可以通过引进外资方式获取资金，丰富的国外资金可以保证并购企业快速发展。如尚德集团，2005 年 12 月 14 日成功在纽约纳斯达克市场上市，筹集资金近 4 亿美元。

7. 战略合作伙伴

中小企业在并购过程中，可以通过引进战略合作伙伴的方式筹集资金。看好企业前景的战略合作伙伴不仅可以在资金上对目标企业提供支持，而且可以提供管理经验、市场消息，保障完成并购的企业整合。

当然，实际操作时应根据企业具体的情况，采取不同的策略。但这些策略的目标应以降低融资金额和融资成本、降低还债压力、保证并购效应的实现为基础。

第三节　并购重组支付方式的类型

企业并购支付方式不是单方面可以决定的，主要取决于双方谈判的结果。

一、企业并购支付方式

并购支付方式大致可以分为以下几种类型，如图 3－3 所示。

（一）现金支付型

以现金支付股权并购或资产并购的价款。用于支付的现金是广义上的货币资金，可以是现金、银行存款、汇票、支票等票据。

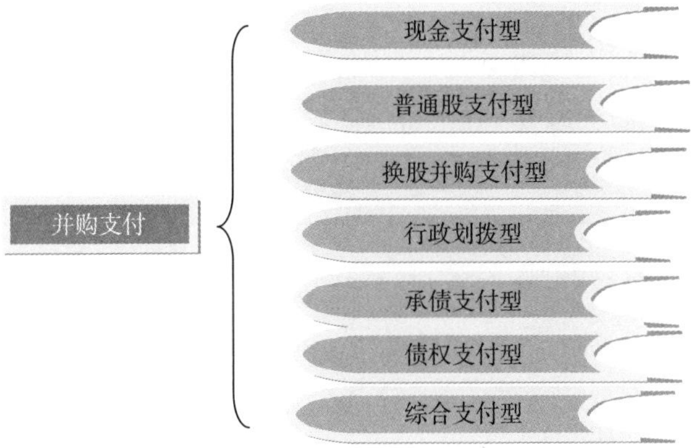

图 3－3 并购支付方式

现金支付可以是一次性支付全部并购价款，也可以是分期支付全部并购价款，或是结合其他支付方式支付并购价款。其资金来源包括自有资金、发行债券、银行借款等并购融资。

现金支付是并购交易中最简单的价款支付方式。目标公司的股东一旦收到其所拥有的权益的现金，就不再拥有对目标公司的所有权及其派生出来的一切其他权利。现金支付的优点在于交易简单、迅速。但现金支付会造成优势企业短期内大笔现金支出，一旦无法通过其他途径获得必要的资金支持，将对企业形成较大的财务压力，甚至有可能因现金流出量太大而造成经营上的困难；同时目标公司收到现金后，账面会出现一大笔投资收益，从而增加企业税负。

现金支付方式见表 3－1。

表 3－1 现金支付方式

交易方	优点	缺点
对收购公司	1. 速度快（使有敌意情绪的目标公司无法获取充分时间实施反并购措施；使潜在对手公司一时无法抗衡） 2. 股东权益不会被稀释	不适用
对目标公司	现金不存在变现问题	1. 纳税时间提早 2. 不能拥有并购后新公司的股东权益

（二）普通股支付型

普通股作为支付手段多见于善意收购之中，当猎手公司和猎物公司规模实力旗鼓相当时，换股并购的可能性就较大。普通股支付方式见表3－2。

表3－2　普通股支付方式

交易方	优点	缺点
对收购公司	1. 不会挤占公司的营运资金 2. 没有商誉摊销的成本压力 3. 可能造成并购景气	1. 速度慢（目标公司有时间布置反收购布防；竞购对手有机会插足） 2. 收购成本不易把握 3. 稀释股权，并购后的每股净收益回落
对目标公司	1. 推迟收益实现时间 2. 能够分享新公司所实现的价值增值	1. 提早了纳税时间 2. 不能拥有并购后形成的新公司的股东权益

（三）换股并购型

并购企业用实物资产换购目标企业的股权或资产，即目标公司的所有者以其净资产、商誉、经营状况及发展前景为依据综合考虑其折股比例作为股金投入，从而成为并购后新公司股东的兼并方式。换股并购可以使两家公司相互持股，结成利益共同体，同时并购行为不涉及大量现金，避免了所得税支出。但换股并购方式将导致股权结构分散，可能会不利于企业的统一经营和管理。值得注意的是，发达国家以换股方式进行并购的交易越来越多，其占并购总额的比重显著提高。

并购企业用于置换支付的资产是除现金外所有有形资产。置换支付包括三种具体形式：资产置换、股权置换、“资产＋股权”复合置换。

（四）行政划拨型（无偿划拨）

行政划拨型也叫无偿划拨，一般是指国家通过行政手段将一家国有企业的控股权直接划给另一个国有资产管理主体，而接受方无须向出让方支付现金、证券及票据等任何补偿。国有资产管理部门在进行国有企业产权转让时大多采取行政命令方式，不需要辅以任何支付行为。

（五）承债支付型（零成本并购）

承债型即债务承担，又称为零成本并购，即在资产与债务等价的情况下，优势企业以承担目标公司债务为条件接受其资产的方式，实现零成本并购。零成本并购的对象一般是净资产较低、经营状况不佳的企业。优势企业不必支付并购价款，但往往要承诺承担企业的所有债务和安置企业全部职工，这种情况在我国企业并购中尤为常见。零成本并购的好处是为优势企业提供了低成本扩张的机会，优势企业通过注入资金、技术和新的管理方式，盘活一个效益差的企业。同时，各级地方政府还常常制定一些优惠措施，以鼓励优势企业接收亏损企业、安置企业职工，因此，零成本并购还能额外享受一些优惠政策，促进优势企业的经营发展。但是，零成本并购也有它的弊端：一是目标公司往往债务大于资产，实际上已不是零成本，而是在接受一个资不抵债的企业；二是片面强调安置职工，结果造成人浮于事，反而拖累了优势企业。

（六）债权支付型

债权支付型，即优势企业以自己拥有的对目标公司的债权作为并购交易的价款。这种操作实质上是目标公司以资产抵冲债务。债权支付方式的优点是找到了一条很好的解决并购双方原债权债务的途径，把并购和清偿债务有机地结合起来。对优势企业来讲，在回收账款的同时可以扩大企业资产的规模。另外，有些时候债务方资产的获利能力可能超过债务利息，对优势企业的发展是比较有利的。

（七）综合支付型

综合支付型是指收购公司对目标公司的出价由现金、股票、认股权证、可转换债券等多种支付工具组成的一种方式。

由于单一的支付工具有着不可避免的局限性，因而把各种支付工具组合在一起，能集各种支付工具之长而避其之短。

然而，使用综合支付型具有一定的风险，有可能由于各种支付工具搭配不善而不能集长克短。

二、选择并购支付方式考虑因素

并购项目组财务专业人员通常在选择并购支付方式时需要从以下几个方面考虑：

（1）企业自身资金流及并购后企业资金流的充足性；

（2）支付方式对并购企业股权结构的影响，股权结构的变化是否会稀释股东权益；

（3）支付方式对并购企业资本结构的影响，需要考虑负债并购通常会导致企业资产负债率上升，增加财务风险；

（4）不同支付方式及融资方式选择，并购成本差异很大，有时需要在并购能否成交和支付时间、支付方式与支付成本的方面做出让步与选择。

三、中小企业并购中的支付方式

中小企业并购可以采取其中一种支付方式，也可以选择几种方式组合使用。

由于目前中小企业融资渠道受到限制，能筹集到的资金有限，因此应慎重考虑采用完全的现金支付方式，应多加利用换股支付等不立即支付现金的方式。中小企业支付方式见表3－3。

表3－3　中小企业支付方式

支付方式	考虑因素	交易条件
现金支付	为收购方股东提供确实价值； 可能影响收购方的信用评级和融资的灵活性； 被收购方股东可套现但存在税收影响	收购方具有较强的融资能力和较低的融资成本； 被收购方股东希望套现； 被收购方具有较高的税基而股东可享有较低的税率
换股支付	根据股价变动计算交易价值； 需要对收购方的股价做出长期评估； 对被收购方股东存在股价下跌的风险或收购方存在股价支付过高的风险	收购方股票的市盈率较高，存在较小摊薄风险； 股价流动不大或采用限价减少股价波动风险； 被收购方股东希望继续参与业务经营或避免现时付税

换股并购即投资者不是以现金为媒介对目标企业进行并购，而是增加发行本企业的股票，以新发行的股票替换目标企业的股票。股权式并购实际上也包括两种形式，即以股票购买资产和用股票交换股票。换股支付可以避免大量现金流出企业，这对筹集资金较难的中小企业特别重要。并购完成后，被并购企业的股东并不会因此失去他们的所有权，只是这种所有权由被并购企业转移到了并购企业，使他们成为扩大了的企业的新股东。

目前我国很多处于发展中的企业，都希望通过并购实现快速扩张，但并购融资问题成为其发展的瓶颈。对于这些企业来说，如果采用换股的方式，就可以有效解决并购资金不足的问题。换股并购对并购双方均有好处。在能给并购双方都带来并购利益，实现并购效应的情况下，两家企业采取换股并购的方式将更具有可行性。如果并购双方能把目标都放在并购后企业的长远发展上，从企业的壮大中分得长远利益，从企业发展的角度处理并购后的管理问题，则可避免换股并购中的问题。

综合支付方式多出于企业并购项目税收筹划考虑。

第四节 并购重组支付的财务风险应对

支付方式选择是并购活动的重要环节，交易应充分考虑双方资本结构，结合并购动机选择合理的支付方式。支付方式选择上还要充分考虑未来的资金需求以及未来现金流量的稳定性。支付方式的不当选择将会给企业带来较大的财务风险。

1. 总体策略在并购支付环节，并购方应从整体上考虑以下情况

（1）要深入分析自身的实际情况。如果并购方是非上市公司，一般只能用现金收购；如果并购方是上市公司，除现金外还可选择股票、债券或混合证券收购等。

（2）要了解并购方股东对股本结构变化的可能反应、并购方资产的流动性及融资能力。在采用股票收购方式之前，必须确定其主要大股东在多大程度上可以接受。采用现金收购方式时，必须考虑自己有没有足够的即时付现能力、现金回收率以及回收年限等。

（3）要了解目标公司的股东、管理层的偏好和目标公司的资本结构以及近期股价水平。为了保证并购交易的顺利完成，支付工具的选择应对目标公司完成并购后的资本结构有利，应能诱使目标公司股东或董事会出让股份，同时也要考虑支付方式对目标公司及其股东的税收影响。

2. 并购支付安排策略

（1）严格制定并购资金需要量及支出预算。并购企业在实施并购活动之前，应对并购各环节的资金需求进行周密预测及核算，并据此制订详尽的预算。以预算为依据，并购企业还应依据并购资金的支付时间确定并购资金支付程序和支付数量，并据此制订并购资金支付预算。这样做可以帮

助企业合理安排资金使用，降低财务风险，保证并购活动和企业生产经营的顺利进行。

（2）改进支付方式，降低支付风险。并购方在选择支付方式时可以充分考虑以下方式，以降低支付风险。一是股权支付方式。在全流通之后，换股并购不再因为股份流动性的差别受限，可以灵活运用到上市公司之间、上市公司与非上市公司之间。股权支付方式除公司之间直接以股份按照一定的比例进行互换外，定向增发加换股、回购加换股等方式都是可行的手法。并购估价将主要依据证券市场价格，而不再是净资产。采用换股收购能避免大量的现金流动压力以及对后续重核所带来的资金压力，而收购方能享受延期纳税和低税率的优惠，还可使并购双方共同承担股价下降风险。二是可转换债券支付方式。可转换债券为上市公司提供了一种以高于当期股价的价格发行普通股的支付工具，具有债券的安全性和股票可使本金增值的双重性质。可根据二级市场的预期波动以及基本的财务指标灵活运用可转换债券，在其递增利率、初始转股价的溢价比例、转股价格的修正条款、赎回、回售以及利率补偿或按浮动利率补偿等方面进行灵活设计，降低并购的财务风险。三是权证方式。上市公司采用二级市场竞价收购或要约收购加上权证的支付方式具有融资成本相对较低、规避风险的优点。对于拟收购上市公司的收购方而言，可发行目标公司的备兑权证来取得资金。由于权证允许持有人有权利但无义务以约定价格在约定时间购买或者出售约定数量标的资产的有价证券，因此并不会在发行权证之初就改变上市公司的股本结构和股东结构。上市公司可结合并购进程和并购成本收益预测，灵活运用该支付方式。四是混合支付方式。并购中将若干种支付方式组合在一起，综合其长处，克服其短处，这些支付工具不仅包括上述的现金和股票，还包括公司债券、优先股、认股权证和可转换债券等多种形式。使用混合支付方式将是股改后并购市场财务方式的发展趋势。

（3）合理安排支付时间。融资支付环节的财务风险在很大程度上来源于资产负债的期限结构上不匹配。对此，并购企业应认真分析资产负债的期限结构，利用合理手段降低这一风险。以下为两种常用的控制支付财务风险的措施。一是分期支付。采取分期支付的方式虽然可能会增加并购总成本，但这一方式可以减轻并购企业一次性支付所带来的大量短期现金需求负担，并购后企业的营业收入可以成为后期的支付金额的融资来源。此外，并购企业还可利用分期支付的缓冲期避免由于目标企业隐瞒债务所造成的潜在财务风险。二是主动与债权人达成偿债协议。国内并购实践中，一些并购企业往往由于并购后无法按时清偿到期债务而陷入财务困境，主要原因在于其并购前没有与目标企业债权人沟通。为防止这一情况的发生，应在并购前通知目标企业债权人，并与其达成债务偿还协议，以防止这一潜在的财务风险发生。

（4）尽量减少现金支出，降低流动性风险。为降低并购过程中的流动性风险，并购企业可以采取一些灵活的并购方式减少现金支出。一是效益补偿式并购。并购企业收购时，对于目标企业资产超过负债的余额，不马上支付现金，而是与对方达成协议，按协议基数和年限用并购后企业实现的利润进行清偿。二是先破产后并购。并购企业在目标企业宣布破产后再与破产企业清算组订立收购协议，以承担法院裁定的破产企业债务的方式并购目标企业。这一方式既避免了潜在的债务风险，又减轻了现金支出负担。三是背债控股并购。我国现行《中华人民共和国商业银行法》规定，信贷资金不得用于股权性投资，针对这一限制，在目标企业债务主要来自银行贷款且无力偿还时，并购企业可与银行达成协议，以承担目标企业银行债务的方式进行并购，从而绕开这一限制，减少现金支出。四是拆股分红式并购。并购企业不直接购买目标企业资产，而是与其所有者或主管机构协商，以入股形式将其净资产并入并购企业中去，并分取红利。既可缓解并购企业资金不足的问题，又可加快目标企业公司化改造进程。

（5）提高融资弹性。并购除了可以采用风险性较小的权益性融资方式，还可以考虑采用其他较灵活的融资方式，通过提高融资弹性来降低财务风险。如可提前收兑债券、可转换债券的融资弹性都较大。实施提前收兑和转换，均可提高企业反应能力，有效降低财务风险。当然，对于具体的融资支付方式的选择，还要在成本和灵活性之间做出权衡。

第五节　并购重组支付和融资方式的选择

一、我国企业并购支付和融资方式的现实选择

根据 1998 年 5 月 4 日《上海证券报》提供的统计资料，1997 年深沪

两市共有211家上市公司进行了资产重组，绝大部分公司的资产重组内容是股权或资产的兼并收购。并购的价款支付方式主要有现金支付、资产置换支付、混合支付、承担债务四种方式，其中以现金支付方式为主。现金支付方式的最大缺陷是：巨额的现金支付会给收购企业造成巨大的财务压力。

陈晓、单鑫（1999）通过对我国上市企业资本成本的实证比较和分析发现：债务融资成本远低于权益融资成本，债务融资依然能降低企业的融资成本，提高企业的市场价值。其主要理由是：①债务融资有助于降低经理人的代理成本；②负债程度尚未威胁企业的永续经营，破产成本不足以抵销前述债务融资收益；③利率刚性，债务利率不随企业杠杆增加而提高，负债水平不会增加债务成本。

沈艺峰、田静（1999）在对我国上市公司资本成本的定量研究中发现：在1995年、1996年，上市公司权益资本成本较债务资本成本分别高出7.72%、7.53%。他们建议，上市公司应选择成本较低的债务融资而不要一味追求权益融资。

阎达、耿建新和刘文鹏（2001）在对我国上市公司配股融资行为的实证研究中建议上市公司再融资应向多元化方向发展，大力发展债券市场，鼓励债券融资。

上述我国关于资本结构研究的部分实证结论和建议对我国企业关于并购财务方式选择的现实启示是：中国企业在选择现金支付方式的同时，应更多地关注债券支付方式或杠杆收购方式，并在适当情况下（如债务代理成本过高、资产专用性较高和控股权的保持）关注股票支付或交换方式。

并购企业可以结合自身能获得的流动性资源、每股收益摊薄、股价的不稳定性、股权结构的变动、目标企业的税收筹措情况，对并购支付方式进行结构设计，将支付方式安排成现金、债务与股权方式的各种组合，以满足收购双方的需要来取其长短。比如公开收购中的两层支付方式，第一层出价时，向股东允诺以现金支付，第二层出价时则标明以等价混合证券为支付方式。采用这种支付方式，一方面出于交易规模大、买方支付现金能力有限的考虑，维持较合理的资本结构，减轻收购后的巨大还贷压力；另一方面是诱使目标企业股东尽快承诺出售，从而使并购方在第一层出价时，就达到获取目标企业控制权的目的。

二、并购国有股权时应注意的问题

作为国有产权的一种重要类型，国有股权具有其特殊性，在设计国有股权的兼并收购上，相关行政规章中有诸多的限制和要求，特别是《企业国有资产监督管理暂行条例》《企业国有产权转让管理暂行办法》《企业国有资产评估管理暂行办法》等，对国有股权的转让程序、方式等做了具体规定。

为此在涉及国有股权并购时应注意以下方面的问题。

（一）国有股权的转让须经国有资产管理部门批准

根据《企业国有产权转让管理暂行办法》第八条的规定："国有资产监督管理机构对企业国有产权转让履行下列监管职责：……（二）决定或者批准所出资企业国有产权转让事项，研究、审议重大产权转让事项并报本级人民政府批准……"国有股权转让须获得国有资产监督管理机构的批准。

（二）国有股权转让的价格须经国有资产评估确定

《公司法》中并未对股权转让的价格予以规定，因此交易双方可以自行协商确定转让价格。但是，根据《企业国有产权转让管理暂行办法》第十二条的规定："按照本办法规定的批准程序，企业国有产权转让事项经批准或者决定后，转让方应当组织转让标的企业按照有关规定开展清产核资……"以及根据《企业国有资产评估管理暂行办法》第六条的规定，产权转让应当对相关资产进行评估。并且，根据《企业国有产权转让管理暂行办法》第十三条第一款的规定，转让方应当委托具有相关资质的资产评估机构依照国家有关规定进行资产评估。

但是，国有产权转让的定价一直备受争议，因为股权评估办法有多种，而不同的评估方法将得出多种不同的评估价格。实践中，国有资产评估多采用资产重置法进行，但对于一些盈利能力较差的国有企业，则被要求按照资产收益法进行评估。

（三）国有股权的转让必须在产权交易机构公开进行

《企业国有产权转让管理暂行办法》第四条规定："企业国有产权转让应当在依法设立的产权交易机构中公开进行，不受地区、行业、出资或者隶属关系的限制。国家法律、行政法规另有规定的，从其规定。"

此外，根据产权交易的规则，产权转让必须公告20个工作日；转让方可以设置受让方的资质条件、竞价保证金等以保障国有产权交易公正、公平和公开地进行。

（四）职工安置

根据《中华人民共和国劳动合同法》的规定，股权转让不影响劳动合同的履行，即不涉及职工安置的问题。但根据《企业国有产权转让管理暂行办法》的规定，国有产权转让涉及职工合法权益的，应当听取转让标的企业职工代表大会的意见，对职工安置等事项应当经职工代表大会讨论通过。产权转让方案和转让合同中也必须包括职工安置方案。

（五）交易价格的确定

根据《企业国有产权转让管理暂行办法》的规定，经核准或者备案后的评估报告确定的价格，为企业国有产权转让价格的参考依据。而产权交易过程中，当交易价格低于评估结果的90%时，应当暂停交易，在获得相关产权转让批准机构同意后方可继续进行。

产权转让信息公告期满后，若产生两个及以上符合条件的意向受让方的，由产权交易机构按照公告的竞价方式组织实施公开竞价；公开竞价方式包括拍卖、招投标、网络竞价以及其他竞价方式。

（六）转让价款的支付

根据《企业国有产权转让管理暂行办法》的规定，转让价款原则上应当一次付清。如金额较大、一次付清确有困难的，可以采取分期付款的方式。采取分期付款方式的，受让方首期付款不得低于总价款的30%，并在合同生效之日起5个工作日内支付；其余款项应当提供合法的担保，并应当按同期银行贷款利率向转让方支付延期付款期间利息，付款期限不得超过1年。

（七）违反国有股权转让规定的法律后果

根据《企业国有产权转让管理暂行办法》第三十二条的规定："在企业国有产权转让过程中，转让方、转让标的企业和受让方有下列行为之一的，国有资产监督管理机构或者企业国有产权转让相关批准机构应当要求转让方终止产权转让活动，必要时应当依法向人民法院提起诉讼，确认转让行为无效：

（1）未按本办法有关规定在产权交易机构中进行交易的；

（2）转让方、转让标的企业不履行相应的内部决策程序、批准程序或者超越权限、擅自转让企业国有产权的；

（3）转让方、转让标的企业故意隐匿应当纳入评估范围的资产，或者向中介机构提供虚假会计资料，导致审计、评估结果失真，以及未经审计、评估，造成国有资产流失的；

（4）转让方与受让方串通，低价转让国有产权，造成国有资产流失的；

（5）转让方、转让标的企业未按规定妥善安置职工、接续社会保险关系、处理拖欠职工各项债务以及未补缴欠缴的各项社会保险费，侵害职工合法权益的；

（6）转让方未按规定落实转让标的企业的债权债务，非法转移债权或者逃避债务清偿责任的；以企业国有产权作为担保的，转让该国有产权时，未经担保权人同意的。

（7）受让方采取欺诈、隐瞒等手段影响转让方的选择以及产权转让合同签订的；

（8）受让方在产权转让竞价、拍卖中，恶意串通压低价格，造成国有资产流失的。”

尽管《企业国有产权转让管理暂行办法》是由国有资产监督管理委员会和财政部联合发布的，在法律位阶上属于部门规章，不能适用《中华人民共和国合同法》第五十二条第五款“违反法律、行政法规的强制性规定”合同无效的情形，但未经上述规定和程序转让国有股权，有损害国家利益之嫌，可适用第五十二条第二款的情形。因此，遵守法律和行政规章对国有产权转让的规定，才能保证股权转让的顺利完成。

收购兼并在产业上一般分为纵向收购（产业链上下游）和横向收购（不同行业之间）两种。在纵向收购时，由于收购方对本行业的相关情况及运作模式都有较充分的理解，且在行业发展研究、人力资源、管理经验、技术积累、营销渠道等方面有一定的资源储备，因此相对来说比较容易把控并购时的重组风险。

而横向收购一般属于企业战略方面的重大调整，加上不具备纵向收购的行业优势，因此收购实施前的调研及相关资源（人员、资金、硬件、技术、渠道、制度、模式等）的准备工作就显得尤其重要了。这些前期工作都是为了减少重组风险，使被收购企业能够平稳过渡并尽快实现当初收购时的战略目的。

第四章　并购重组税务

税务是企业并购重组最为重要的问题之一，本章介绍了企业并购重组相关的一般税收问题，以及近年来一些主要并购（包括跨境并购重组）疑难税务问题，并且对并购重组税务筹划及并购重组税务风险分析控制进行简要介绍，供读者参考。

第一节　并购重组税务业务相关基础问题

一、并购重组的概念和形式

企业的并购重组是指企业在日常经营外发生的法律结构或经济结构重大改变的交易。具体来讲就是对企业股权或者资产业务的交易。进而会涉及股权或者资产业务权属的转移，如交易标的的体现形式、交易进度、交易价格、支付工具、并购融资、补偿及奖励安排、过渡期的安排、资产交割方式以及人员安排等。

并购重组的事项主要包括：出售或终止企业的部分经营业务；对企业的组织结构进行调整；关闭企业的部分营业场所，或将营业活动由一个国家或地区迁移到其他国家或地区；企业的并购重组还包括股权的分拆、合并、资本缩减或部分偿还以及公司名称或者法律形式改变的情形。

根据并购重组的方式或者资产不同，并购重组分为债务重组、股权收购、资产收购、企业合并和企业分立。债务重组，是指在债务人发生财务困难的情况下，债权人按照其与债务人达成的书面协议或者法院裁定书，就其债务人的债务做出让步的事项。股权收购，是指一家企业（以下称为收购企业）购买另一家企业（以下称为被收购企业）的股权，以实现对被收购企业控制的交易。收购企业支付对价的形式包括股权支付、非股权支付或两者的组合。资产收购，是指一家企业（以下称为受让企业）购买另一家企业（以下称为转让企业）实质经营性资产的交易。受让企业支付对价的形式包括股权支付、非股权支付或两者的组合。企业合并，是指一家或多家企业（以下称为被合并企业）将其全部资产和负债转让给另一家现存或新设企业（以下称为合并企业），被合并企业股东换取合并企业的股权或非股权支付，实现两个或两个以上企业的依法合并。企业分立，是指一家企业（以下称为被分立企业）将部分或全部资产分离转让给现存或新设的企业（以下称为分立企业），被分立企业股东换取分立企业的股权或非股权支付，实现企业的依法分立。

二、并购重组涉及的税种及相关税收法规

（一）企业并购重组中涉及的主要税种

根据重组的形式不同，并购重组中涉及的税种也不相同，主要来说，并购重组中涉及的税种包括：

企业所得税：对企业生产经营所得和其他所得征收的所得税；个人所得税：对个人取得的税法规定的经营或者利息、股息红利所得征收的一种税；增值税：对商品或应税劳务在流转过程中产生的增值额征收的一种流转税，如重组中发生的视同销售行为；土地增值税：对并购重组中涉及土地所有权转让的一种税；契税：不动产所有权发生转移变动对不动产所有人征收的一种税；印花税：对经济活动中应税凭证如产权转移书据征收的税款。

（二）并购重组的企业所得税涉税法规规定

近年来，随着企业并购重组步伐不断加快，为解决审批多、融资难、负担重、服务体系不健全、体制机制不完善、跨地区跨所有制兼并重组困难等问题，2014 年 3 月，国务院下发了《关于进一步优化企业兼并重组市场环境的意见》（国发〔2014〕14 号），强调进一步优化市场环境，鼓励企业兼并重组。2014 年底，财政部、国家税务总局联合发布了《关于促进企业重组有关企业所得税处理问题的通知》（财税〔2014〕109 号）和《关于非货币性资产投资企业所得税政策问题的通知》（财税〔2014〕116 号），将适用特殊性税务处理的资产（股权）收购中被收购资产（股权）的比例由不低于75%调整为不低于50%，同时，明确了股

权或资产划转特殊性税务处理政策，以及非货币性资产投资递延纳税政策。

2015 年 5 月底，国家税务总局发布的《关于资产（股权）划转企业所得税征管问题的公告》（国家税务总局公告 2015 年第 40 号），将资产（股权）划转适用特殊性税务处理的 4 种情形进行限定，并将资产（股权）划转“免税”政策的适用范围扩大到所有性质的企业。2015 年 6 月，国家税务总局发布了《国家税务总局关于企业重组业务企业所得税征收管理若干问题的公告》（以下简称 48 号公告），48 号公告的出台，在具体规范重组业务企业所得税管理的同时，将企业重组适用特殊性税务处理的条件进一步放宽，对于我国的并购重组将起到重大推动作用。

企业并购重组领域税务立法和税务执法的逐步规范，对于企业合理筹划，进行税务架构搭建以及进入资本市场也具有重要意义。

并购重组中，常会涉及的企业所得税法规主要包括：

《中华人民共和国企业所得税法》；

《中华人民共和国企业所得税法实施条例》；

《关于企业重组业务企业所得税处理若干问题的通知》（财税〔2009〕59 号）；

《企业重组业务企业所得税管理办法》（国家税务总局公告 2010 年第 4 号）；

《关于进一步优化企业兼并重组市场环境的意见》（国发〔2014〕14 号）；

《关于促进企业重组有关企业所得税处理问题的通知》（财税〔2014〕109 号）；

《关于非货币性资产投资企业所得税政策问题的通知》（财税〔2014〕116 号）；

《关于资产（股权）划转企业所得税征管问题的公告》（国家税务总局公告 2015 年第 40 号）；

《关于企业重组业务企业所得税征收管理若干问题的公告》（国家税务总局公告 2015 年第 48 号）；

《关于企业所得税有关问题的公告》（国家税务总局公告 2016 年第

80号)。

(三) 并购重组的个人所得税涉税法规规定

《国家税务总局关于个人终止投资经营收回款项征收个人所得税问题的公告》(国家税务总局公告2011年第41号);

《国家税务总局关于〈股权转让所得个人所得税管理办法(试行)〉的公告》(国家税务总局公告2014年第67号);

《财政部 国家税务总局关于个人非货币 资产投资有关个人所得税政策的通知》(财税〔2015〕41号);

《国家税务总局关于个人非货币性资产投资有关个人所得税征管问题的公告》(国家税务总局公告2015年第20号);

…… ……

(四) 并购重组的增值税涉税法规规定

《国家税务总局关于纳税人资产重组有关增值税问题的公告》(国家税务总局公告2011年第13号);

《国家税务总局关于纳税人资产重组有关增值税问题的公告》(国家税务总局公告2013年第66号);

《财政部 国家税务总局关于全面推开营业税改征增值税试点的通知》(财税〔2016〕36号);

…… ……

除上述列举的企业所得税、个人所得税、增值税外,并购重组过程中涉及的税收法规还包括土地增值税、契税、印花税。

三、企业重组涉及的税务术语

(一) 并购重组的类型和当事各方

各种方式下,并购重组的当事方也不同,具体见表4-1。

表4-1　并购重组当事方

并购重组类型	当事各方
债务重组	债务人、债权人
股权收购	收购方、转让方及被收购企业
资产收购	收购方、转让方

续 表

并购重组类型	当事各方
企业合并	合并企业、被合并企业及被合并企业股东
企业分立	分立企业、被分立企业及被分立企业股东

（二）重组日的确定

根据并购重组类型的不同，重组日的确定见表4－2。

表4－2 企业重组日

并购重组类型	重组日
债务重组	债务重组合同或协议生效日
股权收购	转让协议生效且完成股权变更手续日
资产收购	转让协议生效且完成资产实际交割日
企业合并	合并企业取得被合并企业资产所有权并完成工商登记变更日期
企业分立	分立企业取得被分立企业资产所有权并完成工商登记变更日期

（三）交易对价

交易对价是交易一方旨在为获取交易对方的资源而向其支付的一种补偿。实践中，交易对价的类型根据税务处理方式不同，分为股权支付和非股权支付两大类。

股权支付，是指企业并购重组交易中购买、换取资产的一方支付的交易对价中，以本企业或其控股企业的股权、股份作为支付的方式。

非股权支付，是指以本企业的现金、银行存款、应收款项、本企业或其控股企业股权和股份以外的有价证券、存货、固定资产、其他资产以及承担债务等作为支付的方式。

（四）一般性税务处理和特殊性税务处理

企业并购重组的税务处理形式分为一般性税务处理和特殊性税务处理。

一般性税务处理，是指交易以公允价值确认取得资产/股权的计税基础。交易发生时，确认应税所得或损失。并购重组各方，并购重组前亏损不得互相弥补或结转，税收优惠可以有限制地继续享受。

特殊性税务处理，是指交易的计税基础按照原有的计税基础确定，交易发生时，不确认应税所得或损失。纳税义务递延到本次交易涉及的资产/股权下次再转让的时候。

需要注意的是，同一并购重组业务的当事各方均应采用一致的税务处理方式，即统一按照一般性或者特殊性税务处理进行。

从企业所得税方面考虑，一般性税务处理和特殊性税务处理的区别见表4－3。

表4－3　一般性税务处理和特殊性税务处理比较

处理方式 考虑要素	一般性税务处理	特殊性税务处理
条件	没有特定条件	满足特定条件
税务处理	按交易价格重新确认计税基础，当期确认损益	原计税基础延续，损益递延
企业所得税事项结转	被合并或被分立企业的有关企业所得税事项不得承继	被合并或分立企业的有关企业所得税事项可以承继

（五）特殊性税务处理的相关规定

1. 适用特殊性税务处理的实体要件

根据目前的法规，可以适用特殊性税务处理的主体只能是企业所得税的纳税义务人，对于重组交易中的当事方涉及个人以及合伙企业等非企业所得税纳税义务人，则需要按照相关税收政策进行处理。

从反避税和不以减少免除或者推迟缴纳税款为主要目的的角度，国家从持续经营和权益连续两方面对企业特殊性税务处理方式的适用性进行了规定，特殊性税务处理的条件包括：

（1）合理的商业目的。实践中，通常企业应从以下方面说明企业重组具有合理的商业目的：

重组活动的交易方式；

该项交易的形式及实质，即形式上交易所产生的法律权利和责任，也是该项交易的法律后果。另外，交易实际上也是商业活动产生的最终结果；

重组活动给交易各方税务状况带来的可能变化；

重组各方从交易中获得的财务状况变化；

重组活动是否给交易各方带来了在市场原则下不会产生的异常经济利

益或潜在义务；

非居民企业参与重组活动的情况。

（2）股权比例要求。被收购，合并或分立部分的资产或股权比例需要符合规定要求以证明该重组交易对企业来说是重大的；对于股权收购，收购企业购买的股权应不低于被收购企业全部股权的50%；在资产收购中，受让企业收购的资产应不低于转让资产的企业全部资产的50%。

（3）经营期限限制。企业重组后的连续12个月内（自重组日起计算）不改变重组资产原来的实质性经营活动。

（4）股权支付限制。重组交易对价中涉及的股权支付金额应不低于交易支付总额的85%。换言之，非股权支付（包括现金、银行存款、应收款项、有价证券、存货、固定资产、其他资产和承担债务等）不能超过总价交易支付金额的15%。

（5）持股期限限制。企业重组中取得股权支付的原主要股东在重组后连续12个月内（自重组日起计算），不得转让所取得的股权。

2. 适用于一般性税务处理

除符合适用特殊性税务处理规定的外，企业的并购重组按以下规定进行税务处理，即一般性税务处理。

企业由法人转变为个人独资企业、合伙企业等非法人组织，或将登记注册地转移至中华人民共和国境外（包括港澳台地区），应视同企业进行清算、分配，股东重新投资成立新企业。企业的全部资产以及股东投资的计税基础均应以公允价值为基础确定。

企业发生其他法律形式简单改变的，可直接变更税务登记，除另有规定外，有关企业所得税纳税事项（包括亏损结转、税收优惠等权益和义务）由变更后企业承继，但因住所发生变化而不符合税收优惠条件的除外。

3. 特殊性税务处理的程序性要求

根据国务院《关于取消非行政许可审批事项的决定》中取消“企业符合特殊性税务处理规定条件业务的核准”的要求，改变了企业重组适用特殊性税务处理的管理方式，将其由书面备案改为年度汇算清缴申报，重新设计了报告表和附表，规范了申报资料，优化了征管流程，着重强调了后续管理的重要性。

企业符合并选择适用特殊性税务处理的，重组各方须在年度汇算清缴时进行申报并提交相关资料。

企业合并、分立中重组一方涉及注销的，应在尚未办理注销税务登记手续前进行申报。

重组主导方申报后，其他当事方向其主管税务机关办理纳税申报，须同时附送重组主导方经主管税务机关受理的《企业重组所得税特殊性税务处理报告表及附表》。

4. 特殊性税务处理所需报送的基本材料

当事方的重组业务总体情况说明，情况说明中应包括股权收购的商业目的；

双方或多方所签订的业务合同或协议；

由评估机构出具的公允价值、资产证明、计税基础有关材料；

证明重组符合特殊性税务处理条件的资料；

工商部门等相关部门核准相关企业变更事项证明材料；

税务机关要求的其他材料。

5. 跨年交易的规定

若同一项重组业务涉及在连续 12 个月内分步交易，且跨两个纳税年度，交易各方需要在首个纳税年度交易完成时，预计整个交易符合特殊性税务处理条件，经双方协商一致，选择特殊性税务处理的，可以暂时适用特殊性税务处理，并在当年企业所得税年度申报时提交书面申报资料。在下一纳税年度全部交易完成后，企业应判断是否适用特殊性税务处理。如适用特殊性税务处理的，当事各方应按税收法规要求申报相关资料。

如适用一般性税务处理的，应调整相应纳税年度的企业所得税年度申报表，计算缴纳企业所得税。若当事各方在首个纳税年度不能预计整个交易是否符合特殊性税务处理条件，应适用一般性税务处理。在下一纳税年度全部交易完成后，适用特殊性税务处理的，可以调整上一纳税年度的企业所得税年度申报表，涉及多缴税款的，可向交易各方主管税务机关申请退税，或抵缴当年应纳税款。

转让方对企业重组交易中股权支付的部分，暂不确认有关资产或股权的转让所得或损失。

同时受让方对所取得的资产或者股权的计税基础，以被转让资产或股权的原有计税基础确定。

转让方仍然应该按照以下公式计算确认非股权支付金额部分所对应的资产转让所得或损失，对相应资产的计税基础做出调整。即

转让所得或损失 =（被转让资产的公允价值 - 被转让资产的计税基础）×（非股权支付金额/被转让资产的公允价值）

此外，在企业合并与分立中，企业获得资产和负债的计税基础，以被合并企业、被分立企业的原有计税基础确定。

6. 特殊性处理的税收承继

特殊性处理的税收承继主要包括尚未确认的资产损失、分期确认收入的处理以及尚未享受期满的税收优惠政策承继处理，被合并企业合并前的相关所得税事项由合并企业继承、企业分立，已分立资产相应的所得税事项由分立企业继承等方面。凡属于就企业整体（即全部生产经营所得）享受税收优惠过渡政策的：

合并或分立后的企业性质及适用税收优惠条件未发生改变的，可以继续享受合并前各企业或分立前被分立企业剩余期限的税收优惠；

合并前各企业剩余的税收优惠年限不一致的，合并后企业每年度的应纳税所得额，应统一按合并日各合并前企业资产占合并后企业总资产的比例进行划分，再分别按相应的剩余优惠计算应纳税额；

就有关生产经营项目所得享受的税收优惠承继处理问题，按照《中华人民共和国企业所得税法实施条例》第八十九条规定执行：在减免税期限内转让的，受让方自受让之日起，可以在剩余期限内享受规定的减免税优惠；减免税期限届满后转让的，受让方不得就该项目重复享受减免税优惠。

四、企业重组税务处理之企业债务重组企业所得税处理

根据财税〔2009〕59 号，债务重组是指在债务人发生财务困难的情况下，债权人按照其与债务人达成的书面协议或者法院裁定书，就其债务人的债务做出让步的事项。在企业并购重组交易中，采用债务重组的方式，通常债权人会对债务做出让步，债务人通常会确认债务重组利得，债权人通常会确认债务重组损失，如果交易中债务方以非货币性资产清偿部分债务，债务交易还会存在视同销售的情况。债务重组交易的形式主要包括非货币性资产清偿、债务减免，债权转股权以及修改债务条件等方法。债务重组前后如图 4 - 1 所示。

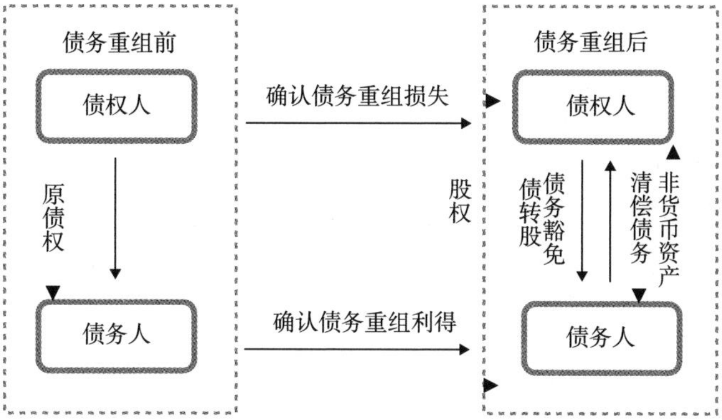

图 4-1　债务重组前后

对于上述债务重组中的税务处理，企业会依据交易情况和条件，选择一般性税务处理或者特殊性税务处理。其中，一般性税务处理的要点包括：

（1）若债务人以非货币资产清偿债务，交易应当分解为两项业务，即转让非货币性资产和清偿债务两部分。其中转让非货币性资产部分，需要按照公允价确认价值，清偿债务部分，债务人需要确认相关资产的所得或损失。

（2）若重组交易采用债权转股权的形式，交易应当分解为两项业务，即债务清偿和股权投资两部分，其中债务清偿部分需要确认有关债务清偿的所得或损失。

（3）一般来讲，债务人应当按照支付的债务清偿额低于债务计税基础的差额，确认债务重组所得；债权人应当按照收到的债务清偿额低于债权计税基础的差额，确认债务重组损失。

若上述债务豁免或债转股涉及境外的债权人，债务人在举债的时候同国家外汇管理部门履行过外债登记手续，则境内债务人需提供转股协议或债务豁免协议，并要就上述外债豁免或债转股安排同国家外汇管理部门履行相关企业转股和外汇清偿手续。

在债务重组交易中，交易很难符合特殊性税务处理的 5 项基本条件中“关于企业重组后的连续 12 个月内不改变重组资产原来的实质性经营活动”。此外，财税〔2009〕59 号文件中，企业重组中取得股权支付的原主要股东，在重组后连续 12 个月内，不得转让所取得的股权规定。根据国家税务局公告 2010 年 4 号文中的规定，原主要股东是指原持有转让企业或被收购企业 20% 以上股权的股东。

【案例】

甲公司为一家位于北京的商贸公司，其2020年2月向位于广东的乙公司采购服装，应支付人民币1000万元，截止到2020年8月，上述货款一直未得以清偿。甲公司发生财务困难，无力偿还上述债务，后经同乙方协商，2020年9月1日进行债务重组，以账面净值500万，公允价值700万的设备进行清偿。假设不考虑其他相关税费。甲公司当年应纳税所得额为2000万。

①无股权支付部分；

②债务重组利得=1000-700=300（万），占当年应纳税所得额的比例=300/2000=15%<50%。（计算占比不考虑设备转让所得）

以上债务重组方案不适用特殊性税务处理。

甲公司：确认非货币性资产转让所得=700-500=200（万），债务重组利得=1000-700=300（万）。合计500万计入当期应纳税所得额；

乙公司：确认债务重组损失=1000-700=300（万），可税前扣除。

债务重组所得税申报及关注问题：

申报材料：企业重组所得税特殊性税务处理申报资料一览表；

申报表格：企业重组所得税特殊性税务处理报告表、企业重组所得税特殊性税务处理报告表（债务重组）；

申报主体：当事各方（债务人、债权人）；

申报顺序：重组主导方申报后，其他当事方向其主管税务机关办理纳税申报（主导方为债务人）；

申报时限：重组各方应在该重组业务完成当年，办理企业所得税年度申报；

重组日的确定：以债务重组合同（协议）或法院裁定书生效日为重组日。

五、企业重组税务处理之股权收购企业所得税处理

根据财税〔2009〕59号规定，股权收购是指一家企业（收购方）购买另一家企业（目标公司）的股权，以实现对目标公司控制的交易。股权

交易的主体和客体是收购公司和目标公司的股东，收购对象是目标公司的股权。实践中，大多数股权交易的目的都是获得目标的控制权。股权交易完成后，收购方仅在出资范围内承担法律责任，目标公司的原有债务不具有承继性，即目标公司的原有债务仍由目标公司继续承担。

根据财税〔2009〕59 号文件规定，股权收购交易中，收购企业支付对价的形式包括股权支付、非股权支付或两者的组合。其中，股权支付，是指企业重组中购买、换取资产的一方支付的对价中，以本企业或其控股企业的股权、股份作为支付的形式。非股权支付，是指以本企业的现金、银行存款、应收款项、本企业或其控股企业股权和股份以外的有价证券、存货、固定资产、其他资产以及承担债务等作为支付的形式。

（一）股权收购支付方式

1. 股权支付

收购方企业以本企业股权或股份作为支付对价一般是一种增资扩股行为，定向增发交易完成后目标公司成为收购方企业的子公司，目标公司的原股东（即转让股权方）成为收购方企业的新股东。

对转让股权方来说，其实质就是对外投资业务，即以其持有的目标企业股权对收购方进行增资扩股，以控股企业股权或股份换取目标公司股权。具体如图 4 - 2 所示。

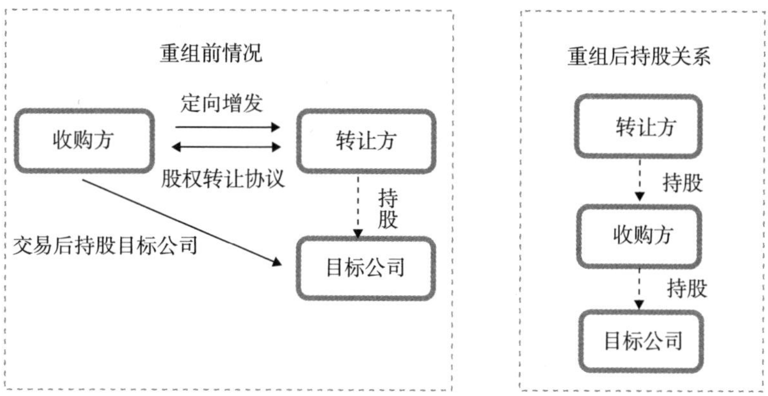

图 4 - 2　股权支付前后

2. 换股支付

收购企业以控股公司股权作为支付对价，其实质为换股行为。收购方以子公司全部股权收购被收购企业股权，交易完成后，收购方成为被收购企业的新股东，被收购企业股东成为收购方子公司的新股东，实现收购方用控股公司的全部或部分股权与被收购企业股东持有的被收购企业股权相交换。具体如图 4－3 所示。

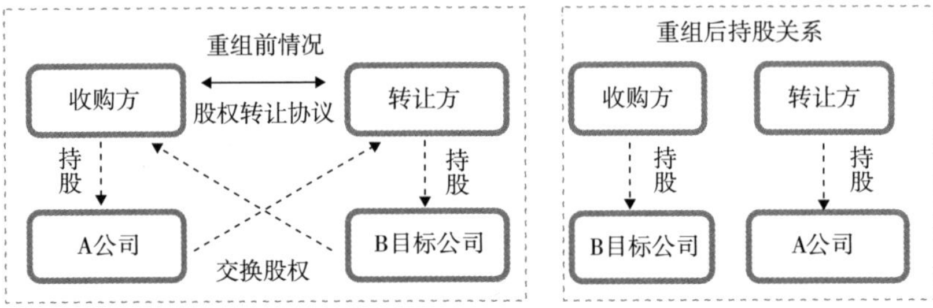

图 4－3　换股支付前后

3. 混合支付方式

收购企业如果一部分以非股权作为支付对价，被收购企业取得对价资产，另一部分通过定向增发形式支付则为混合支付行为。如图 4－4 所示。

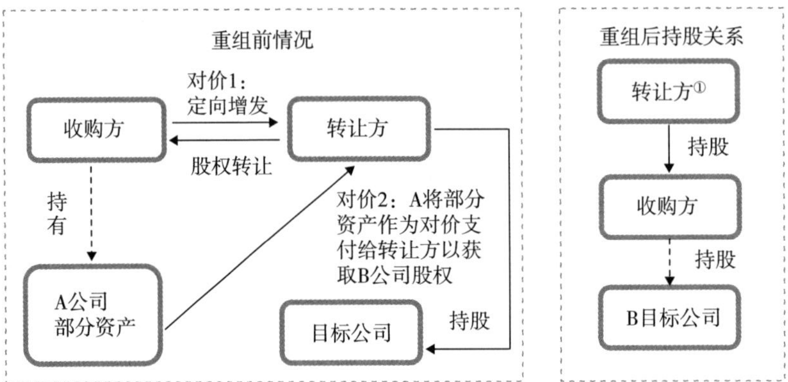

图 4－4　混合支付前后

（二）股权收购的税务处理要点

1. 特殊性税务处理要点

根据财税〔2009〕59 号，企业重组同时符合下列条件的，适用特殊性

① 转让方同时持有收购方以 A 公司资产作为对价支付的资产。

税务处理规定：

（1）具有合理的商业目的，且不以减少、免除或者推迟缴纳税款为主要目的。

（2）被收购、合并或分立部分的资产或股权比例符合规定要求以证明该重组交易对企业来说是重大的，对于股权收购，收购企业购买的股权应不低于被收购企业全部股权的 50%；在资产收购中，受让企业收购的资产应不低于转让资产的企业全部资产的 50%。

（3）企业重组后的连续 12 个月内不改变重组资产原来的实质性经营活动。

（4）重组交易对价中涉及股权支付金额符合本通知规定比例。

（5）企业重组中取得股权支付的原主要股东①，在重组后连续 12 个月内，不得转让所取得的股权。

股权收购案例中，对于收购企业股权比例有着强制的规定，根据税收法规定，收购企业购买的股权不低于被收购企业全部股权的 50%，且收购企业在该股权收购发生时的股权支付金额不低于其交易支付总额的 85%。符合上述规定的股权收购，可以选择适用于特殊性税务处理。企业在适用特殊性税务处理的时候，需要注意的要点包括：

（1）被收购企业的股东取得收购企业股权的计税基础，以被收购股权的原有计税基础确定。

（2）收购企业取得被收购企业股权的计税基础，以被收购股权的原有计税基础确定。

（3）收购企业、被收购企业的原有各项资产和负债的计税基础和其他相关所得税事项保持不变。

此外，适用于特殊性税务处理的股权收购，虽然免除了转让方当期的纳税义务，但是由于被收购企业被收购的股权按照公允价值增值的部分，原持有方并没有确认得利。因此收购企业在取得股权时，需要继续以原计税基础确定资产价值进行入账。

同时，需要注意的是，若交易涉及混合交易，即支付对价既有股权支付部分又有非股权支付部分，那么根据法规规定，只要股权支付部分可以

① 原主要股东，是指原持有转让企业或被收购企业 20% 以上股权的股东。

适用于特殊性税务处理，非股权支付部分需要按照比例确认转让所得或者损失，并调整相应资产的计税基础。

非股权支付对应的资产转让所得或损失 =（被转让资产的公允价值 - 被转让资产的计税基础[①]）×（非股权支付金额 ÷ 被转让资产的公允价值）

此外，根据国税函〔2010〕79 号第三条规定："关于股权转让所得确认和计算问题：企业转让股权收入，应于转让协议生效、且完成股权变更手续时，确认收入的实现。转让股权收入扣除为取得该股权所发生的成本后，为股权转让所得。企业在计算股权转让所得时，不得扣除被投资企业未分配利润等股东留存收益中按该项股权所可能分配的金额。"在实践中，基于上述规定，由于留存收益不能扣除，在股权交易中，大多数企业都选择先进行利润分配，再进行股权交易的方式，即在股权交易前，先将留存收益进行分配，若原持股方为公司法人的，可以享受企业所得税法中，关于符合条件的居民企业之间的股息、红利等权益性投资收益免征企业所得税的规定。

2. 特殊性处理的税务申报要求

当事各方应在完成重组业务后的下一年度的企业所得税年度申报时，向主管税务机关提交书面情况说明，以证明企业在重组后的连续 12 个月内，有关符合特殊性税务处理的条件未发生改变。

当事方的其中一方在规定时间内发生生产经营业务、公司性质、资产或股权结构等情况变化，致使重组业务不再符合特殊性税务处理条件的，发生变化的当事方应在情况发生变化的 30 天内书面通知其他所有当事方。主导方在接到通知后 30 日内将有关变化通知其主管税务机关。上款所述情况发生变化后 60 日内，应按照规定调整重组业务的税务处理。即不能再继续适用特殊性税务处理的，需要按照一般性税务处理执行。

对于转让方股东，必须所有股东都同意适用于同一税务处理，即若涉及转让方股东有自然人股东和法人股东的，需要所有股东都同意，才可以使用于特殊性税务重组。在实践中，对于股权交易中，个人股东是否可以适用于特殊性税务重组，不同地区的税务局有不同的观点。根据国家税务

① 被转让股权的计税基础为股东（投资者）投资入股时向企业实际交付的出资金额，或收购该项股权时向该股权的原转让人实际支付的股权转让金额。

总局公告2015年第48号规定"当事各方中的自然人应按个人所得税的相关规定进行税务处理"。在实践中，我们注意个别地区的税务局在判断自然人股东股权转让的纳税义务时，会判断相关股权转让的计税基础是否发生变化改变，从而判断是否适用于非货币性资产投资相关个人所得税处理政策，因此，可能存在着自然人股东由于不能享受递延纳税的税收优惠，从而不同意股权重组交易适用于特殊性税务处理的情况。

3. 股权交易中一般性税务处理和特殊性税务处理比较

股权交易中一般性税务处理和特殊性税务处理在转让方所得、收购方所得、转让方计税基础、收购方计税基础、纳税时点和两者优缺点等方面有所不同。如表4-4所示。

表4-4　股权交易中一般性税务处理和特殊性税务处理比较

处理方式 比较要素	一般性税务处理	特殊性税务处理
转让方所得	公允价值与原计税基础的差额	股权支付部分不确认所得，非股权支付部分按比例确认所得
收购方所得	公允价值与原计税基础的差额	股权支付部分不确认所得，非股权支付部分按比例确认所得
转让方计税基础	以公允价值作为计税基础	被收购资产的原计税基础（不包括非股权支付的部分）
收购方计税基础	以公允价值作为计税基础	被收购资产的原计税基础（不包括非股权支付的部分）
纳税时点	发生转让时纳税	递延到收购方再次转让时纳税
优缺点	由于需要在股权发生转让时缴纳税款，转让方需要储备足够的现金流。但是对于处在亏损情况下的转让方，股权转让中确认的应纳税额可以弥补企业的累计亏损	从收购方角度考虑，由于纳税义务递延到以后期间转让时，这样会增加收购方未来的税负。因此，收购方要考虑再次转让时限对递延税负的时间性成本影响，以及递延的税负是否应从交易价格中扣除等问题

4. 案例分析

（1）一般性税务处理——以定向增发方式收购100%股权案例。

甲公司拟通过定向增发的方式收购乙公司持有的丙公司100%股权。

交易各方相关信息如下：

甲公司：定向增发300万股，该股权计税基础为300万，每股3元，公允价值为900万元。

乙公司持有丙公司100%股权：账面价值500万，公允价值1000万元。

在此情况下，交易各方的税务处理见表4－5。

表4－5　一般性税务处理

公司＼相关信息	计税基础	纳税情况
甲公司	甲公司需要：新增长期股权投资——丙公司900万元，股本300万元，资本公积为600万元； 计税基础为其公允价值：900万元	发生当期无须纳税； 甲公司转让丙公司股权的时候，按照转让时的收入与计税基础的差额部分缴纳企业所得税
乙公司	乙公司需要：新增长期股权投资——甲公司900万元。同时，减少对丙公司的长期股权投资500万元，并按差额确认利得； 计税基础为其公允价值：900万元	公允价值与计税基础差额的部分400万元，需要在交易发生当期纳税； 乙公司转让甲公司股权的时候，按照转让时的收入与计税基础的差额部分缴纳企业所得税

（2）特殊性税务处理——以定向增发方式收购100%股权案例。

甲公司拟通过定向增发的方式收购乙公司持有的丙公司100%股权。交易各方相关信息如下：

甲公司：定向增发500万股，该股权计税基础为300万，每股2元，公允价值为1000万元。

乙公司持有丙公司100%股权：账面价值600万，公允价值1000万元。

假设该交易符合特殊性税务重组的各项规定，在此情况下，交易各方的税务处理见表4－6。

表 4-6　特殊性税务处理

相关信息 公司	计税基础	纳税情况
甲公司	甲公司需要：会计处理上，需要新增长期股权投资——丙公司 1000 万元； 税务处理上，需要确认长期股权投资——丙公司 600 万元	发生当期无须纳税
乙公司	乙公司需要：会计处理上，新增长期股权投资——甲公司 1000 万元，同时，需要确认 400 万元收益； 税务处理上，计税基础为乙公司新增长期股权投资——甲公司 600 万元	乙公司转让甲公司股权的时候，按照转让时的收入与计税基础的差额部分缴纳企业所得税

（3）税收优惠整体继承分立案例。

【案例】

某企业净资产公允价值 5 亿元。2018 年汇算清缴时，该企业年度应纳税所得额 1000 万元。该企业适用于企业所得税减半征收政策。由于业务需要，2019 年该企业将部分生产线职能剥离出来，2019 年存续分立企业净资产为 3 亿元，则该存续分立企业 2019 年应纳税所得额 800 万元，被剥离的分立企业净资产 2 亿元，所得额 600 万元。

【解析】

①一般性税务处理：

存续企业的税收优惠金额按该企业分立前一年的应纳税所得额（不考虑以往年度亏损）乘以分立后存续企业资产占分立前该企业全部资产的比例计算。

存续企业税收优惠金额 = 1000 × 3 ÷ 5 = 600（万元）

不能享受优惠的金额 = 800 − 600 = 200（万元）

应纳税额 = 600 × 25% ÷ 2 + 200 × 25% = 125（万元）

②特殊性税务处理：

均可以享受税收优惠。

存续企业应纳税额 = 800 × 25% ÷ 2 = 100（万元）

分立企业应纳税额 = 600 × 25% ÷ 2 = 75（万元）

六、跨境重组

（一）仅四种形式的跨境重组可以适用特殊性税务处理

第一类　非居民企业向其100%直接控股的另一非居民企业转让其拥有的居民企业股权，同时，该重组不会改变以后该项股权再次转让所产生的收益的预提税负担，且转让方非居民企业承诺3年内不转让其拥有受让方非居民企业的股权。

第二类　非居民企业向与其具有100%直接控股关系的居民企业转让其拥有的另一居民企业股权。

第三类　居民企业以其拥有的资产或股权向其100%直接控股的非居民企业进行投资，其适用的特殊性税务处理方法是该居民企业实现的资产或股权转让收益可以在10个纳税年度内均匀计入各年度应纳税所得额。这其实也是一种递延纳税。然而，对于这种情况，税法规定要求在交易发生时就确认收益，但可以将收益延到一定时期内才计算税金。

第四类　财政部、国家税务总局核准的其他形式。

（二）居民企业以其拥有的资产或股权向其100%直接控股的非居民企业进行投资的，应当报送以下资料

当事方的重组情况说明，申请文件中应说明股权转让的商业目的；

双方所签订的股权转让协议；

双方控股情况说明；

由评估机构出具的资产或股权评估报告，报告中应分别列示涉及的各单项被转让资产和负债的公允价值；

证明重组符合特殊性税务处理条件的资料，包括股权或资产转让比例，支付对价情况，以及12个月内不改变资产原来的实质性经营活动、不转让所取得股权的承诺书等；

税务机关要求的其他材料。

七、并购中的非居民代扣代缴税款——间接转让税务要点

（一）间接转让税务规则

1. 征管基础

否定导管公司存在：税务机关可按照经济实质对企业的避税安排重新

定性，取消企业从避税安排获得的税收利益。对于没有经济实质的企业，特别是设在开曼群岛等避税港，并导致其关联方或非关联方避税的企业，可在税收上否定该企业的存在。

2. 境内申报

申报义务人：间接转让中国企业的转让方，由取得所得的非居民企业自行或委托代理人向主管税务机关申报纳税。

申报义务触发：境外持股公司所在国或地区针对股权转让所得的实际税负低于12.5%；或境外持股公司所在国或地区对其居民境外股权转让所得不征收企业所得税。

申报地：境内目标公司所在地。若涉及跨省多个境内企业，可选择向其中一个所在地申报，由该地税务局与其他省市税务局协商确定是否征税，并报告国家税务总局。确定征税的，应分别报各地税务局申报纳税。

申报时间：合同签署后30日内。

3. 申报资料

股权转让合同或协议；

境外投资方与其所转让的境外控股公司在资金、经营、购销等方面的关系；

境外投资方所转让的境外控股公司的生产经营、人员、账务、财产等情况；

境外投资方所转让的境外控股公司与中国居民企业在资金、经营、购销等方面的关系；

境外投资方设立被转让的境外控股公司具有合理商业目的的说明。

（二）整体合同与境内划分

境外投资方（即实际控制方）同时转让境内或境外多个控股公司股权的，被转让股权的中国居民企业应将整体转让合同和涉及本企业的分部合同提供给主管税务机关。如果没分部合同的，被转让股权的中国居民企业应向主管税务机关提供被整体转让的各个控股公司的详细资料，准确划分境内被转让企业的转让价格。

（三）否定导管公司

通过滥用组织形式等安排间接转让中国居民企业股权，且不具有合理的商业目的，规避企业所得税纳税义务的，主管税务机关层报国家税务总局审核后可以按照经济实质对该股权转让交易重新定性，否定被用作税收安排的境外控股公司的存在。

八、重组企业所得税特殊性税务处理

（一）企业所得税特殊性税务处理

1. 申请方

由重组交易的主导方申请：债务人（债务重组）、转让方（股权/资产收购）、合并后存续企业（吸收合并）或合并前资产较大企业（新设）、被分立企业或存续企业。

2. 申请流程

非居民企业：省级税务局核准。

居民企业：需要到省局确认或主管地方局进行备案。实践中，各地方税务局的要求会略有差异。一般情况是：若涉及多家公司，或跨境、跨省跨地市的，一般在年度企业所得税汇算清缴前完成。

此外，对于财税〔2009〕59号文末明确规定可以适用特殊性税务处理的情形，若企业申请适用特殊性税务处理，需要报经国家税务总局批准。

对于跨年度重组业务，即连续12个月内分布交易，且跨两个年度的，第一步交易后，适用特殊性税务处理，经主管税务机关备案；第二步交易后确认适用特殊性税务处理；或第一年按一般税务处理；第二步交易后确认适用特殊性税务处理的，企业需要调整第一年企业所得税申报（即退税或抵缴第二年的企业所得税申报）。

3. 主要适用条件

交易需要满足特殊性税务处理条件：

有合理的商业目的，非单纯避税安排；

收购标的占目标50%以上；

股权对价占总对价85%以上；

交易涉及跨境的，交易双方需要存在100%控股关系；

重组交易完成后12个月内，被并购标的不改变资产经营实质；

重组后12个月内，被收购/吸并公司持股20%以上股东不转让所取得对价股份。

4. 适用范围

与股权支付相关的部分：需要特殊处理的仅限与股权支付部分相关的所得。其非股权支付仍应在交易当期确认相应的资产转让所得或损失，并调整相应资产的计税基础。

非股权支付对应的资产转让所得或损失 =（被转让资产的公允价值 - 被转让资产的计税基础）×（非股权支付金额 ÷ 被转让资产的公允价值）。

5. 优惠实质

税收递延，只是计税基础纳税义务的延续，并非免税或者不征税。

6. 税收递延

纳税义务递延至未来再转让时：股权/资产收购交易中，转让方取得对价股权的计税基础延续被收购标的的计税基础。

5 年递延：债务重组（债务人财务困难、债权人作出债务减让、债务重组所得占当年所得 50% 以上）。

10 年递延：居民企业以境内股权/资产向境外出资（出资对象：居民企业 100% 直接控股关系的非居民企业）。

7. 合并分立处理

计税基础延续：存续方接受被合并/被分立企业资产和负债的计税基础，以被合并/被分立企业的原有计税基础。

所得税事项承继：合并前的相关所得税事项（包括尚未确认的资产损失、分期确认收入的处理，以及尚未届满的税收优惠政策等）由合并企业承继，被分立企业已分立出资产相应的所得税事项由分立企业继承。

未弥补亏损有限度结转：被合并企业亏损，可由合并企业结转弥补的限额 = 被合并企业净资产公允价值 × 截至合并当年年末国家发行的最长期限的国债利率；被分立企业未超过法定弥补期限的亏损，可由分立企业结转弥补的亏损额 = 被分立企业总亏损额 × 分立资产占全部资产的比例。

对价股权计税基础：被合并企业股东取得合并企业股权的计税基础，以其原持有的被合并企业股权的计税基础确定。

被分立企业的股东取得分立企业的股权（以下简称“新股”）：如需部分或全部放弃原持有的被分立企业的股权（以下简称“旧股”），“新股”的计税基础应以放弃“旧股”的计税基础确定；如不需放弃“旧股”，则其取得“新股”的计税基础可直接将“新股”的计税基础确定为零，或者以被分立企业分立出去的净资产占被分立企业全部净资产的比例先调减原持有的“旧股”的计税基础，再将调减的计税基础平均分配到“新股”。

（二）跨境交易模式

1. 模式一：外转外，子公司变孙公司（主要针对境外资本运作）

非居民企业向其100%直接控股的另一非居民企业转让其拥有的居民企业股权情形，如图4-5所示。

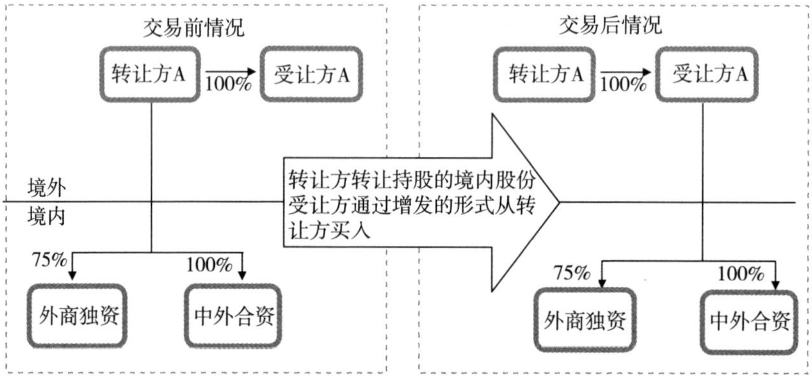

图4-5　外转外，子公司变孙公司

2. 模式二：外转内，子公司变孙公司或兄弟公司（主要涉及集团内部重组）

非居民企业向其具有100%直接控股关系的居民企业转让其拥有的另一居民企业股权，如图4-6所示。

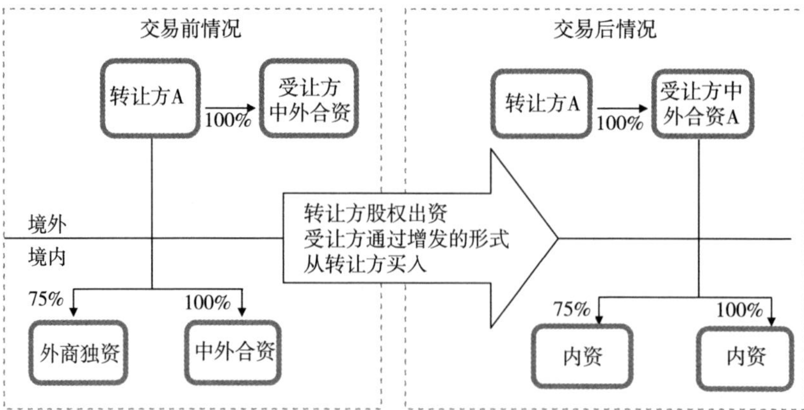

图4-6　外转内，子公司变孙公司或兄弟公司

3. 模式三：内转外，子公司变孙公司，内资变外资（主要针对境外资本运作）

居民企业以其拥有的资产或股权向其100%直接控股的非居民企业进行投资，如图4－7所示。

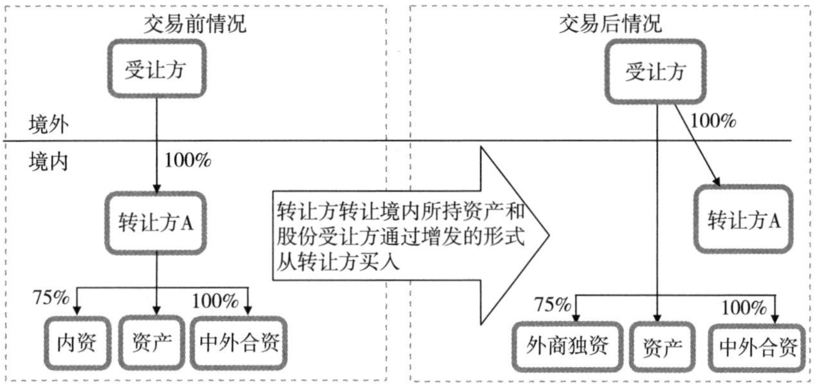

图4－7 内转外，子公司变孙公司，内资变外资

10年递延：该模式下，资产/股权转让收益如选择特殊性税务处理，可以在10个纳税年度内均匀计入各年度应纳税所得额。

实践中，受让方有可能会被依据国税发〔2009〕82号文认定为“境外注册中资控股企业”，在此情况下，受让方需要按照规定就其全球所得缴纳企业所得。在此情况下，受让方被认定为居民企业后，受让方从境内的分红所得可以依据政策，享受符合条件的居民企业之间的股息、红利等权益性投资收益免征企业所得税的优惠。

九、注册资本转增及净资产折股问题的税务影响

1. 资本公积（见表4－7）

表4－7 资本公积

	企业所得税	个人所得税
资本溢价	不视同分配，无企业所得税：股权（票）溢价所形成的资本公积转为股本的，不作为投资方企业的股息、红利收入（即意转增时无所得），也不得增加该项长期投资的计税基础，即未来转让时征收企业所得税；	不视同分配，不征收增值税：股份制企业用资本公积转增股本不属于股息、红利性质的分配，对个人取得的转增股本数额，不征收个人所得税；

续 表

	企业所得税	个人所得税
其他	视同分配：其他资本公积均为被投资企业经营过程中的成果，其权益属于全体股东，转增资本时，视同分红； 居民企业：不征收企业所得税； 非居民企业：需要代扣代价企业所得税，需要根据税收协定和非居民企业所在国，确认税率	视同分配：需要缴纳个人所得税，对以未分配利润、盈余公积和除股票溢价发行外的其他资本公积转增注册资本和股本的，要按照“利息、股息、红利所得”项目，计征个人所得税

2. 留存收益（盈余公积、未分配利润）（见表4－8）

表4－8 留存收益

	企业所得税	个人所得税
一般规则	视同分配，需要缴纳企业所得：被投资企业会计账务上实际做利润分配处理（包括以盈余公积和未分配利润转增资本）时，投资方企业应确认投资所得的实现（国税发〔2000〕118号,此文虽已公告废止，但原则仍执行）； 居民企业：不征收企业所得税； 非居民企业：需要代扣代价企业所得税，需要根据税收协定和非居民企业所在国，确认税率； 清算时的留存收益视为股息所得：相当于被清算企业累计未分配利润和累计盈余公积的部分，应确认为股息所得（财税〔2009〕60号）	视同分配：股份制企业用盈余公积派发红股属于股息、红利性质的分配（国税发〔1997〕198号）；有限公司将从税后利润中提取的法定公积金和任意公积金转增，实际上是该公司将盈余公积金向股东分配了股东再以分得的股息、红利增加注册资本（国税函〔1998〕333号）； 按股息、红利所得缴纳个人所得税：对以未分配利润，盈余公积和除股票溢价发行外的其他资本公积转增注册资本和股本的，要按照“利息、股息、红利所得”项目，计征个人所得税（国税发〔2010〕54号）
特定情形	外籍个人因转增，视同分红，但是免征个人所得税； 以资本公积、盈余公积或未分配利润转增股本（或实收资本），其中外籍自然人股东取得的转增股本数额，根据财税字〔1994〕20号享受免税待遇	

第二节　并购重组税务实务

一、法律形式改变

（一）一般性税务处理

企业由法人转变为个人独资企业、合伙企业等非法人组织，或登记注册地转移到境外，视同企业进行清算、分配，股东重组投资成立新企业。企业全部资产以及股东投资的计税基础均以公允价值为基础确定。

其他法律形式的简单变化，可直接变更税务登记。

（二）报送材料

企业改变法律形式的工商部门或其他政府部门的批准文件；企业全部资产的计税基础以及评估机构出具的资产评估报告；企业债权、债务处理或归属情况说明；主管税务机关要求提供的其他资料证明。

二、债务重组

（一）一般性税务处理

以非货币资产清偿债务应当分解为：转让相关非货币性资产；按非货币性资产公允价值清偿债务两项业务，确认相关资产的所得或损失。

发生债权转股权的应该分解为：债务清偿；股权投资两项业务，确认有关债务清偿所得或损失。

债务人应当按照支付的债务清偿额低于债务计税基础的差额，确认债务重组所得；

债权人应当按照收到的债务清偿额低于债权计税基础的差额，确认债务重组损失。

准备材料：以非货币资产清偿债务的，应保留当事各方签订的清偿债务的协议或合同，以及非货币资产公允价格确认的合法证据等；债权转股权的，应保留当事各方签订的债权转股权协议或合同。

（二）特殊性税务处理

企业债务重组确认的应纳税所得额占企业当年应纳税所得额50%以上，可以在5个纳税年度内，均匀计入各年度的应纳税所得额。

企业发生的债权转股权业务，对债务清偿和股权投资两项业务暂不确认有关债务清偿所得和损失，股权投资的计税基础以原债权的计税基础确定。

发生债务重组所产生的应纳税所得额占该企业当年应纳税所得额50%以上的，债务重组所得要求在5个纳税年度的期间内，均匀计入各年度应纳税所得额的，应准备以下资料：

当事方的债务重组的总体情况说明（如果采取申请确认的，应为企业的申请，下同），情况说明中应包括债务重组的商业目的；

当事各方所签订的债务重组合同或协议；

债务重组所产生的应纳税所得额、企业当年应纳税所得额情况说明；

税务机关要求提供的其他资料证明。

发生债权转股权业务，债务人对债务清偿业务暂不确认所得或损失，债权人对股权投资的计税基础以原债权的计税基础确定，应准备以下资料：

当事方的债务重组的总体情况说明，情况说明中应包括债务重组的商业目的；

双方所签订的债转股合同或协议；

企业所转换的股权公允价格证明；

工商部门及有关部门核准相关企业股权变更事项证明材料；

税务机关要求的其他证明资料。

三、股权收购

（一）一般性税务处理

被收购企业股东应以在交易时的公允价值确认转让被收购企业股权的所得或损失；

收购企业取得被收购企业股权的计税基础应以公允价值为基础。

准备材料：

当事各方所签订的股权收购业务合同或协议；

相关股权、资产公允价值的合法证据。

（二）特殊性税务处理

1. 特殊性税务处理的条件

收购企业购买的股权应不低于被收购企业全部股权的50%；

收购企业在该股权收购发生时的股权支付金额不低于其交易支付总额的85%。

2. 特殊性税务处理

被收购企业股东取得收购企业股权的计税基础，以被收购企业股权的原有计税基础确定；

收购企业取得被收购企业股权的计税基础，以被收购企业股权的原有计税基础确定；

对非股权支付部分，被收购企业股东应在交易当期确认相应的股权转让所得/损失，收购企业也应调整相应的资产计税基础。

股权收购的特殊性税务重组模型如图4－8所示。

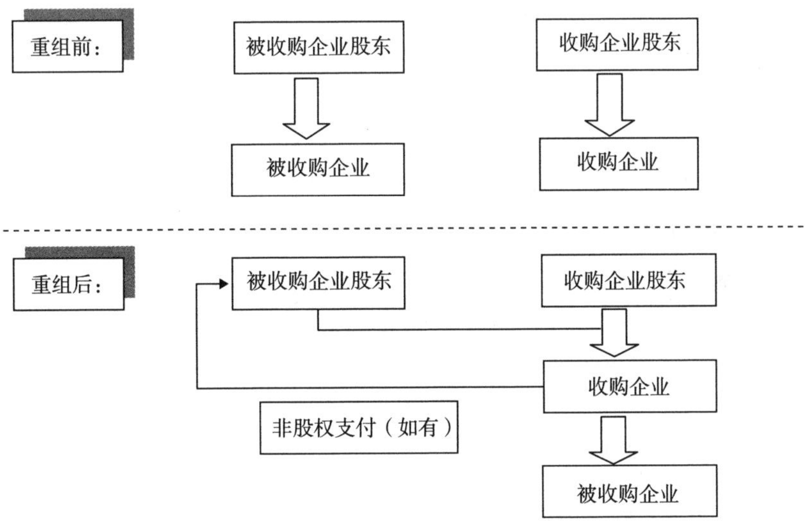

图4－8　股权收购的特殊性税务重组模型

股权收购特殊性税务处理应准备资料：

当事方的股权收购业务总体情况说明，情况说明中应包括股权收购的商业目的；

双方或多方所签订的股权收购业务合同或协议；

由评估机构出具的所转让及支付的股权公允价值；

证明重组符合特殊性税务处理条件的资料，包括股权比例，支付对价情况，以及12个月内不改变资产原来的实质性经营活动和原主要股东不转让所取得股权的承诺书等；

工商等相关部门核准相关企业股权变更事项证明材料；

税务机关要求的其他材料。

（三）股权收购之定向增发案例

【案例】

江西A股份有限公司向石家庄B公司和北京C公司定向增发股票2704万股，以购买这两家企业100%控股的甲、乙两家公司。两家控股企业初始投资成本为6100万元（标的公司实收资本），定向增发价格按照A公司首次董事会审议前20个交易日的平均价格确定，公允价格为34671.58万元。

【解析】

标准股权收购：

A公司用自身股份作为对价购买两家企业的100%股权；

B公司和C公司暂不确认转让股权所得；

A公司取得标的公司股权的计税基础按原计税基础6100万元确定；

标的企业承诺自重组完成日起12个月内不改变实质性经营活动；

取得A公司股份的原主要股东需承诺12个月内不转让所取得股票。

四、资产收购

（一）一般性税务处理

转让企业应以交易时的公允价值确认资产转让的所得或损失；

受让企业取得资产的计税基础应以公允价值为基础。

准备材料：

当事各方所签订的资产收购业务合同或协议；

相关股权、资产公允价值的合法证据。

（二）特殊性税务处理

1. 特殊性税务处理的条件

受让企业收购的资产不低于转让企业全部资产的50%；

受让企业在该资产收购发生时的股权支付金额不低于其交易支付总额

的85%。

2. 特殊性税务处理

转让企业取得受让企业股权的计税基础，以被转让资产的原有计税基础确定；

受让企业取得转让企业资产的计税基础，以被转让资产的原有计税基础确定；

对非股权支付部分，转让企业应在交易当期确认相应的资产转让所得或损失，受让企业也应调整相应的资产计税基础。

资产收购重组模型如图4－9所示。

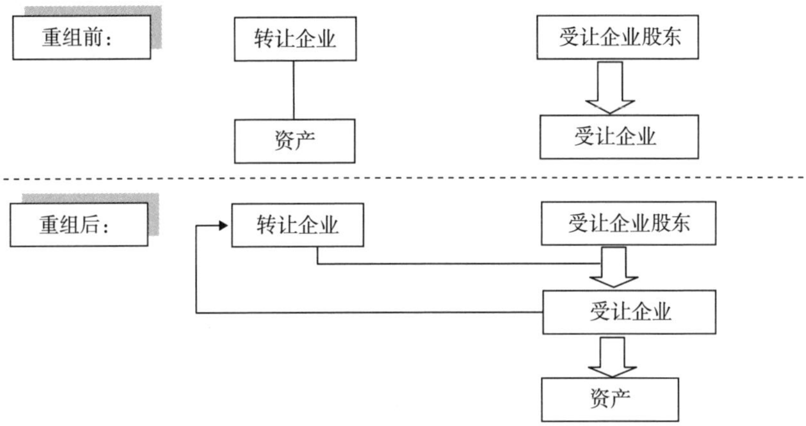

图4－9　资产收购重组模型

3. 资产收购的特殊性税务重组模型

上海锦江国际酒店发展股份有限公司特殊性税务重组模型如图4－10所示。

上海锦江国际酒店发展股份有限公司重组相关数据：标的资产公允价值306703.41万元，股权支付比例89%＞85%；收购资产达到锦江股份95.32%＞75%。

符合特殊性税务处理条件（如不符合，企业所得税将近10亿元）。

资产收购特殊性税务处理需准备资料：

当事方的资产收购业务总体情况说明，情况说明中应包括资产收购的商业目的；

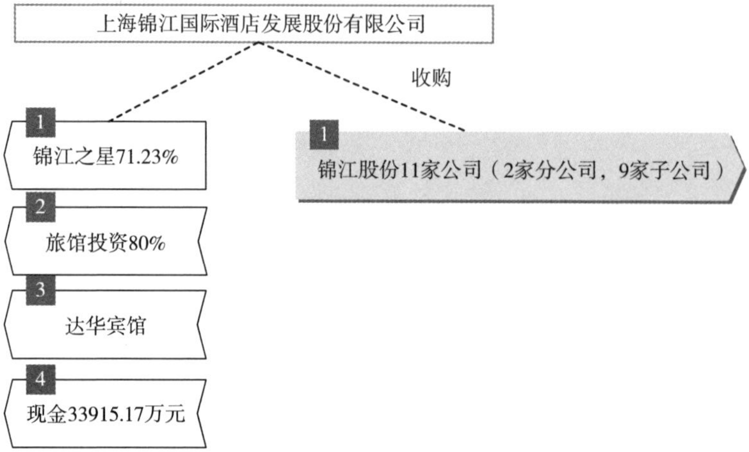

图4－10 上海锦江国际酒店发展股份有限公司特殊性税务重组模型

当事各方所签订的资产收购业务合同或协议；

评估机构出具的资产收购所体现的资产评估报告；

受让企业股权的计税基础的有效凭证；

证明重组符合特殊性税务处理条件的资料，包括资产收购比例，支付对价情况，以及12个月内不改变资产原来的实质性经营活动、原主要股东不转让所取得股权的承诺书等；

工商部门核准相关企业股权变更事项证明材料；

税务机关要求提供的其他材料证明。

五、企业合并

（一）一般性税务处理

合并企业按交易时的公允价值确定接受被合并企业资产和负债的计税基础；

被合并企业以及股东按清算进行处理；

被合并企业的亏损不得在合并企业弥补。

报送材料：

企业合并的工商部门或其他政府部门的批准文件；

企业全部资产和负债的计税基础以及评估机构出具的资产评估报告；

企业债务处理或归属情况说明；

主管税务机关要求提供的其他资料证明。

（二）特殊性税务处理

1. 特殊性税务处理的条件

企业股东在该企业合并业务发生时取得的股权支付金额不低于其交易金额的 85%。

同一控制下且不需要支付对价的企业合并，是指参与合并的企业在合并前后均受同一方或相同的多方最终控制，且该控制并非暂时性的。

能够对参与合并的企业在合并前后均实施最终控制权的相同多方，是指根据合同或协议的约定，对参与合并企业的财务和经营政策拥有决定控制权的投资者群体。

24 个月。在企业合并前，参与合并各方受最终控制方的控制在 12 个月以上，企业合并后所形成的主体在最终控制方的控制时间也应达到连续 12 个月。

2. 特殊性税务处理

被合并企业合并前的相关所得税事项由合并企业承继。

（1）合并企业。A（存续）接受被合并企业；B 资产/负债的计税基础，为被合并企业 B 的原有计税基础。

（2）由合并企业 A（存续）弥补的被合并企业 B 的亏损有限额：亏损限额[1] = 被合并企业 B 净资产公允价值 × 截至合并业务发生当年年末国家发行的最长期限的国债利率。

（3）被合并企业股东（BSH）取得合并企业 A（存续）股权的计税基础，为某原持有的被合并企业 B 股权的计税基础。

（4）对非股权支付部分，应在交易当期确认相应资产转让的所得/损失。

企业合并特殊性税务处理重组模型如图 4－11 所示。

3. 税收优惠的延续

吸收合并中，合并企业（A）（存续）的性质及使用税收优惠条件未发生变化的，可以继续享受合并前该企业（A）剩余期限的税收优惠，其优惠金额按企业（A）合并前一年的应纳税所得额计算。

① 亏损限额，是指按《中华人民共和国企业所得税法》规定的剩余结转年限内，每年可由合并企业弥补的被合并企业亏损的限额。

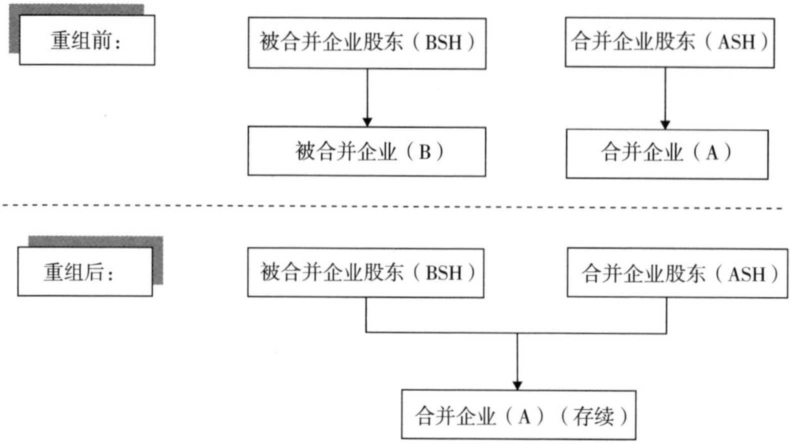

图4－11　企业合并特殊性税务处理重组模型

4. 换股吸收合并特殊性税务处理案例

【案例】

东方航空按照5.28元每股的价格定向增发A股，以购买上海航空公司的全部净资产，按照1∶1.3的换股比例向上海航空公司股东换股吸收合并。

【解析】

该业务符合特殊性税务处理条件：

合理的商业目的；

依法合并；

股权支付额超过85%。

东航按照1∶1.3的比例换股，同时按5.50元每股提供给异议股东现金选择权。异议股东达不到总发行股份15%的比例。若需符合特殊性税务重组，需要满足如下条件：

经营连续性；

吸收合并后东航继续从事民航运输；

20%以上持股比例股东12个月内不能转让。

[两个超过20%股权股东：上海联合投资有限公司和锦江酒店（集团）

有限公司。]

5. 合并准备资料

当事方企业合并的总体情况说明，情况说明中应包括企业合并的商业目的；

企业合并的政府主管部门的批准文件；

企业合并各方当事人的股权关系说明；

被合并企业的净资产、各单项资产和负债及其账面价值和计税基础等相关资料；

证明重组符合特殊性税务处理条件的资料，包括合并前企业各股东取得股权支付比例情况，以及12个月内不改变资产原来的实质性经营活动、原主要股东不转让所取得股权的承诺书等；

工商部门核准相关企业股权变更事项证明材料；

主管税务机关要求提供的其他资料证明。

六、分立

（一）一般性税务处理

被分立企业对分立出去的资产应按公允价值确认转让所得/损失；分立企业应按公允价值确认接受资产的计税基础。

被分立企业继续存在时，其股东取得的对价应视同被分立企业分配进行处理；不再继续存在时，被分立企业及其股东都应按清算进行处理。

如被分立企业不再继续存在，在报送企业清算所得纳税申报表时，应附送以下资料：

企业分立的工商部门或其他政府部门的批准文件；

被分立企业全部资产的计税基础以及评估机构出具的资产评估报告；

企业债务处理或归属情况说明；

主管税务机关要求提供的其他资料证明。

企业分立相关企业的亏损不得相互结转弥补。

（二）特殊性税务处理

1. 特殊性税务处理的条件

被分立企业股东按原持股比例取得分立企业股权；

分立和被分立企业均不改变原实质经营；

被分立企业股东在分立发生时取得的股权支付金额不低于其交易支付总额的85%。

2. 特殊性税务处理的主要方面

分立企业B接受被分立企业A的资产/负债以被分立企业（A）原有计税基础确定；

被分立企业A未超过法定弥补期限的亏损可按分立资产占全部资产的比例进行分配；

分立后续存企业A性质及适用税收优惠条件未发生改变的，可以继续享受分立前该企业剩余的税收优惠，优惠金额按企业A分立前一年的应纳税所得额乘以分立后企业A资产占分立前企业A全部资产比例计算；

分立前股东ASH2取得分立企业B的股权，如需放弃分立前股东ASH2原持有的被分立企业A的股权，分立前股东ASH2获得分立企业B股权的计税基础以其放弃的A的股权的计税基础确定；

分立前股东ASH2取得分立企业B的股权（新股），如果不需放弃其持有的被分立企业A的股权（旧股），新股的计税基础可以选择为零或以分立企业B的净资产占被分立前企业A的净资产的比例调减旧股计税基础，在将调减的计税基础分配到新股。

3. 分立的特殊性税务重组模型

分立的特殊性税务重组模型如图4－12所示。

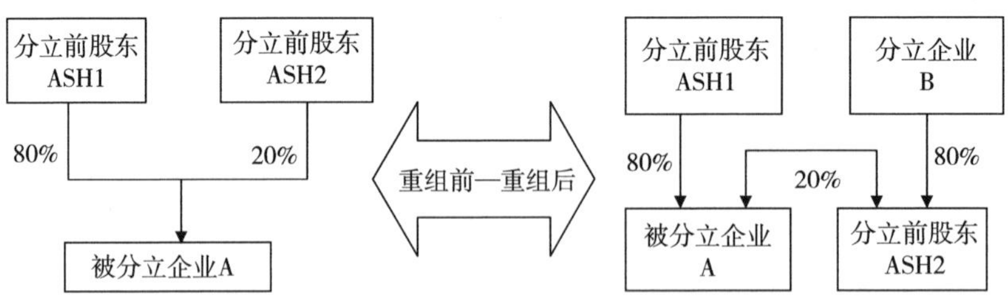

图4－12　企业分立特殊性税务处理重组模型

4. 分立应准备资料

当事方企业分立的总体情况说明，情况说明中应包括企业分立的商业目的；

企业分立的政府主管部门的批准文件；

被分立企业的净资产、各单项资产和负债账面价值以及计税基础等相关资料；

证明重组符合特殊性税务处理条件的资料，包括分立后企业各股东取得股权支付比例情况，以及12个月内不改变资产原来的实质性经营活动、原主要股东不转让所取得股权的承诺书等；

工商部门认定的分立和被分立企业股东股权比例证明材料；

分立后，分立和被分立企业工商营业执照复印件；

分立和被分立企业分立业务账务处理复印件；

税务机关要求提供的其他资料证明。

七、并购重组的税收实务案例

【案例1】

S集团为国内知名企业，其在BVI设立A公司，全资控股设在北京、沈阳、大连、青岛、上海、苏州等地的10多个项目公司。2009年，集团将BVI的A公司对大陆所有项目公司的股权转让给其在上海的上市公司B，采用现金交易方式，并在各地商务部门办理了股权转让手续，同时向各地税务部门申请办理税务变更登记。

重要信息：上海的B公司按照上交所要求，公告了其收购A对国内各项目公司的控股权，并公布了资产评估报告。

位于苏州的×公司实收资本2.3亿元，净资产评估为20亿元。

1. 一般性处理原则

按照公允价值确定股权或资产的计税基础，确认股权资产的转让所得或损失，进行税收处理。

例如，股权收购、资产收购重组交易按以下规定处理：

被收购方应确认股权、资产转让所得或损失；

收购方取得股权或资产的计税基础应以公允价值为基础确定；

被收购企业的相关所得税事项原则上保持不变。

2. 特殊性处理原则

收购合并的股权资产的计税基础不变，不确认转让的股权资产的所得或损失，不须缴纳相应的所得税。

例如，股权收购，可以选择按以下规定处理：

被收购企业的股东取得收购企业股权的计税基础，以被收购股权的原有计税基础确定；

收购企业取得被收购企业股权的计税基础，以被收购股权的原有计税基础确定；

收购企业、被收购企业的原有各项资产和负债的计税基础和其他相关所得税事项保持不变。

3. 特殊性税务处理

合理的商业目的；

股权资产转让比例；

非股权支付比例；

股东持续性；

经营持续性。

4. 最终调整

交易具有明显避税倾向；

现金交易不符合免税条件；

资产评估报告可做为转让价值参考依据；

股权转让所得：20－2.3＝17.7（亿元）；

应纳非居民企业所得税：17.7×10%＝1.77（亿元）。

【案例2】

采用现金支付的方式，转让方承担较大的企业所得税税负。

2011年甲公司拟将A煤矿80%的股权转让给乙公司，转让价格100000万元，投资成本20000万元。甲公司2011—2012年每年经营亏损15000万元。

采用现金支付方式如图4－13所示。

1. 筹划思路一：将一次性收购改为分次收购

（1）筹划方法：分两年收购A公司股权，其中2018年收购40%股权，2019年收购40%股权。

分次收购方式如图4－14所示。

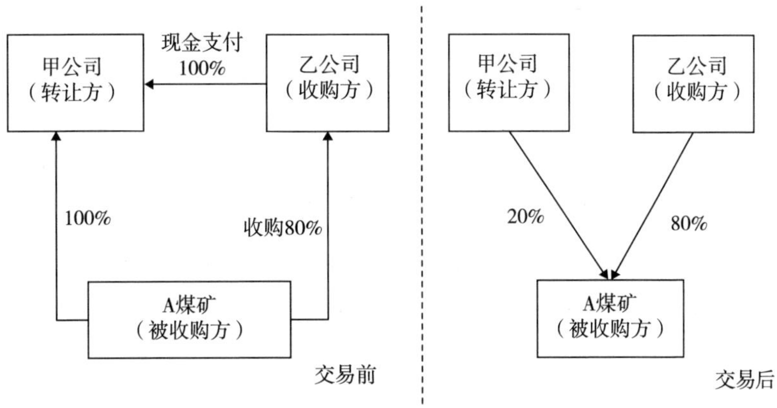

图4－13　现金收购

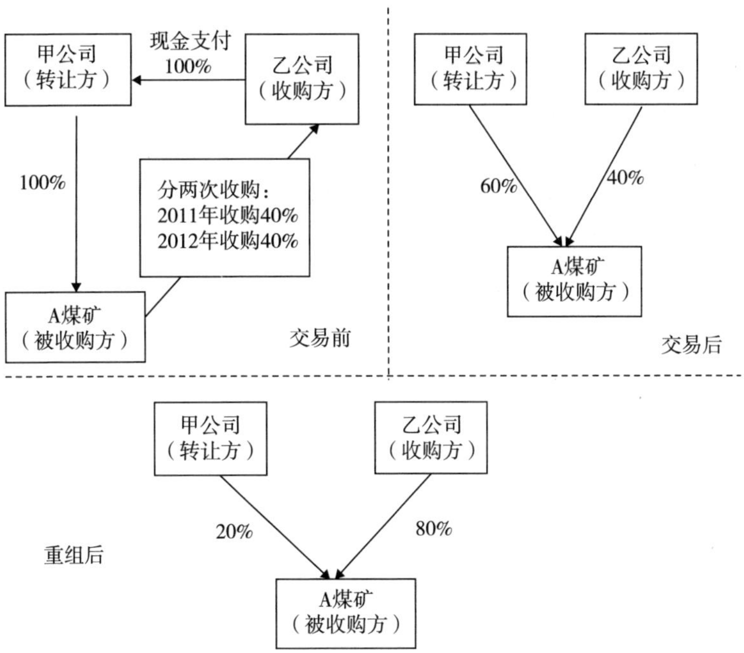

图4－14　分次收购方式

（2）筹划效果：甲公司应交企业所得税12500万元，减少转让环节企业所得税3750万元；其中6250万元企业所得税的纳税时间延长了一年，减少了甲公司的资金压力。

（3）适用情况：股权转让所得金额较大；转让方一次性缴纳大额税金

存在困难；转让方每年有一定的经营亏损可以抵税。

（4）操作注意事项：需就每次收购分别签订收购协议，分别办理股权的工商变更登记手续。

避免后续风险考虑因素：对交易方进行有效控制；交易方诚信较好；分次收购跨期不宜过长。

（5）不足之处：收购时间长，其间收购方对被收购方没有控制权；分次办理工商变更等手续烦琐；目标对价变化造成后续协议执行的不确定性。

2. 筹划思路二：将现金支付改为股权支付

（1）筹划方法：乙公司以 B 公司 100% 股权（价值 90000 万元）和 10000 万元现金作为支付对价，符合特殊性税务处理重组条件。

现金支付改为股权支付如图 4－15 所示。

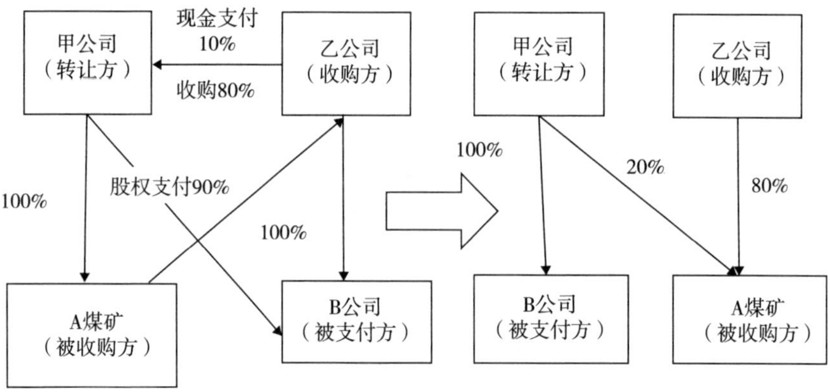

图 4－15　现金支付改为股权支付

（2）筹划效果：减少转让环节企业所得税 16250 万元。

（3）适用情况：被收购的股权比例和作为支付对价的股权比例中，至少有一个不低于 75%。如：A 公司以其持有甲公司 20% 的股权换取 B 公司持有的乙公司 80% 的股权。

（4）操作注意事项：运用特殊性税务处理需注意：合理商业目的，且不以减少、免除或者推迟缴纳税款为主要目的；12 个月内不改变原实质经营活动；12 个月内不转让所取得的股权。

（5）不足之处：特殊性税务处理的税务处理只是延迟了纳税时间，并非免税。（对于股东取得计划长期持有、在可预计的未来不会转让或处置的股权，特殊性税务处理相当于实现无限期延迟纳税。）

3. 筹划思路三：新设子公司作为支付对价

（1）筹划方法：乙公司以现金10亿元设立C公司，以C公司100%股权作支付对价。

新设公司作为支付对价如图4－16所示。

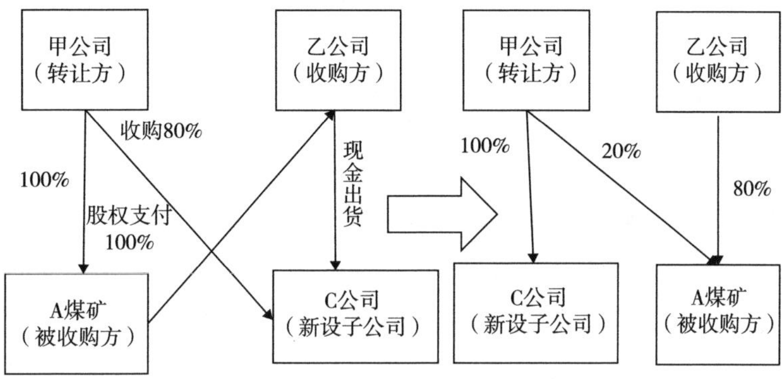

图4－16　新设公司作为支付对价

（2）筹划效果：减少转让环节企业所得税16250万元。

（3）适用情况：收购方准备长期持有被收购方的股权。

（4）操作注意事项：可结合目标公司相关业务新设子公司，以符合合理商业目的；重组后12个月以后，可根据自身经营需要，进行资产整合，如吸收合并亏损资产等；注意把握时点，符合特殊性税务处理条件。

（5）不足之处：转让方所取得的新公司，其生产经营及资金转移均受特殊性税务处理条件的限制；收购方在未来转让被收购方股权，将会产生大额税费。

【案例3】

重组前未先进行利润分配，丧失分红部分免税收益

A公司将B公司出售给C公司，转让价格100000万元，投资成本50000万元。B公司账面净资产95000万元，其中未分配利润30000万元。

重组前未先进行利润分配，丧失分红部分免税收益，如图4－17所示。

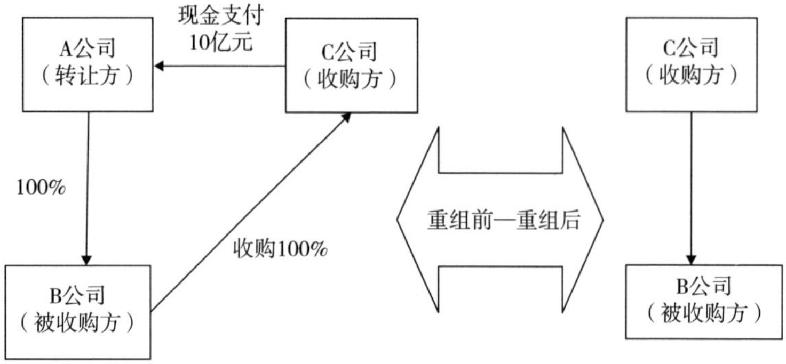

图4－17　重组前未先进行利润分配，丧失分红部分免税收益

1. 筹划思路一：转让前先分配利润，降低实际转让价格

（1）筹划方法：A公司先分配B公司30000万元未分配利润，然后以70000万元的价格出售B公司。

如图4－18所示，转让前先分配利润，降低实际转让价格。

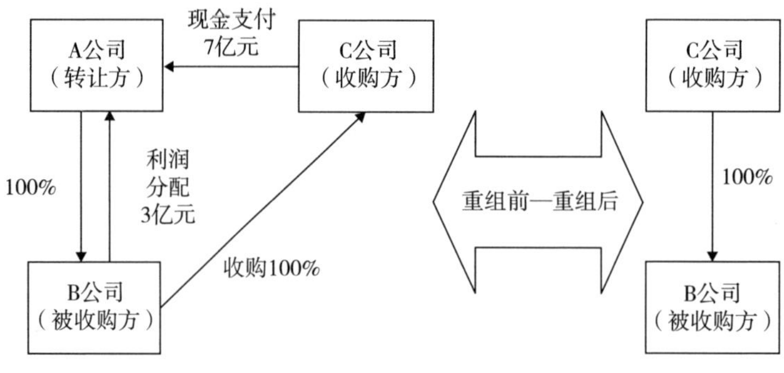

图4－18　转让前先分配利润，降低实际转让价格

（2）筹划效果：A公司收到的资金不变，但减少了企业所得税7500万元。

（3）适用情况：被收购企业有较大的未分配利润。

（4）操作注意事项：转让方降低转让股权的企业所得税负，而受让方并无损失。

（5）不足之处：利润分配需经董事会决议，且应按经会计师事务所审计后的利润进行分配，会使收购时间延后。

2. 筹划思路二：转让给盈利子公司后分配利润，降低对外转让价格

（1）筹划方法：如果A公司存在税务亏损，A公司先将B公司以10亿元转让给盈利子公司甲公司，然后分配B公司30000万元未分配利润，分配后由甲公司以70000万元的价格出售B公司。

如图4－19所示，转让给盈利子公司后分配利润，降低对外转让价格。

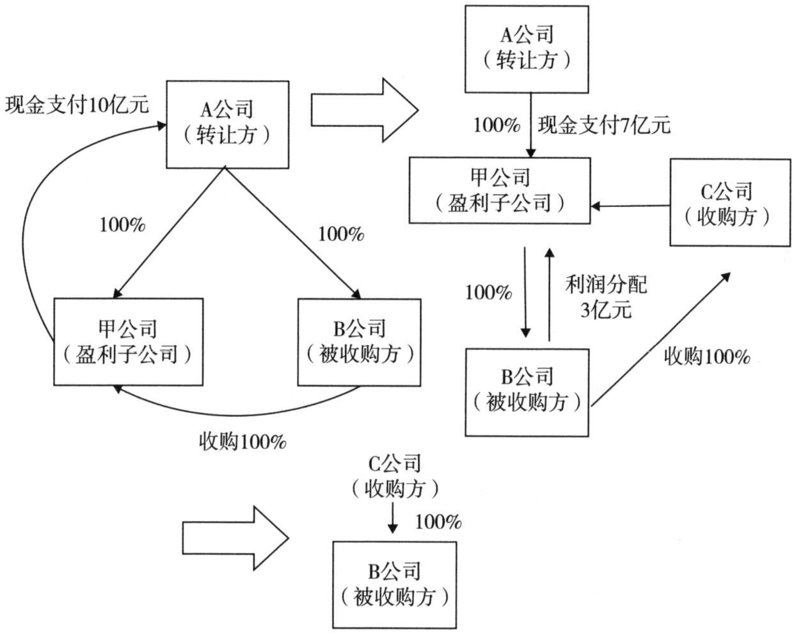

图4－19　转让给盈利子公司后分配利润，降低对外转让价格

（2）筹划效果：A公司收到资金不变，补亏后不须缴纳企业所得税；甲公司股权转让损失30000万元，抵减企业所得税7500万元。

（3）适用情况：被收购企业有较大的未分配利润，而转让存在大额未弥补亏损，同时转让方拥有盈利的全资子公司。

（4）操作注意事项：涉及两次股权转让，企业应合理安排转让时间，适当拉长两次转让的间隔时间。

（5）不足之处：利润分配须要经过董事会决议，并按经会计师事务所审计后的利润进行分配，因此会使收购时间延后；两次转让增加了实务操作的复杂性，并延长了交易过程；企业法律形式改变，企业由法人转变为个人独资企业、合伙企业等非法人组织，或将登记注册地转移至中国境外（包括港澳台地区），应视同企业进行清算、分配，股东重新投资成立新企业。企业的全部资产以及股东投资的计税基础均应以公允价值为基础确定。

八、债务重组案例

（一）一般性税务处理情形

债务重组主要包含以非货币资产清偿债务、债权转股权两种重组方式。

1. 以非货币资产清偿债务

以非货币资产清偿债务，在一般性税务处理情形下，应当分解为转让相关非货币性资产、按非货币性资产公允价值清偿债务两项业务，确认相关资产的所得或损失。

【案例4】

2009年7月，债务人A与债权人B达成债务重组协议，债务人A以非货币资产（库存商品）偿还1300万元债务，库存商品计税基础为800万元，公允价值为1000万元。

该等债务重组交易适用一般性税务处理：

债务人A转让非货币性资产所得=1000-800=200（万元）；

债务人A债务重组所得=1300-1000=300（万元）；

债权人B债务重组损失=1300-1000=300（万元）；

债权人B取得非货币资产（库存商品）以其公允价值1000万元为其计税基础。

2. 债权转股权

发生债权转股权的，应当分解为债务清偿和股权投资两项业务，确认有关债务清偿所得或损失。

【案例5】

2009年7月，债务人A与债权人B达成债务重组协议，债务人A以股权支付偿还1300万元债务（即债权人B成为债务人A的股东），该股权公允价值为1000万元。

该等债务重组交易适用一般性税务处理：

债务人 A 债务重组所得 = 1300 − 1000 = 300（万元）；

债权人 B 债务重组损失 = 1300 − 1000 = 300（万元）；

债权人 B 取得股权投资以其公允价值 1000 万元为其计税基础。

（二）特殊性税务处理情形

1. 以非货币资产清偿债务

【案例 6】

续【案例 4】，债务人 A 在 2009 年当年应纳税所得额为 500 万元，债务人 A 债务重组所得占当年应纳税所得额 60%（大于 50%），且还满足如下条件：

具有合理的商业目的，且不以减少、免除或者推迟缴纳税款为主要目的；

重组后的连续 12 个月内不改变库存商品原来的实质性经营活动。

则该等债务重组交易适用特殊性税务处理：

债务人 A 债务重组所得 300 万元，可以在 2009 年至 2013 年内，均匀计入（每年计入 60 万元）各年度的应纳税所得额。

2. 债权转股权

【案例 7】

续【案例 5】，且还满足如下条件：

具有合理的商业目的，且不以减少、免除或者推迟缴纳税款为主要目的；

重组中取得股权支付的债权人 B，在重组后连续 12 个月内，不得转让所取得的对债务人 A 的股权。

则该等债务重组交易适用特殊性税务处理：

债务人 A 暂不确认债务清偿所得或损失；

债权人 B 按照 1300 万元确定股权投资的计税基础。

九、股权收购案例

（一）一般性税务处理情形

【案例 8】

B 企业股权计税基础为 400 万元，公允价值为 800 万元，A 企业预购买 B 企业 75% 股权，A 企业的支付对价为 120 万元的现金支付，480 万元的自身股权支付。

尽管收购企业 A 购买被收购企业 B 全部股权的 75%，但是由于其股权支付金额为交易支付总额的 80%（<85%），应适用一般性税务处理：

被收购方 B 应确认股权转让所得 =800×75% -400×75% =300（万元）；

收购方 A 取得股权的计税基础应以公允价值 600 万元为基础；

被收购企业 B 的相关所得税事项原则上保持不变。

（二）特殊性税务处理情形

【案例 9】

续【案例 6】，若 A 企业的支付对价为 60 万元的现金支付，540 万元的自身股权支付，且满足如下条件：

重组具有合理的商业目的，且不以减少、免除或者推迟缴纳税款为主要目的；

被收购股权比例不低于被收购企业全部股权的 75%（正好为 75%）；

企业重组后的连续 12 个月内，A、B 企业不改变重组资产原来的实质性经营活动；

收购企业 A 在该股权收购发生时的股权支付金额不低于其交易支付总额的 85%（股权支付比例已达 90%）；

企业重组中取得股权支付的原主要股东 BM，在重组后连续 12 个月内，不转让所取得的对收购企业 A 的股权。

则该等股权收购重组交易适用特殊性税务处理：

被收购企业的股东 BM 取得收购企业 A 股权的计税基础，以被收购股权的原有计税基础确定：400×75% ×540/600 =270（万元）；

收购企业 A 取得被收购企业 B 股权的计税基础，以被收购股权的原有计税基础确定：400×75% =300（万元）；

收购企业、被收购企业的原有各项资产和负债的计税基础和其他相关所得税事项保持不变；

被收购企业的股东 BM 就现金支付部分确定股权转让所得 =（800×75% -400×75%）×（60/600）=30（万元）。

该特殊性税务处理情形如图 4-20 所示。

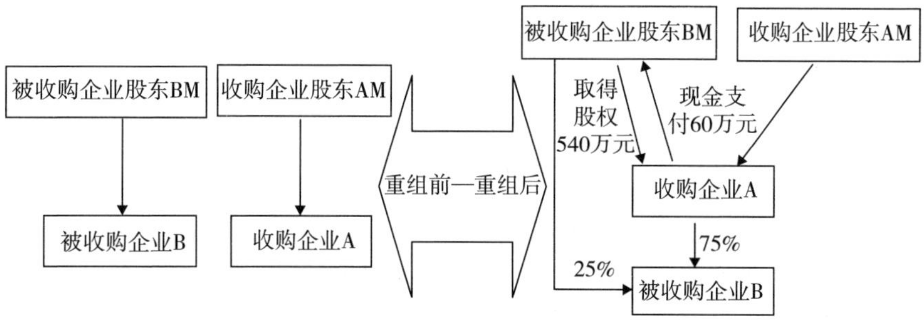

图 4－20　特殊性税务处理情形案例

十、资产收购案例

（一）一般性税务处理情形

【案例 10】

B 企业总资产计税基础为 400 万元，公允价值为 1000 万元，A 企业预购买 B 企业 75% 资产，A 企业的支付对价为 150 万元的现金支付，600 万元的自身股权支付。

尽管受让企业 A 购买转让企业 B 全部资产的 75%，但是由于其股权支付金额为交易支付总额的 80%（<85%），应适用一般性税务处理：

转让方 B 应确认资产转让所得 = 1000 × 75% － 400 × 75% = 450（万元）

受让方 A 取得资产的计税基础应以公允价值 750 万元为基础确定；

转让企业 B 的相关所得税事项原则上保持不变。

该一般性税务处理情形案例如图 4－21 所示。

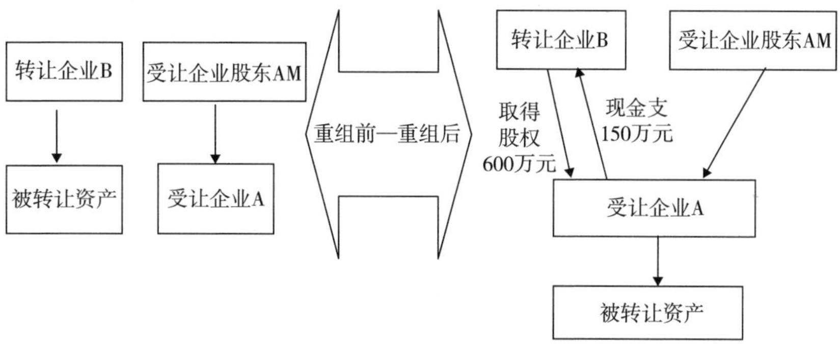

图 4－21　一般性税务处理情形案例

（二）特殊性税务处理情形

【案例11】

续【案例10】，若A企业的支付对价为75万元的现金支付，675万元的自身股权支付，且满足如下条件：

重组具有合理的商业目的，且不以减少、免除或者推迟缴纳税款为主要目的；

受让企业A收购的资产不低于转让企业B全部资产的75%（正好为75%）；

企业重组后的连续12个月内，A企业不改变受让资产原来的实质性经营活动；

受让企业A在该资产收购发生时的股权支付金额不低于其交易支付总额的85%（股权支付比例已达90%）；

企业重组中取得股权支付的受让企业A，在重组后连续12个月内，不转让所取得的对收购企业A的股权。

则该等股权收购重组交易适用特殊性税务处理：

转让企业B取得受让企业A股权的计税基础，以被转让资产的原有计税基础确定：400×75%×675/750=270（万元）；

受让企业A取得转让企业B资产的计税基础，以被转让资产的原有计税基础确定：400×75%=300（万元）；

转让企业B就现金支付部分确定资产转让所得=（1000×75%－400×75%）×75/750=45（万元）。

十一、合并实务案例

（一）一般性税务处理情形

【案例12】

被合并企业B股权公允价值为1000万元，计税基础600万元，合并企业A预合并企业B，合并的对价是合并企业A支付200万元现金，以及支付其对A的股权800万元。

由于AM股权支付金额为交易支付总额的80%（<85%），应适用一

般性税务处理：

合并企业A应按公允价值确定接受被合并企业各项资产和负债的计税基础，即A企业从B企业接受的净资产的计税基础为1000万元；

企业B股东BM取得A的股权计税基础为800万元；

企业B股东BM出售B的资产负债所得 = 1000 - 600 = 400（万元）；

被合并企业B及其股东BM都应按清算进行所得税处理；

被合并企业的亏损不得在合并企业结转弥补。

该一般性税务处理情形案例如图4-22所示。

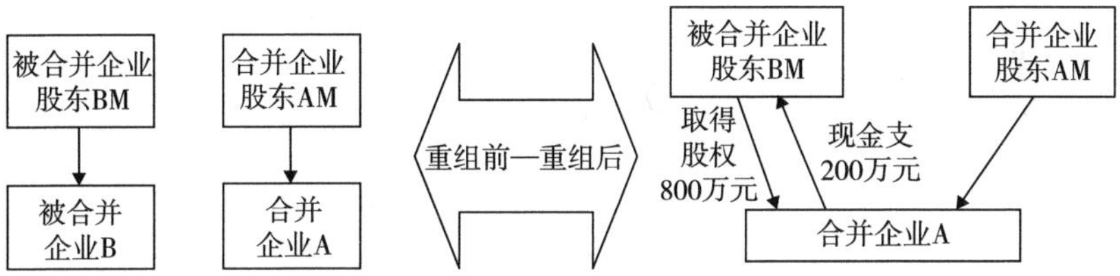

图4-22 一般性税务处理情形案例

（二）特殊性税务处理情形

【案例13】

续【案例12】，合并的对价是合并企业A支付100万元现金，以及支付其对A的股权900万元，且满足如下条件：

具有合理的商业目的，且不以减少、免除或者推迟缴纳税款为主要目的；

企业重组后的连续12个月内，企业A不改变自企业B取得的重组资产原来的实质性经营活动；

企业A在该企业合并发生时取得的股权支付金额不低于其交易支付总额的85%（股权支付比例已达90%）；

被合并企业B之股东BM在重组后连续12个月内，不转让所取得的企业A的股权。

则该等合并重组交易适用特殊性税务处理：

合并企业A接受被合并企业B资产和负债的计税基础，以被合并企业的原有计税基础确定，即合并企业A取得的企业B净资产计税基础为600万元；

被合并企业B合并前的相关所得税事项由合并企业A承继；

被合并企业B的股东BM就现金支付部分确定转让所得 = (1000 - 600) × 100/1000 = 40（万元）；

被合并企业B的股东BM取得的对企业A的股权的计税基础 = 600 × 900/1000 = 540（万元）；

可由合并企业A弥补的被合并企业B亏损的年度限额 = 被合并企业B净资产公允价值1000万元 × 截至合并业务发生当年年末国家发行的最长期限的国债利率。

该特殊性税务处理情形案例如图4-23所示。

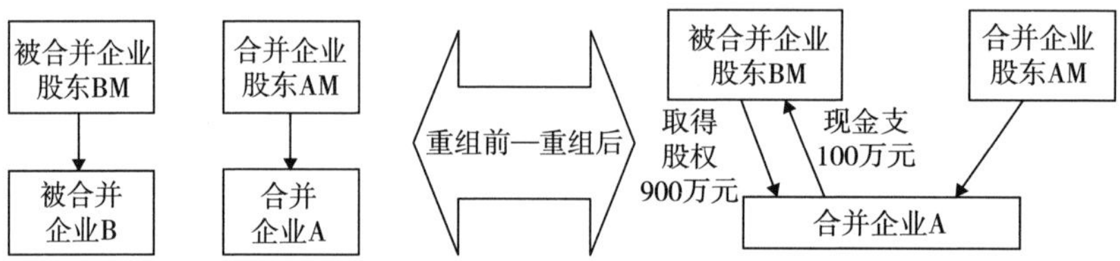

图4-23 特殊性税务处理情形案例

十二、分立实务案例

（一）一般性税务处理情形

【案例14】

被分立企业A股权公允价值1000万元，计税基础为600万元，公司股东决定将企业A 50%资产分立设立企业B，企业B向企业A股东支付100万元现金、400万元企业B之股权。

被分立企业股东AM在该企业分立发生时取得的股权支付金额占交易支付总额低于85%，故该等交易适用一般性税务处理：

被分立企业A对分立出去资产，按公允价值确认资产转让所得 = 1000 × 50% - 600 × 50% = 200（万元）；

分立企业B应按公允价值确认接受资产的计税基础，即受资产的计税基础为500万元；

被分立企业A继续存在，其股东AM取得的对价（400万元股权以及

100 万元现金）应视同被分立企业 A 分配进行处理；

若被分立企业 A 不再继续存在时，被分立企业 A 及其股东 AM 都应按清算进行所得税处理；

企业 A 相关亏损不得相互结转弥补。

该一般性税务处理情形如图 4－24 所示。

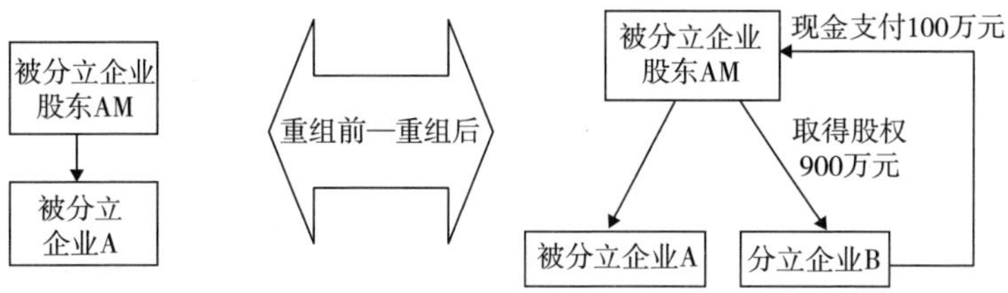

图 4－24　一般性税务处理情形案例

（二）特殊性税务处理情形

【案例 15】

续**【案例 14】**，企业 B 向企业 A 股东支付 50 万元现金、450 万元企业 B 之股权，且还满足如下条件：

分立重组具有合理的商业目的，且不以减少、免除或者推迟缴纳税款为主要目的；

分立重组后的连续 12 个月内不改变重组资产原来的实质性经营活动；

被分立企业股东 AM 在该企业分立发生时取得的股权支付金额不低于其交易支付总额的 85%（实际为 90%）；

分立重组中取得股权支付的原主要股东 AM，在重组后连续 12 个月内，不得转让所取得的对企业 B 股权；

被分立企业股东 AM 按原持股比例取得分立企业 B 的股权；

分立企业 B 和被分立企业 A 均不改变原来的实质性经营活动。

则该等分立重组交易适用特殊性税务处理：

分立企业 B 接受被分立企业 A 资产的计税基础，以被分立企业 A 的原有计税基础确定，即接受资产的计税基础为 300 万元；

被分立企业 A 已分立出去资产相应的所得税事项由分立企业 B 承继；

被分立企业 A 可结转到企业 B 的未超过法定弥补期限的亏损额按照公

式总亏损额×分立资产/企业A原总资产计算；

被分立企业A的股东AM就取得的现金支付确认转让所得＝（1000×50%－600×50%）×50/500＝20（万元）。

被分立企业A的股东AM取得分立企业B的股权，按照下列方式确认：

如需部分或全部放弃原持有的被分立企业A的股权，“新股”的计税基础应以放弃“旧股”的计税基础确定；

如不需放弃“旧股”，则其取得“新股”的计税基础可从以下两种方法中选择确定：①直接将“新股”的计税基础确定为零；②以被分立企业A分立出去的净资产占被分立企业全部净资产的比例先调减原持有的“旧股”的计税基础，再将调减的计税基础平均分配到“新股”上。

该特殊性税务处理情形如图4－25所示。

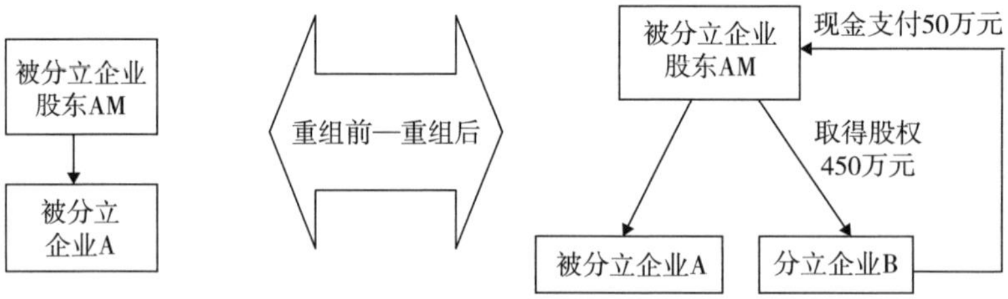

图4－25 特殊性税务处理情形案例

十三、跨境重组的特殊性税务处理案例

关于跨境重组，需要特别说明的是，符合条件的中国内地与境外之间（包括中国港澳台地区）的股权收购和资产收购交易，才可以适用特殊性税务处理，其他重组交易，不涉及适用特殊性税务处理问题，只能适用一般性税务处理。涉及特殊性税务处理的跨境重组主要包括以下情形。

（一）非居民企业与非居民企业，就居民企业股权收购的重组交易

【案例16】

居民企业C的股权公允价值为1000万元，计税基础为600万元，香港

企业A拥有企业C 90%股权，香港企业A还100%直接控股香港企业B。香港企业A、香港企业B达成重组交易协议：香港企业B收购香港企业A对居民企业C 75%的股权，交易价格为750万元，作为对价，香港企业B支付给香港企业A 75万元现金，以及675万元的香港企业B的股权（香港企业A、香港企业B按照中国税法认定为非居民企业）。同时，还满足如下条件：

该等重组具有合理的商业目的，且不以减少、免除或者推迟缴纳税款为主要目的；

收购企业B购买的股权不低于被收购企业C全部股权的75%（正好为75%）；

企业重组后的连续12个月内不改变重组资产原来的实质性经营活动；

收购企业B在该股权收购发生时的股权支付金额不低于其交易支付总额的85%（实际已达90%）；

非居民企业A 100%直接控股非居民企业B；

重组交易未造成以后该项股权转让所得预提税负担变化；

转让方非居民企业A向主管税务机关书面承诺在3年（含3年）内不转让其拥有受让方非居民企业B的股权。

这样，该项重组交易符合税法关于跨境重组特殊性税务处理条件，则：

被收购企业C的股东A取得收购企业B股权的计税基础，以被收购股权的原有计税基础确定，即香港企业A取得对香港企业B的股权计税基础 $=600\times75\%\times675/750=405$（万元）；

收购企业B取得被收购企业C股权的计税基础，以被收购股权的原有计税基础确定，即香港企业B取得的对居民企业C股权计税基础 $=600\times75\%=450$（万元）；

香港企业A就转让对居民企业C股权之现金支付部分确认所得 $=(1000\times75\%-600\times75\%)\times75/750=30$（万元）；

收购企业B、被收购企业C的原有各项资产和负债的计税基础和其他相关所得税事项保持不变。

该跨境重组的特殊性税务处理情形如图4－26所示。

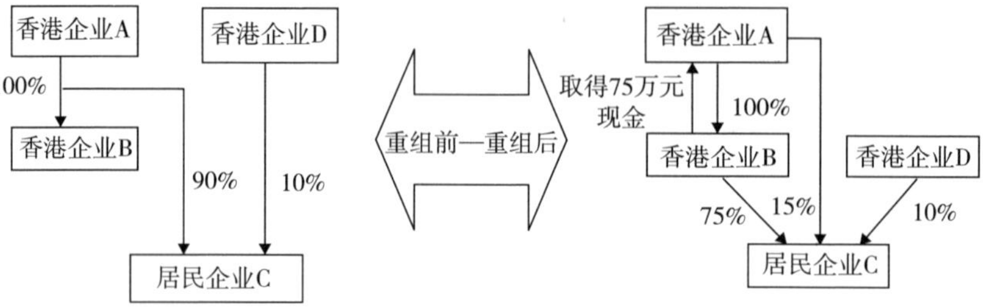

图4-26　跨境重组的特殊性税务处理情形案例

（二）非居民企业与居民企业，就居民企业股权收购的重组交易

【案例17】

居民企业C股权公允价值为1000万元，计税基础为600万元，香港企业A拥有企业C 90%股权，香港企业A还100%直接控股居民企业B。香港企业A、居民企业B达成重组交易协议：居民企业B收购香港企业A对居民企业C 75%的股权，交易价格为750万元，作为对价，居民企业B支付给香港企业A 75万元现金，以及675万元的居民企业B的股权（香港企业A按照中国税法认定为非居民企业）。同时，还满足如下条件：

该等重组具有合理的商业目的，且不以减少、免除或者推迟缴纳税款为主要目的；

收购企业B购买的股权不低于被收购企业C全部股权的75%（正好为75%）；

企业重组后的连续12个月内不改变重组资产原来的实质性经营活动；

收购企业B在该股权收购发生时的股权支付金额不低于其交易支付总额的85%（实际已达90%）；

企业重组中取得股权支付的原主要股东A，在重组后连续12个月内，不转让所取得的对B的股权；

非居民企业A 100%直接控股居民企业B。

这样，该项重组交易符合税法关于跨境重组特殊性税务处理条件，则：

被收购企业C的股东A取得收购企业B股权的计税基础，以被收购股权的原有计税基础确定，即香港企业A取得对居民企业B的股权计税基

础 = 600 × 75% × 675/750 = 405（万元）；

收购企业 B 取得被收购企业 C 股权的计税基础，以被收购股权的原有计税基础确定，即居民企业 B 取得的对居民企业 C 股权计税基础 = 600 × 75% = 450（万元）；

香港企业 A 就转让对居民企业 C 股权之现金支付部分确认所得 =（1000 × 75% − 600 × 75%） × 75/750 = 30（万元）；

收购企业 B、被收购企业 C 的原有各项资产和负债的计税基础和其他相关所得税事项保持不变。

非居民企业与居民企业就居民企业股权收入的重组交易案例如图 4 − 27 所示。

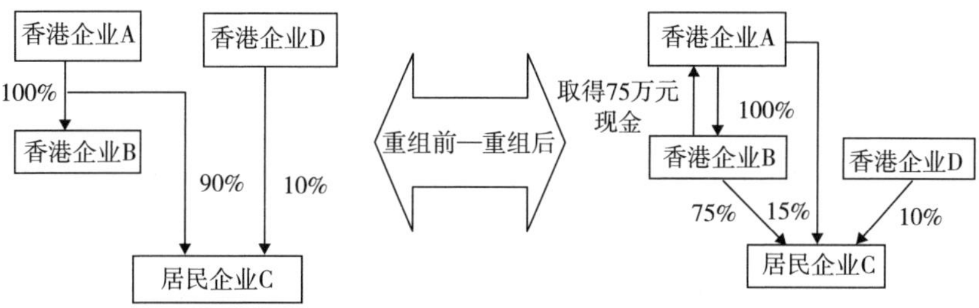

图 4 − 27　非居民企业与居民企业就居民企业股权收购的重组交易案例

（三）居民企业股权或资产对外投资（股权收购、资产收购）的重组交易

1. 股权收购

【案例 18】

居民企业 C 股权公允价值为 1000 万元，计税基础为 600 万元，居民企业 A 拥有居民企业 C 90% 股权，还 100% 直接控股香港企业 B。2009 年 7 月，居民企业 A、香港企业 B 达成重组交易协议：香港企业 B 收购居民企业 A 对居民企业 C 75% 的股权，交易价格为 750 万元，作为对价，香港企业 B 支付给居民企业 A 75 万元现金，以及 675 万元的香港企业 B 的股权（香港企业 B 按照中国税法认定为非居民企业）。同时，还满足如下条件：

该等重组具有合理的商业目的，且不以减少、免除或者推迟缴纳税款为主要目的；

收购企业B购买的股权不低于被收购企业C全部股权的75%（正好为75%）；

企业重组后的连续12个月内不改变重组资产原来的实质性经营活动；

收购企业B在该股权收购发生时的股权支付金额不低于其交易支付总额的85%（实际已达90%）；

企业重组中取得股权支付的原主要股东A，在重组后连续12个月内，不转让所取得的对B的股权；

居民企业A 100%直接控股非居民企业B。

这样，该项重组交易符合税法关于跨境重组特殊性税务处理条件，则：

居民企业A就转让对居民企业C股权之现金支付部分确认所得＝（1000×75%－600×75%）×75/750＝30（万元）；

居民企业A就转让对居民企业C股权之股权支付部分所得＝（1000×75%－600×75%）×675/750＝270（万元），如选择特殊性税务处理，可以在2009—2018年10个纳税年度内均匀计入各年度应纳税所得额，每年确认的应纳税所得额为27万元。

股权收入的重组交易如图4－28所示。

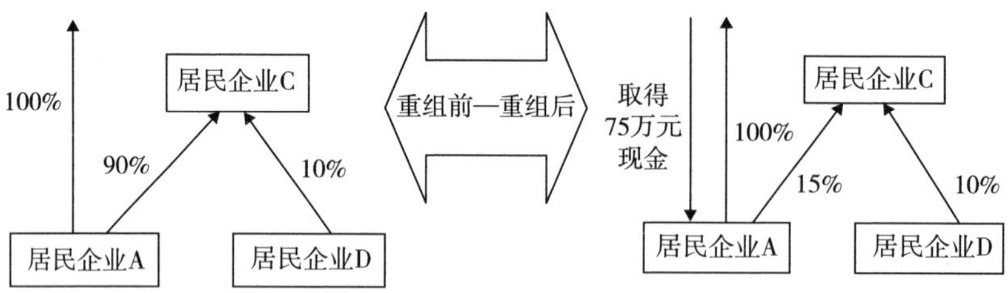

图4－28　股权收购的重组交易

2. 资产收购

【案例19】

居民企业A总资产公允价值为1000万元，计税基础为600万元，100%直接控股香港企业B。2009年7月，居民企业A、香港企业B达成重组交易协议：香港企业B收购居民企业A 75%的资产，交易价格为750万元，作为对价，香港企业B支付给居民企业A 75万元现金，以及675万元的香港企业B的股权（香港企业B按照中国税法认定为非居民企业）。同时，还满足如下条件：

该等重组具有合理的商业目的，且不以减少、免除或者推迟缴纳税款为主要目的；

收购企业B购买的资产不低于被收购企业A全部资产的75%（正好为75%）；

企业重组后的连续12个月内不改变重组资产原来的实质性经营活动；

收购企业B在该资产收购发生时的股权支付金额不低于其交易支付总额的85%（实际已达90%）；

企业重组中取得股权支付的原主要股东A，在重组后连续12个月内，不转让所取得的对B的股权；

居民企业A 100%直接控股非居民企业B。

这样，该项重组交易符合税法关于跨境重组特殊性税务处理条件，则：

居民企业A就转让资产之现金支付部分确认所得 =（1000×75% - 600×75%）×75/750 = 30（万元）；

居民企业A就转让资产之股权支付部分所得 =（1000×75% - 600×75%）×675/750 = 270（万元），如选择特殊性税务处理，可以在2009—2018年10个纳税年度内均匀计入各年度应纳税所得额，每年确认的应纳税所得额为27万元。

资产收购的重组交易如图4-29所示。

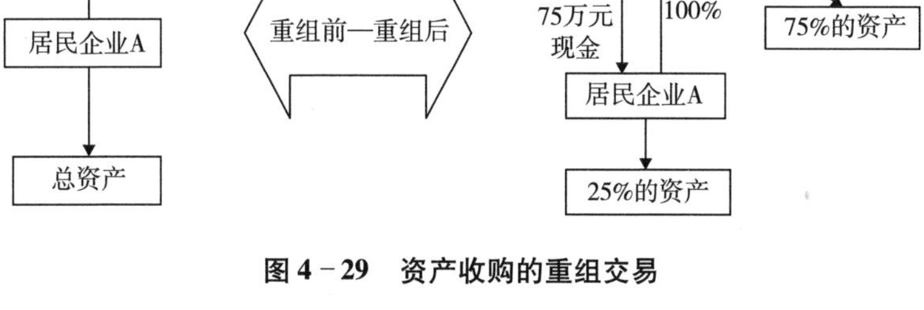

图4-29　资产收购的重组交易

十四、内资企业境外上市税收问题

（一）两步走方式

两步走方式如图 4－30 所示。

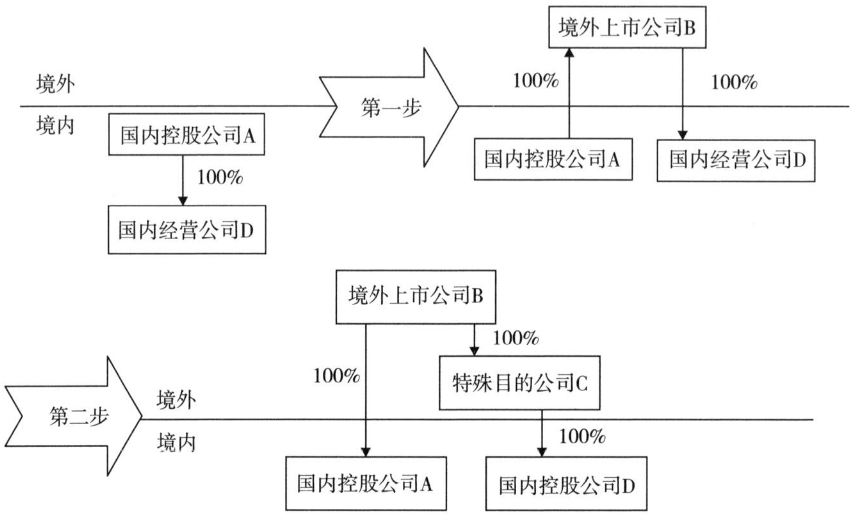

图 4－30　两步走方式

（二）两步走要求

交易须符合五项特殊性税务处理的条件；转让须以公允价值为基础及资本收益所产生的税款在十个纳税年度内均匀计入各年应纳税所得额；如果企业有其他本质上符合特殊性税务处理条件的，可以向总局申请，其原则是相关的资产增值要保留在中国境内，且不造成税款流失。

十五、境外合并案例：其他特殊性重组

境外合并案例两步走如图 4－31 所示。

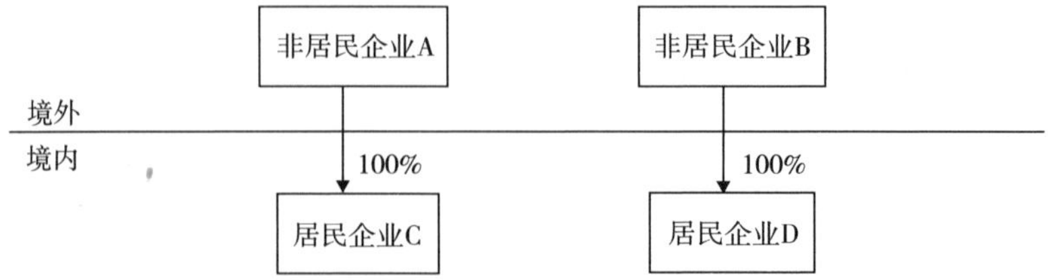

重组第一步（境外合并）

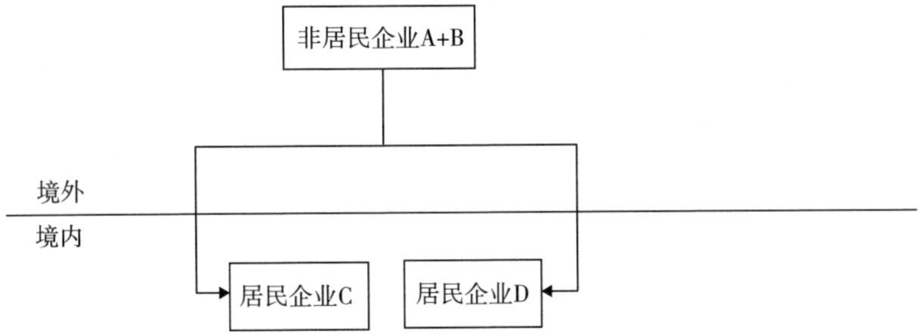

（注：由于案例的合并业务都涉及外国投资方，属于“跨境重组”业务，可以考虑按照第四种名义向财政部和税务总局申请上述业务适用特殊性税务处理。）

重组第二步（境内合并，最终形态）

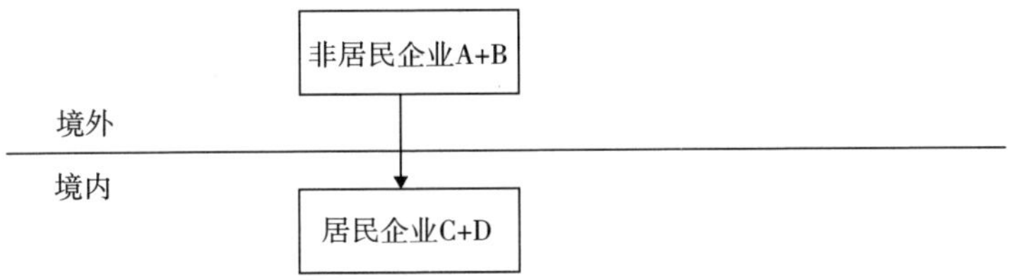

图4－31　境外合并案例两步走方式

第三节　并购税收筹划

一、并购重组税务筹划的意义

（一）有利于减轻企业税务负担，增加自身利益

国家对企业的并购在某些情况下提供税务优惠政策，并购的企业依法进行税务筹划，可以享受税务政策的种种好处，从而减轻企业税务负担，增加自身利益。

（二）有利于提高企业财务管理水平

税务活动会导致企业现金流出量的增加，企业有必要认真考虑和分析税务对企业理财活动的影响，寻求一种既能减少企业因为纳税导致的现金流出量，增加企业自身价值，又不违反税务法律法规的方法，从而有利于企业更好地理财，提高企业财务管理水平。

（1）有利于提高国家经济政策的运行效果

税务是国家实现其宏观经济政策的重要手段，企业进行税务筹划，正是对这些政策信息的主动接收，并能动地加以运用，是企业按照国家宏观政策要求，对自身行为进行的调整，其结果必然有助于国家宏观政策目标的实现。

（2）有利于增强企业纳税意识，强化税法观念

企业应学习和了解国家有关的税务法律法规，学会用合法的方式来维护自己的正当权益，而税务筹划能够促使纳税人自行完成这一过程。成功筹划的前提是纳税人应熟悉和通晓税法，并准确掌握合法与非法的界限，保持各种账册文件的完整，把运用税法进行纳税方案选择作为一种自身发展的内在需要。通过主动对税务法律法规和国家税务政策的学习和运用，纳税人的纳税意识必然得到提高，法制观念必然得到加强。

二、企业并购重组税务筹划的可能性

（一）多种纳税方案的存在为企业实现价值最大化提供了条件

一部分并购的发生，是出于对企业税务最小化方面的考虑。税务因素影响着并购的动机和过程。并购的税务筹划在实务中是完全可能的。

首先，不同企业的纳税差别形成不同的税务收益；

其次，不同并购出资方式造成纳税金额和纳税时间的差别；

最后，不同的并购会计处理方法造成不同的税前收益和纳税时间的差别。

当然，这种做法并非没有风险，因为这一预期的达成必须基于企业在限定的时间内，拥有充分获利能力的前提假设，否则，一切风险损失便将完全归于企业负担。

所以，企业如果不进行税务筹划，不对各种纳税方案进行对比分析，就有可能面临更重的税务负担，或因为一味地追求减轻税负，导致企业总体收益损失。

（二）税务收益的存在为企业的并购筹划提供了可能

企业的税务收益主要来源于两方面。

一是根据国家的税务优惠政策，纳税人的纳税额得到减免或抵扣。税

务优惠的目的主要是通过减免部分税务来鼓励一部分纳税人投资于国家急需的行业和部门，或者是政府通过放弃一部分税务收入而向特定的纳税人提供无偿资助。税务抵扣指的是税法规定的可以在税前作为扣除项目的各种费用支出。扣除项目与税务优惠同所得税税金是互为消长的关系，企业可以按照税法的导向，采取各种有效的经营方法，使其决策与国家政策协调一致，最大限度地获得税务利益。

二是依据税法规定，纳税人的纳税期限得以递延。纳税递延本质上不会减少企业的税负，只是指税款延迟支付而已，但从货币实践价值角度考虑，递延纳税相当于企业得到了一笔无成本资金，有利于收益增加。

（三）税务环境的优化为税务筹划提供了保障

税务筹划不同于偷税、漏税、逃税和避税，他是在税法许可条件下的合理行为，因而，进行税务筹划的外部环境并不是一个税务法制混乱或不健全的市场经济环境，相反，只有逐步实现税务法制化，才能避免由于税法不完善造成的有关人员对税务法律条文的主观诠释，才能规范企业纳税行为，否则，企业进行税务筹划毫无意义。

当前，我国税务法律建设水平越来越高，纳税人的合法权益也得到应有的尊重，税务筹划活动也受到了越来越广泛的关注，成为经济生活中的热门话题。这些都为企业进行税务活动提供了保障。

三、企业并购重组的税务筹划的内容

（一）利润高的企业，通过并购有累计亏损的企业，可用目标企业的亏损冲减盈利企业的利润，避免或减少纳税

我国现行税法规定，亏损企业免交当年所得税，在 5 年之内可用其税前利润补亏。

这样，盈利水平高的且发展稳定的优势企业，如果并购一家亏损企业，整体的纳税地位会显著改变，通过并购，亏损企业成为并购企业合并纳税的一部分，其亏损可以抵减并购企业的应纳税所得额，并购企业还可以享受减免税的好处。

如果合并纳税中出现亏损，并购企业还可以享受延缓纳税的好处。并购亏损企业一般采用吸收合并或控股兼并的方式，不采用新设合并方式。

因为新设合并的结果，目标企业的亏损已经核销，无法抵减并购后的企业利润。但必须警惕目标企业可能给并购后整体企业带来不良影响，特别是利润下降对其市值的消极影响及并购企业为整合目标企业而向目标企业过度提供资金造成的“整体贫血”，以防止将并购企业拖入经营困境。

（二）并购有税务优惠的企业，从而引起纳税主体的改变，就可以享受税务优惠的待遇

我国现行税制对同一经济行为在不同纳税主体上实行差别待遇，尤其是在所得税制度上，因而不同主体的税务收益不同。

一般来说，外资企业享有较多的税务优惠。因此，并购企业在选择目标企业时，可以选择外资企业，若并购后外资占并购后企业资金的法定比例后可申请注册为外资企业，从而可享受外资企业的所得税优惠措施和优惠汇率，并可免除诸如城市维护建设税、城镇土地使用税、房产税、车船使用税等不对外资企业征收的税种。

我国对在经济特区、经济技术开发区、中西部“老少边穷”等地区注册经营的企业实行一系列的所得税优惠政策。

并购企业可选择能享受到这些优惠措施的目标企业作为并购对象，并购后改变整体企业的注册地，使并购后的纳税主体能取得此类税务优惠。

因此，通过对企业进行并购，税务主体发生变化从而使得企业享受了种种税务优惠，减轻了企业的整体税负，降低了税务成本。

（三）用关联企业之间的转让定价调节利润，减轻税负

由于有关所得税法规对利润水平较低的企业、外商投资企业、高新技术企业、新办第三产业等实行减免税优惠政策，因此关联企业之间的税务待遇存在区别。

关联企业间不同的税务优惠待遇为关联企业运用转让定价减轻税负提供了方便。通过转让定价，企业可以将利润从所得税适用税率高的企业转移至适用税率低的企业，以达到减轻税负的目的。

在这方面，我国现行税制没有严格限制。企业在并购重组时，关联企业业务设置及业务往来的转让定价等问题都是税务筹划需要考虑的，不同的筹划结果会带来不同的节税结果。

（四）并购企业以自身的股票换取目标企业的资产或股票，而不是用现金或债券支付，以得到推迟纳税和减轻税负的好处

在税务法律的立法原则中，对企业或其股东的投资行为所得征税，通常以纳税人当期的实际收益为税基；对于没有实际收到现金红利的投资收益，不予征税。这就给并购企业提供了免税并购的可能。免税并购实际上就是指并购企业以自身的有投票权的股票，降价换取目标企业的资产或普通股股票，是一种用股票出资的方式。

根据交易的对象和交易后目标企业的地位变化，免税并购可以分为三种类型。

1. 吸收合并与新设合并

吸收合并方式下，目标企业的股东用其所持有的目标企业的股票换取并购企业的股票，成为并购企业的股东，目标企业不再存在；在新设合并方式下，目标企业和并购企业的股东都将其持有的股票换取新成立的股票，成为新设企业的股东，原两个企业都不再存在。

2. 相互持股合并

即并购企业与目标企业进行股票交换，并购企业与目标企业进行股票交换，并购企业与目标企业成为相互持股的关系。通常由于并购公司的持股比例更大一些，可以对目标公司管理决策施加更大的影响。在相互持股并购中，目标企业既可以通过清偿进入并购企业而不复存在，也可以仍然作为独立经营的实体而存在。

3. 股票换资产型并购

目标企业将资产出售给并购企业以换取并购企业的有投票权股票，然后目标企业清偿，将并购企业的股票交给其股东以换回已被注销的目标企业的股票。

一般情况下，并购企业要按照目标企业财产公平市价的80%进行收购。

在税务法律规定既对现金红利征税，又对资本利得征税的情况下，免税并购从本质上说，只是纳税时间的延迟，而不是税务的真正免除。在免税并购过程中，如果目标企业股东只接受股票作为交易收益则无须纳税，只有当他们卖出这些股票时，才需要确认可能的收益而缴纳所得税。而在许多国家（包括我国），税法规定只对现金红利征税，而对资本利得不予征税，这种情况下的免税并购可以实现真正意义上的免税作用。

免税交易中，在股票换资产性并购方式下，资产评估价值往往高于账面价值，因而并购企业可获得增加的折旧扣税额。而在目标企业的资产账面价值大于其市场价值的情况下，并购企业倾向于采用股票换股票的免税并购方式，使目标企业的资产原封不动地转给并购企业。如果并购企业将目标企业的股票转换为可转换债券，经过一段时间后再将它们转换为普通股票，企业支付这些债券的利息可从税前利润中减去，从而可减少并购企业的所得税缴纳。免税并购下，目标企业的股东不需要立刻确认形成的资本利得，因而不须缴纳所得税；只有在免税并购中，并购企业才可以获得净经营亏损，并用来冲减未来的收益，但不能用来收回已缴纳的税额。如果交换型并购后，目标企业仍保持独立经营实体，则可以递延的亏损只能保留在目标企业内，冲减目标企业的盈利，而不能转移给购并企业。

只有在目标企业清偿后，并购企业才可能获得递延的净经营亏损，而清偿会导致目标企业被迫追收回过度的折旧而产生其他不利的税务后果。

（五）选择恰当的并购会计处理方法，提高折旧费用或摊销费用，减少税前利润，减轻税负。

交易方法的差别，三种类型的免税并购会计处理上有购买法和权益汇总法两种方法。两种会计处理方法下，对重组资产的确认、市价与账面价值的差额等有着不同的规定，影响到重组后企业的整体纳税情况。

在购买法下，并购企业支付目标企业的购买价格不等于目标企业的净资产账面价值。在购买日将构成净资产价值的各个资产项目，按评估的公允市价入账，公允市价超过净资产账面价值以上的差额在会计上作为商誉处理。商誉和固定资产由于增值而提高的折旧费用或摊销费用，减少税前利润，会产生节税效果，其数额为折旧或摊销费用的增加数中相应的所得税费用减少数。股票换资产型并购采用这种会计处理方法。

权益汇总法仅适用于发行普通股票换取被兼并公司的普通股。参与合并的各公司资产、负债都以原账面价值入账，并购公司支付的并购价格等于目标公司净资产的账面价值，不存在商誉的确定、摊销和资产升值折旧问题，所以没有对并购企业未来收益减少的影响。吸收合并与新设合并以及股票交换式并购采用的就是这种会计处理方法。

购买法与权益汇总法相比，资产被确认的价值较高，并且由于增加折旧和摊销商誉引起净利润减少，形成节税效果。但是购买法增加企业的现金流出或负债增加，从而相对地降低了资产回报率，降低了资本利用效果，因此税务筹划要全面衡量得失。

（六）采取并购贷款等债权融资方式

债权融资的一大优势，在于并购贷款的税务挡板作用，即公司支付的债务利息可以抵减应纳税额，而现金股利和留存收益则不能。但是，由于并购贷款是并购方将从商业银行获得的贷款用于收购目标公司的股权，贷款利息费用发生在收购方层面，相反，要缴纳税务的经营利润则发生在被收购公司层面，如收购方没有足够的应纳税所得吸收可税前抵扣的并购贷款利息，就无法实现并购贷款的税务挡板作用即利息节税务益。而且，支付并购贷款本息的现金流也要从被收购方上缴，供并购方支付贷款本息。如果资金不能配对，就有违约的风险。

为了解决这一矛盾，可以进行合理的财务、税务筹划，例如采用转移债务安排（debt push down schemes），即将并购贷款债务从并购主体“下压转移”到被并购公司层面实现利息税前抵扣。

在进行相关融资、税务架构筹划时，特别是在就跨国并购交易进行融资、税务筹划时，需要考虑一系列的问题，包括：

标的所在国是否有反融资协助的法律规定（financial assistance prohibition），禁止投资者利用被投资的子公司的资产作为担保，支付收购的对价；

标的所在国是否允许并购后母、子公司选择合并纳税，并且在合并前发生的利息费用可否被列为支出；

标的所在国是否有反资本稀释的税务规定（thin capitalization rule）；

资金的使用与利率是否符合标的所在国转让定价税务规定（transfer pricing rule）等问题。

在国际上，一般的并购交易中并购方都会尽可能地采用转移债务安排等税务筹划，尽可能利用利息税前抵扣带来的税务收益优化并购交易的融资方案。

在中国，由于目前的企业所得税法体系一般不允许合并纳税，如何实现并购贷款的利息税前抵扣更需要进行特别的税务筹划和安排。

鉴于此，企业在进行并购交易特别是跨国并购活动前，应详细评估相关税务问题，或委任专业会计师或税务师事务所处理或提供税务咨询，以免违反当地的法令或增加税务风险。

四、企业并购重组的税务筹划应注意的问题

企业在其并购过程中出于税务筹划的目标，也许会作出相互矛盾的税务方案安排。

此时，企业应该明了，税务筹划作为企业理财的重要内容，其根本目标是减少企业总成本费用，提高经济效益，实现企业价值最大化。

因此，企业在进行税务筹划时，要注意以下几个问题。

（一）税务筹划要树立整体经济效益最大化概念

由于多种税基之间相互关联，某种税基的缩减同时会引起其他税种税基的增大；某个纳税期限内免税，可能会在以后一个或几个纳税期内多缴税；总体税负减轻可能引起其成本费用上升或其他不利后果；等等。因此，企业在并购的税务筹划实际操作中应综合考虑，除了要考虑充分利用税法中的税务优惠、纳税递延来获取税务收益外，同时还要考虑这种税务收益对其他相关效益的影响，在所有相关利益中寻找均衡点，以获取整体利益最大化。

税负最轻的方案不一定就是税务筹划的最佳方案，只有考虑了企业总体利益最大的税务筹划方案才是最优的。

（二）立足企业全局，考虑长远利益，综合衡量企业并购行为中税务筹划对企业经营的整体影响和长远影响

并购行为能否成功完成，除成本因素外还受其他众多内外因素影响。而并购行为最终是否成功，关键在于并购后对目标企业的整合与战略重组。

税负的减少只是理财手段之一，要与企业其他理财措施结合使用，才能发挥对企业整体的积极作用。作为一种资本经营方式，企业并购行为对并购企业来说，只是其众多经营管理决策及行为中的一种，并不是改变企业命运或挽救企业于危难的灵丹妙药。

我们不能高估企业并购的作用，也不能过分依赖企业并购行为中税务筹划这种单一的理财措施。

（三）把握好税务筹划与避税、偷税的界限

税务筹划与避税、偷税有着本质的区别。

避税、偷税与税法精神相违背，是国家法规政策所不允许的。而税务筹划是企业在税法规定范围内进行的一种正当活动，是企业对税法进行精心研究和比较后进行的纳税最优方案的选择，这是税法政策所引导和鼓励的。

因而，税务筹划是一种合理、合法的节税行为，不是利用税法漏洞和措辞上的缺陷来避税，更不是违法的偷税。

企业在进行税务筹划时，应该充分了解税法的规定，严格按税法规定办事，自觉维护税法的严肃性，防止因疏忽或故意而将正当的税务筹划引入避税、偷税的歧途。

【补充阅读】

并购重组税负“松绑”①

财政部和国家税务总局联合下发两份文件对企业并购重组中三个方面的涉税内容进行调整。

新政策扩展了适用特殊性税务处理的企业重组范围，将被收购股权或资产比例由不低于75%调整为不低于50%。

对于非货币性资产投资给予递延纳税政策，将大幅减轻企业在重组收购当期的税务负担。

一向严格的重组税负将随着两部委下发的最新规定而“放松”。财政部和国家税务总局近日联合发布《关于促进企业重组有关企业所得税处理问题的通知》和《关于非货币性资产投资企业所得税政策问题的通知》，对于企业兼并重组过程的税负问题，扩大了特殊性税务处理适用范围；同时，对非货币性资产投资给予了递延纳税政策。上述两个文件的出台，均是为了贯彻落实国务院此前下发的《国务院关于进一步优化企业兼并重组市场环境的意见》相关要求。

“这些调整对于公司并购重组是大大的利好，过去的重组税务优惠条件太严格了，这样一来就放松了许多。”安永上海一位资深税务人士对上证报记者表示。

① 施浩，《上海证券报》2015年1月9日。

梳理文件相关规定不难看出，财政部和国家税务总局此次出台的规定，主要是针对企业并购重组中三个方面的涉税内容进行调整。首先，新政策对适用特殊性税务处理的股权收购和资产收购，将被收购股权或资产比例由不低于75%调整为不低于50%，降幅达1/3，国家税务总局相关人士表示，这一比例在国际上处于中等偏下水平，从而大大扩展了适用特殊性税务处理的企业重组范围。

其次，新政策还明确了，对同一企业集团内100%直接控制的居民企业之间按账面净值划转股权或资产的行为，给予特殊性税务处理待遇，交易双方均不确认所得。这一调整，旨在降低集团内部各企业交易的税务成本，促进企业的资源整合和业务重组。此外，新政策还将上海自贸区非货币性资产投资递延纳税政策推广到全国适用，明确居民企业以非货币性资产对外投资实现的资产转让所得，可在五年内递延缴纳企业所得税。以此鼓励企业以非货币性资产对外投资的行为，缓解企业纳税负担。

国家税务总局所得税司的有关负责人表示，企业重组的企业所得税政策分为一般性税务处理和特殊性税务处理两类，一般性税务处理应在重组交易发生时纳税，特殊性税务处理可以递延纳税。现行重组所得税政策对企业兼并重组和优化产业结构发挥了重要的促进作用。但随着经济社会发展，企业兼并重组步伐加快，企业重组的所得税政策体系也要不断进行完善。

一家国内大型事务所的审计项目负责人告诉记者，文件的出台将促进企业并购重组更趋活跃。“特殊性税务处理一般都是延缓缴税，两个文件的主要目的在于降低企业在重组过程中的当期税负，收购股权或资产比例的调整，扩大了特殊性税务处理的适用范围，而非货币性资产投资的递延纳税政策，也大幅减轻了企业在重组收购当期的税务负担”。由于企业重大资产重组的金额较大，相关税负在当期对企业经营业绩冲击较大，如果能平滑到下个年度，也算是对企业减负了。

对此，国家税务总局税务科学研究所所长李万甫表示，近年来，我国企业并购重组已成为企业加强资源整合、实现快速发展、提高竞争力的有效措施，也是化解产能过剩矛盾、优化产业结构、提高发展质量效益的重要途径。此番，支持企业兼并重组的两个文件的出台非常及时，这是促进经济结构战略性调整的重大举措，将为“新常态”下企业兼并重组带来重大利好。重组企业所得税政策的完善，为支持企业做大做强、拓展国际国内市场、优化产业结构提供了有力的政策支撑，也将对我国转变经济发展方式发挥积极作用。

第四节　并购重组税务风险分析及防范

一、并购重组税务风险

企业并购重组中，除了合法性风险，第二位的风险就是税务风险。我国税务法规的高度政策化、文件化无疑又加重了这些风险。因此，需要高度关注重组结构设计的税务风险，一定要听取财务甚至税务顾问的专业意见。而且如果目标公司是自然人股东，股权溢价交易就存在20%个人所得税问题，以及收购方的代扣代缴法律义务，由此，需要进行必要的股权调整安排，从而过滤自然人属性的股东股权再实施交易。

二、常见的税务风险

（一）历史遗留税务问题

在股权收购的情形下，被收购公司的所有历史遗留税务问题都将被新股东承继，在实务中，可能存在的历史遗留税务问题，通常包括假发票、纳税申报不合规、偷税、欠缴税款等。

如果收购方与原股东在收购合同中未涉及历史遗留税务问题处理的事项，由税务稽查带来的经济损失只能由新股东承担。

（二）税务架构不合理引起的风险

尤其对跨境并购而言，公司架构税务筹划非常重要，由于不同国家（地区）之间适用不同的税务政策，并购架构会引发迥异的税负差异。

（三）交易方式缺税务规划引起的风险

并购重组交易方式可归纳为股权收购和资产收购两种，其中，股权交易中被收购公司的税务风险将会被新股东承继，资产交易则不会。

同时，选择资产交易将面临动产及不动产产权变动而带来的增值税以及土地增值税等税负。相比较而言，股权交易一般不需要缴纳流转税以及土地增值税。

（四）未按规定申报纳税引起的风险

2011 年以来，资本交易一直是国家税务总局稽查的重点，包括对收入项目和扣除项目的检查。与此同时，针对间接股权转让发起的反避税调查也越来越频繁，涉案金额巨大案件频出。

国家税务总局下发《关于加强股权转让企业所得税征管工作的通知》（税总函〔2014〕318 号），通知中提出了“对股权转让实施链条式动态管理”“实行专家团队集中式管理”“加强信息化建设”等做法，文化企业在并购重组中，股权转让税务合规性风险会继续提高。

（五）特殊性税务处理不合规引起的风险

特殊性税务处理可以实现递延纳税的效果，节约现金流。按规定，企业并购重组适用特殊性税务处理要满足“没有避税的目的”“收购资产或股权要大于 75%”“股权支付额不低于整个交易的 85%”等五个方面的条件，同时，符合条件的企业需要到税务机关进行备案。

在实务中，有的企业符合上述五大条件，但没有备案，后续也未做纳税申报，这种情况被税务局发现会被认定为偷税。

国务院颁发的《关于进一步优化企业兼并重组市场环境的意见》（国发〔2014〕14 号）提出，“降低收购股权（资产）占被收购企业全部股权（资产）的比例限制，扩大特殊性税务处理政策的适用范围”，对于计划并购重组的文化企业，这一政策有望使更多并购重组文化企业适用特殊性税务处理。

三、并购税务风险的防范

根据《中华人民共和国税收征管法》第五十二条第二款、第三款规定，因纳税人、扣缴义务人计算错误等失误，未缴或少缴税款的，税务机关在 3 年内可以追征税款、滞纳金；有特殊情况（《中华人民共和国税收征管法实施细则》第八十二条界定为纳税人或者扣缴义务人因计算错误等失误，未缴或者少缴、未扣或者少扣、未收或者少收税款，累计数额在 10 万元以上）的，追征期可以延长到 5 年。对偷税、抗税、骗税的，税务机关追征其未缴或者少缴的税款、滞纳或者所骗取的税款，不受前款规定期限的限制，也就是通常所说的无限期追征。

因此，企业并购前的尽职调查是防范企业并购中涉税风险的有效途径。

在税收问题的审查上，实施企业并购前，有关各方应先对目标企业适用的税务政策、纳税情况、财务会计状况进行调查，对目标公司应计未计费用、应提未提折旧、应摊未摊资产全部补计补提，对目标企业可能存在未履行的纳税义务进行全面评估，以减少目标企业的股东权益，使净资产账面价值及公允价值符合实际情况，降低收购企业的收购成本，并有效防范并购中的涉税风险。

搭建良好的税务架构是税务筹划的基础。

在积极争取适用特殊性税务处理、实现递延纳税的同时，企业还可以利用境内不同区域的税负差，基于合理的商业目的搭建集团企业的税务架构，从而享受真正的减免税。

通过在“低税负地区”设立控股平台，集团企业可以实现投资运营及退出阶段的税务成本最优化，同时也为后续引入国内外投资者等进入资本市场奠定良好的运营基础。

当然，如果企业有国际投资的考虑以及实施境外收购的计划，还可以积极引入国际持股平台。

需要注意的是，在这个过程中，企业应当准确识别自身的税务风险，根据企业的运营情况和实际需要，优化税务架构，合理、合法地实施税务筹划，降低税收成本，控制税收风险。

第五节　并购重组税务案例及问答

一、资产收购向股权收购的转换案例

【案例1】

甲企业为机械加工企业，总资产3000万元，负债总额4000万元，拥有一套数控设备，原值800万元，评估值1000万元。乙企业想收购甲企业的数控设备。

【方案一】

乙方以现金收购甲方设备，甲方破产清算。

增值税：1000 - 800 = 200（万元），增值税率4%，增值税40万元。

企业所得税：1000 - 800 = 200（万元），税率25%，所得税50万元。

【方案二】

乙方整体收购甲企业。

增值税：产权交易行为不缴税。

企业所得税：甲方没有所得。

【方案三】

甲方以设备出资设立新公司。

被分立企业应视为按公允价值转让被分离资产，应缴25%的所得税。

二、从股权收购对价中剔除债务案例

【案例2】

某公司贵阳收购情况：原公司注册资本1000万元，股东投入2000万元，外部拖欠工程款8000万元。

【原方案】

一次性向原股东支付13000万元，债务股东负责偿还，

13000 - 1000 = 12000（万元），

对方股东所得税：12000 × 33% = 3960（万元）。

【新方案】

收购方负责偿还原股东借款2000万元，外部欠款8000万元仍由标的公司承担，由收购方处理。

股权转让价款为3000万元，

3000 - 1000 = 2000（万元），

2000 × 33% = 660（万元）。

三、股权内部赠予的税务问题

【案例3】

甲公司下属有A、B、C等子公司，A公司持有某公司70%的股权（总注册资本1.75亿元）。甲公司控制人决定将A公司持有的40%股权转

移到B公司持有，不久又将B公司持有的40%转移到C公司，这两次转让都是内部划拨、无偿转让。

按企业所得税法：企业受赠资产应缴25%的所得税，两次无偿转让使股权应缴纳50%的所得税。

1.75×40%×50%=0.35（亿元）。

四、企业转让的税务筹划案例

【案例4】

重庆某公司土地转让又回购部分房产。

基本结构：将持有4.2亿元的某房地产公司股权以6亿元价格出售，收购方建成后，出售方再以1万元/平方米价格回购1.9万平方米，计1.9亿元。

出售时有1.8亿元的溢价，所得税率为25%。

回购时，收购方（房地产公司）会有营业税及附加（营改增前），5.5%，契税，土地增值税，企业所得税，印花税。

【方案】

测算房产建成后1.9万平方米在总的建筑里的比例；

收购方按这个比例收购1.9万平方米占股权比例以外的股权；

房屋建成后，进行股权分立，原出售方分得1.9万平方米对应的股权和资产，收购方分得另外部分股权和对应资产。

五、合伙企业中税务筹划

合伙企业所得税先分后缴：先分配到各合伙人名下，再由他们分别缴纳。

《中华人民共和国企业所得税法》（2008年1月1日实施）第二十六条规定：企业的下列收入为免税收入：（一）国债利息收入；（二）符合条件的居民企业之间的股息、红利等权益性投资收益；（三）在中国设立机构、场所的非居民企业取得与该机构、场所有实际联系的股息、红利等权益性投资收益；（四）符合条件的非营利组织的收入。

《中华人民共和国公司法》第十五条规定：公司可以向其他企业投资；

但是，除法律另有规定外，不得成为对所投资企业的债务承担连带责任的出资人。

《中华人民共和国合伙法》（2007 年 6 月 1 日实施）规定：合伙企业，是指自然人、法人和其他组织依照本法在中国境内设立的普通合伙企业和有限合伙企业。

所以将合伙企业的合伙人设为公司法人：公司法人股东缴企业所得税，不缴个人所得税；企业所得税可以扣除费用和成本，企业亏损弥补后才缴税。

六、境外股权转让的税务案例

该类型案例目前比较有代表性的就是“江都税案”（参见本章第二节案例 19）。

扬州某公司是由江都一民营企业与外国一家投资集团合资成立。其中，该投资集团通过其香港全资子公司持有扬州某公司 49% 股权。2010 年 1 月 14 日，该公司正式宣布收购扬州某公司 49% 股份交易已经完成。

新闻稿件详尽介绍了扬州某公司的相关情况，却未提及香港公司，间接证明该公司购买香港公司仅是形式，而交易的实质是为了购买扬州公司 49% 的股份。

这次股权转让尽管形式上是转让香港公司股权，但实质是转让扬州某公司的外方股权，在中国负有纳税义务，予以征税。

2010 年 5 月 18 日上午，1.73 亿元税款顺利缴入国库。

七、企业并购重组的流转税节税分析

【案例 5】

（一）案情介绍

振邦集团是一家生产型的企业集团，由于近期生产经营效益不错，集团预测今后几年的市场需求还有进一步扩大的趋势，于是准备扩展生产能力。离振邦集团不远的 A 公司生产的产品正好是其生产所需的原料之一，A 公司由于经营管理不善正处于严重的资不抵债状态，已经无力经营。经评估确认资产总额为 4000 万元，负债总额为 6000 万元，但 A 公司的一条生产线性能良好，正是振邦集团生产原料所需的生产线，其原值为1400万元（不动产800万元、生产线600万元），评估值为2000万元（不动产作价1200万元，生产线作价800万元）。请对振邦集团进行税收筹划，使振邦集团的税负最低。

（二）税务规划分析

【方案一】资产买卖行为

振邦集团拿现金2000万元直接购买不动产及生产线，应承担相关的税收负担为营业税（营改增前）和增值税，按照有关税收政策规定，A公司销售不动产应缴纳5.5%的营业税及附加（营改增前），生产线转让按4%的税率减半缴纳增值税，并计算资产转让所得缴纳25%的企业所得税。

税负总额＝1200×5.5%＋800÷（1＋4%）×4%÷2＋［1200＋800÷（1＋4%）－800－600－1200×5.5%］×25%＋800÷（1＋4%）×4%÷2×25%（直接减免的增值税800÷（1＋4%）×4%÷2必须缴纳企业所得税）＝211.04（万元）

该方案对于振邦集团来说，虽然不须购买其他没有利用价值的资产，更不须承担巨额债务，但在较短的时间内要筹措到2000万元的现金，负担较大。

【方案二】产权交易行为：承债式整体并购

根据国家税务总局公告2011年第13号和国家税务总局公告2011年第51号的规定，企业的产权交易（所谓产权交易是指企业的整体资产、负责和劳动力全部转移到购买方的经济行为。）行为不缴纳营业税（营改增前）和增值税。A公司资产总额为4000万元，负债总额为6000万元，已严重资不抵债。A公司通过清算程序不缴纳企业所得税。该方案对于合并方振邦集团而言，则须要购买A公司的全部资产，这从经济核算的角度讲，是没有必要的，同时振邦集团还要承担大量的不必要的债务，这对以后的集团运作不利。

【方案三】产权交易行为

A公司先将原料生产线重新包装成一个全资子公司，资产为生产线，负债为2000万元，净资产为0元，即先分设出一个独立的B公司，然后再实现振邦集团对B公司的并购，即将资产买卖行为转变为企业产权交易行为。同方案二，A公司产权交易行为不缴纳营业税（营改增前）和增值税。对于企业所得税，当从A公司分设出B公司时，被分设企业应视为按公允价值转让其被分离出去的部分或全部资产，计算被分设资产的财产转让所得，依法缴纳企业所得税：A 公司分设 B 公司后，A 公司应按公允价值 2000 万元确认生产线的财产转让所得 600 万元，计税 150 万元。

B 公司被振邦集团合并，根据企业合并有关税收政策，被合并企业应视为按公允价值转让、处置全部资产，计算资产转让所得，缴纳企业所得税。由于 B 公司转让所得为 0，所以不需要缴纳企业所得税。

【案例总结】

方案三的效果最好：

一是避免了支付大量现金，解决了在短期内筹备大量现金的难题；

二是 B 公司只承担 A 公司的一部分债务，资产与债务基本相等；

三是振邦集团在资产重组活动中所获取的利益最大，既购买了自己需要的生产线，又未购买其他无用资产，增加了产权交易的可行性。

对于振邦集团来说，把资产转让行为转化成为产权交易行为，巧妙地降低了企业税负。

值得提醒读者注意的是，该方案有以下两个关键点：

（1）债权转让行为的可行性。要避免债权人或其他利益相关者怀疑企业分立行为含有逃避债务的目的而不予配合。

（2）企业分立中会涉及税收负担，税收负担最终应由哪方承担，在操作时要考虑税负可以通过价格进行转嫁。

八、某上市公司企业分立的节税分析

【案例 6】

（一）案情介绍

2012 年 2 月上市公司 A 股份有限公司分立为 B 公司和 C 公司。分立后，B 公司和 C 公司承继及承接 A 公司的所有资产、负债、权益、业务和人员；A 公司的股东成为 B 公司和 C 公司的股东；A 公司终止上市并不经过清算程序办理注销手续。B 公司和 C 公司的股票在获得批准后在证券交易所上市。A 公司的主要股东是 D 公司持股 26.90%、E 公司持股 22.29% 和 F 公司持股 17.92%，其他公众持股全部股本的 32.89%。A 公司在分立日在册的所有股东，其持有的每股A公司股份将转换为一股B公司的股份和一股C公司的股份。在此基础上，D公司将其持有的C公司的股份与E公司持有的B公司的股份互相无偿划转，上述股权划转是本次分立上市的一部分，将在分立后公司股票上市前完成。

（二）税务规划的涉税分析

1. 增值税的处理

根据《国家税务总局关于纳税人资产重组有关增值税问题的公告》（国家税务总局公告2011年第13号）的规定，此次交易过程中涉及的货物转移无须缴纳增值税。

2. 土地增值税的处理

《财政部 国家税务总局关于土地增值税一些具体问题规定的通知》（财税字〔1995〕第048号）的第二条关于企业兼并转让房地产的征免税问题时规定："在企业兼并中，对被兼并企业将房地产转让到兼并企业中的，暂免征收土地增值税。"基于此规定，A股份公司无须就土地使用权和不动产的转移缴纳土地增值税。

3. 契税和印花税的处理

《财政部 国家税务总局关于企业事业单位改制重组契税政策的通知》（财税〔2012〕4号）规定："自2012年1月1日至2014年12月31日止，公司依照法律规定、合同约定分设为两个或两个以上与原公司投资主体相同的公司，对派生方、新设方承受原企业土地、房屋权属，免征契税。"因此，B公司和C公司无须就其受让A股份公司的土地房屋权属缴纳契税。

《财政部 国家税务总局关于企业改制过程中有关印花税政策的通知》（财税〔2003〕183号）第三条规定"企业因改制签订的产权转移书据免予贴花"，该条的意思是指将原有企业的全部或部分产权转移到改制后的新企业所签订的产权转移书据免予贴花，其他的产权转移书据均应按规定贴花。

《财政部 国家税务总局关于企业改制过程中有关印花税政策的通知》（财税〔2003〕183号）第一条第一项规定："实行公司制改造的企业在改制过程中成立的新企业（重新办理法人登记的），其新启用的资金账簿记载的资金或因企业建立资本纽带关系而增加的资金，凡原已贴花的部分可不再贴花，未贴花的部分和以后新增加的资金按规定贴花。公司制改造包括国有企业依《公司法》整体改造成国有独资有限责任公司；企业通过增资扩股或者转让部分产权，实现他人对企业的参股，将企业改造成有限责任公司或股份有限公司；企业以其部分财产和相应债务与他人组建新公司；企业将债务留在原企业，而以其优质财产与他人组建的新公司。”第一条第二项规定：“以合并或分立方式成立的新企业，其新启用的资金账簿记载的资金，凡原已贴花的部分可不再贴花，未贴花的部分和以后新增加的资金按规定贴花。合并包括吸收合并和新设合并。分立包括存续分立和新设分立。”

九、企业并购重组的企业所得税节税分析

【案例7】

（一）案情介绍

2012 年 3 月，上市公司 A 发布重大重组预案公告称，公司将通过定向增发股票，向该公司的实际控制人中国海外控股公司 B（该 B 公司注册地在英属维尔京群岛）发行 36809 万股 A 股股票，收购 B 持有中国境内的水泥有限公司 C 的 50% 的股权。增发价 7.61 元/股。收购完成后，C 公司将成为 A 公司的控股子公司。C 公司成立时的注册资本为 856839300 元，其中建工建材总公司 D 公司的出资金额为 214242370 元，出资比例为 25%，B 公司的出资金额为 642596930 元，出资比例为 75%。根据法律法规，B 公司本次认购的股票自发行结束之日起 36 个月内不上市交易或转让。

（二）税务规划前的税负分析

此项股权收购完成后，A 公司将达到控制 C 公司的目的，因此符合财税〔2009〕59 号规定中股权收购的定义。尽管符合控股合并的条件，且所支付的对价均为上市公司的股权，但由于 A 公司只收购了水泥有限公司 C 的 50% 股权，没有达到 75% 的要求，因此应当适用一般性税务处理。

被收购企业的股东：B 公司，应确认股权转让所得。

股权转让所得 = 取得对价的公允价值 - 原计税基础 = 7.61 × 368090000 - 856839300 × 50% = 2372745250（元）。

由于 B 公司的注册地在英属维尔京群岛，属于非居民企业，因此其股权转让应纳的所得税为：2372745250 × 10% = 237274525 元。

收购方：A 公司取得（对 C 公司）股权的计税基础应以公允价值为基础确定，即 2801164900 元（7.61 ×368090000）。

被收购企业：C 公司的相关所得税事项保持不变。

（三）税务规划方案

如果其他条件不变，B 公司将转让的股权份额提高到 75%，也就转让其持有的全部 C 公司的股权，那么由于此项交易同时符合财税〔2009〕59 号中规定的五个条件，因此可以选择特殊性税务处理。

（四）税务规划后的税负分析

被收购企业的股东：B 公司，暂不确认股权转让所得。

收购方：A 公司取得（对 C 公司）股权的计税基础应以被收购股权的原有计税基础确定，即 642629475 元（856839300 ×75%）。

被收购企业：C 公司的相关所得税事项保持不变。

可见，通过筹划，使 B 公司转让 C 公司 75% 的股权，则可以在当期避免 2.37 亿元的所得税支出。

【案例 8】

A 是一家以制造业为主的企业集团，结合目前的市场情况和经营状态，A 集团认为其市场前景良好，生产需求将进一步扩大，于是准备扩展生产能力。

B 公司所生产的产品正好是 A 集团生产所需的原料之一，B 公司由于经营管理不善正处于严重的资不抵债状态，已经无力经营。经评估确认 B 公司资产总额为 3000 万元，负债总额为 5000 万元，但 B 公司的一条生产线性能良好，正是 A 集团生产原料所需的生产线，其原值为 1800 万元，评估值为 2100 万元。2009 年底，A 集团与 B 公司双方协商，形成了关于资产重组的三种可行方案。

【方案一】资产收购行为

A 集团拿现金 2100 万元直接购买不动产及生产线，应承担相关税负：

营业税（营改增前）：B 公司销售不动产应缴纳 5% 的营业税，2100 × 5% =105（万元）；

增值税：生产线转让按 4% 的税率减半缴纳增值税，2100 ×4%/2 =42（万元）；

企业所得税：按25%缴纳，(2100－1800) ×25% =75（万元）。

该方案税负共计222万元，对于A集团来说，虽然不需购买其他没有利用价值的资产，更不要承担巨额债务，但在较短的时间内要筹措到2100万元的现金，负担较大。

【方案二】产权交易行为（承债式整体并购）

其相关的税收负担如下。

按照税法政策有关规定，企业的产权交易行为不缴纳增值税。

B公司资产总额为3000万元，负债总额为5000万元，严重资不抵债。根据规定，在被兼并企业的资产小于负债或与负债基本相等的情况下，合并企业以承担被兼并企业全部债务的方式实现吸收合并，不视为被兼并企业按公允价值转让、处置全部资产，不缴纳企业所得税。

但该方案对于合并方A集团而言，则需要购买B公司的全部资产，这从经济核算的角度讲，是没有必要的，同时A集团还要承担大量的不必要的债务，这对以后的集团运作不利。

【方案三】产权交易行为（资产剥离分立）

B公司先将原料生产线进行资产剥离分立为一个全资子公司C，资产为生产线，负债为2000万元，净资产为0，然后A集团对C公司进行并购，即将资产买卖行为转变为企业产权交易行为。其相关的税收负担如下：

按照税法政策有关规定，企业的产权交易行为不缴纳增值税，即B公司产权交易行为不缴纳增值税。

企业所得税：当从B公司分设出C公司时，被分设企业应视为按公允价值转让其被分离出去的部分或全部资产，计算被分设资产的财产转让所得，依法缴纳企业所得税：B公司分设C公司后，B公司应按公允价值2100万元确认生产线的财产转让所得300万元，计税75万元。

C公司被A集团合并，根据企业合并有关税收政策，被合并企业应视为按公允价值转让、处置全部资产，计算资产转让所得，缴纳企业所得税。由于C公司转让所得为0，所以不缴纳企业所得税。

方案对于A集团来说效果最好，一是避免了支付大量现金，解决了在短期内筹备大量现金的难题；二是C公司只承担B公司的一部分债务，资产与债务基本相等；三是A集团在资产重组活动中所获取的利益最大，既购得了自己需要的生产线，又未购买其他无用资产，增加了产权交易的可行性。

【案例9】

甲企业是一家加工砂石的生产性企业，经评估确认资产总额为2000万元，负债总额为3000万元，已无法继续经营。但甲企业有一条生产前景较好的木材生产线，原值700万元，评估值为1000万元。

乙企业是一家水泥生产企业，其原材料主要来自甲企业，具有购买甲企业的砂石生产线的能力。双方经协商，乙企业拟对甲企业进行并购，并提出如下方案。

方案一：乙企业以现金1000万元直接购买甲企业砂石生产线，甲企业宣告破产。

方案二：乙企业以承担全部债务方式整体并购甲企业。

方案三：甲企业首先以砂石生产线的评估值1000万元注册一家全资子公司丙企业，丙企业承担甲企业债务1000万元，即丙企业资产总额1000万元，负债总额1000万元，净资产为0。乙企业购买丙企业，甲企业破产。

上述三个方案，甲乙双方税负及影响如下。

（1）甲企业应承担的税负如下。

【方案一】资产买卖行为

增值税。按照规定，销售砂石生产线属销售不动产，转让不动资产如果同时符合以下条件不缴纳增值税：

转让前甲企业将其作为固定资产管理；

转让前甲企业确已用过；

转让固定资产不发生增值。

如果不同时满足上述条件，要按9%缴纳增值税。由于砂石生产线由原值700万元增值到1000万元，要缴纳增值税=1000×9%=90（万元）。

企业所得税。企业销售非货币性资产，要确认资产转让所得，依法缴纳企业所得税。

砂石生产线原值为700万元，评估值为1000万元，并且售价等于评估值，甲企业要按照差额300万元缴纳企业所得税=300×25%=75（万元）。

综上，甲企业共承担165万元税金。

【方案二】企业产权交易行为

关于按现行税法规定，企业产权交易行为不缴纳增值税。

关于企业所得税，按现行有关政策规定，在被兼并企业资产与负债基本相等的情况下，合并企业以承担被兼并企业全部债务的方式实现吸收合并，不视为兼并企业以承担被兼并企业全部债务的方式实现吸收合并，不视为被兼并企业按公允价值转让、处置全部资产，不计算资产转让所得。甲企业已严重资不抵债，根据上述规定，不用缴纳企业所得税。

【方案三】属企业产权交易行为

增值税。和方案二一样，企业产权交易行为不缴纳增值税。

企业所得税，可从如下两个步骤分析。

第一步：从甲企业分立出丙企业。按照企业分立的有关税收政策规定，被分立企业应视为按公允价值转让其被分离出去的部分或全部资产，计算财产转让所得，缴纳企业所得税。分立企业接受被分立企业的资产，在计税时可按评估确认的价值确定成本。甲企业应按公允价值 1000 万元确认生产线的财产转让所得 300 万元，缴纳所得税 75 万元。丙企业生产线的计税成本可按 1000 万元确定。

第二步：丙企业被乙企业合并。根据企业合并有关政策规定，被合并企业应视为按公允价值转让、处置全部资产，计算资产转让所得，缴纳企业所得税。丙企业生产线的资产评估价为 1000 万元，计税成本也为 1000 万元，转让所得为 0，不缴纳企业所得税。

综上，从甲企业的角度考虑，方案二税负最轻，其次是方案三，方案一税负最重。

（2）乙企业受到的影响如下。

【方案一】资产买卖行为

乙企业只需出资购买生产线，不必购买其他没有利用价值的资产，而且又不用承担甲企业巨额的债务。但是，乙企业要支付高额的现金，经济压力很大。

【方案二】企业产权交易行为

乙企业需要全部购买甲企业资产，对于乙企业来说，没有必要；同时，乙企业还需要承担大量不必要的债务，在经济上不可行。

【方案三】属企业产权交易行为

乙企业避免支付大量现金，免去了筹集现金的难题。另外，丙企业只承担甲企业的一部分债务，资产与负债基本相等，乙企业购买丙企业所付代价较小。最后乙企业在付出有限代价的情况下，购买了甲企业有利可图的生产线，不必购买其他资产，增强了经济上的可行性因此，对乙企业而言，方案三最优，其次是方案一，再次是方案二。

综上，无论从被兼并企业的税负承受能力分析，还是从合并企业的支付能力分析，方案三都是最优的。

【案例10】

并购重组中的不动产处置

A有限公司于2000年成立，注册地点为福建，主要经营范围是养老产业投资及投资管理，A有限公司2015年购买位于北京市B酒店，购买初衷是希望将此不动产作为新设大型养老社区的经营地，后因公司内部战略调整，导致该不动产无法行使购入时的功能。A有限公司决定处置该不动产。房屋面积10025.88平方米，不动产账面原值193434000.00元，房屋评估价格253448840.00元。

【方案一】利用不动产划转和股权转让的方式处置不动产

第一步：A有限公司成立全资子公司，将不动产分别无偿划转至全资子公司。见表4-9。

表4-9 第一步

项目	金额	计算公式
（一）增值税	268285.71	（含税视同销售收入-购房发票金额）/（1+5%）×5%
（二）城建税	18780.00	增值税×7%
（三）教育费附加	8048.57	增值税×3%
（四）地方教育附加	5365.71	增值税×2%
扣除项目金额	253577751.29	评估价格+二手房交易环节税金
增值额	60412037.00	不含税售房收入-扣除项目金额
增值率	23.82%	增值额/不含税收入
（五）土地增值税	—	增值额×适用税率-扣除额×速算扣除率
（六）印花税	96717.00	增值额×适用税率-扣除额×速算扣除率

续 表

项目	金额	计算公式
（七）企业所得税	—	不含税收入－不动产原值－出售过程中的相关税费
缴税合计	397197.0	

第二步：A有限公司以转让子公司股权的方式处置不动产。

A有限公司以股权转让预计价格252000000.00元为计税收入，房屋评估253448840.00元作为土地增值税扣除额。见表4－10。

表4－10 第二步

项目	金额	计算方法
股权转让收入	252000000.00	股权转让收入
扣除项目金额	253574840.00	评估价格＋股权转让环节税金
增值额	1574840.00	股权转让收入－扣除项目金额
增值率	0.62%	增值额/股权转让收入
增值税适用税率	0.00%	
（一）土地增值税	—	增值额×适用税率－扣除额×速算扣除率
（二）印花税	126000.00	股权转让收入×万分之五
（三）企业所得税	14110000.00	股权转让收入－不动产原值－股权转让过程中的相关税费
缴税合计	14236000.00	
减除企业所得税合计	126000.00	企业所得税用以前年度亏损弥补

【方案二】直接出售不动产

见表4－11。

表4－11 直接出售不动产

项目	金额	计算方法
（一）增值税	3057142.86	股权转让收入
（二）城建税	214000.00	评估价格＋股权转让环节税金
（三）教育费附加	91714.29	股权转让收入－扣除项目金额
（四）地方教育附加	61142.86	增值额/股权转让收入

续　表

项目	金额	计算方法
扣除项目金额	253941697.14	
增值额	4998840.00	增值额×适用税率－扣除额×速算扣除率
增值率	1.97%	股权转让收入×5/10000
（五）土地增值税	14110000.00	股权转让收入－不动产原值－股权转让过程中的相关税费
（六）印花税	126000.00	含税售房收入×5/10000
（七）企业所得税	13754000.00	不含税收入－固定资产摊余价值－出售过程中的相关税费
（八）契税	7468285.71	不含税售房收入×3%
缴税合计	24772285.71	
减除企业所得税合计	11018285.71	企业所得税用以前年度亏损弥补

综上，综合对比两个方案，方案一利用不动产划转和股权转让的方式转让，土地增值税缴纳时按评估价格确认成本，该方案两项经济业务共计需纳税52.31万元，节税1049万元，为税负最优方案。

转让过程中，各税种应该关注的事项。

（1）根据《财政部 国家税务总局关于全面推开营业税改征增值税试点的通知》（财税〔2016〕36号）附件《营业税改征增值税试点实施办法》第十四条规定：单位或者个人向其他单位或者个人无偿转让无形资产或者不动产，视同销售不动产。因此，A有限公司无偿划转不动产给子公司，应按视同销售不动产规定缴纳增值税。

（2）如不动产坐落地与产权人经营地不是同一地区，须在不动产所在地主管税务机关预缴增值税及附加，缴税后下一个征期在机构所在地申报增值税及附加，并开具增值税发票。如产权人之前的经营事项中未包含房地产销售，须前往机构所在地国税办理临时增项。

（3）不动产无偿划转时按账面原值确认土地增值税计税收入。母子公司间不动产无偿划转时土地增值税相关要素按视同销售收入口径确认。因该不动产为无偿划转，在土地增值税视同销售收入的确认上与税务窗口产生了分歧，税务局认为该收入应按照市场法评估价值，以评估值为无偿划转该不动产土地增值税的计税依据。但是，A 有限公司以账面原值确认无偿划转收入额是有合理解释的，并不属于京地税财行〔2016〕40 号文件第二条、《中华人民共和国土地增值税暂行条例》第九条规定的情形，即成交价低于房地产评估价格又无正当理由，按照房地产评估价格确认收入。

（4）主管税务机关要求的土地增值税税负率红线口径。对于土地增值税，税务局会要求税负不低于一定比例，如土地增值税低于 3% 税务机关会重点关注，要求提供相关的解释说明等佐证。为此需要通过多方测算调节评估值等方式，在保证公司利益最大化的前提下，同时兼顾税务机关对于土地增值税税负率红线口径的要求。

（5）土地增值税扣除项目的确认。根据《财政部 国家税务总局关于土地增值税若干问题的通知》（财税〔2006〕21 号）规定，纳税人转让旧房及建筑物，凡不能取得评估价格，但能提供购房发票的，经当地税务部门确认，符合《国家税务总局关于营改增后土地增值税若干征管规定的公告》第六条第一项和第三项规定的扣除项目的金额，可按发票所载金额并从购买年度起至转让年度止每年加计 5% 计算。

（6）无偿划转不动产给全资子公司企业所得税免税政策的选用。无偿划转不动产需有合理的商业目的且 A 有限公司持有全资子公司股权在 12 个月后再进行股权转让，才能适用财税〔2014〕109 号规定的按特殊性税务处理，即 A 有限公司在不动产划转时不确认收入。

鉴于 A 有限公司累计有 1.13 亿元的亏损，如买家要求 A 有限公司在未来 1 年内转让股权，A 有限公司第一次不动产划转时无法选择特殊性税务处理。此种情况下，A 有限公司须在合同、协议中约定无偿划转的不动产作为对子公司的资本公积，且在会计上做实际处理，受让不动产的子公司仍可参照国家税务总局公告 2014 年第 29 号第二条第一款的规定不计入子公司的收入总额。

（7）同一投资主体内部所属企业之间土地、房屋权属的划转减免契税。《财政部 国家税务总局关于进一步支持企业事业单位改制重组有关契税政策的通知》（财税〔2015〕37 号）第六条资产划转规定，同一投资主体内部所属企业之间土地、房屋权属的划转，包括母公司与其全资子公司之间，同一公司所属全资子公司之间，同一自然人与其设立的个人独资企业、一人有限公司之间土地、房屋权属的划转，免征契税。

申请契税减免优惠须按照无偿划转过户，不可按照二手房销售网签流程办理。办理契税减免的口径仅限于母子公司间的无偿划转，签订网签合同被系统默认为二手房买卖，不再适用契税减免相关规定。因此，在申请契税减免优惠之前，不可按照二手房买卖的流程走网签销售手续。

【案例11】

并购重组中消化进项留抵

A公司为在甲地设立的国有企业，目前账面留抵进项税额约为3.8亿元，其中甲地资产对应的留抵税额约为2.1亿，如何实现进项税额的转移是这次重组方案设计时需要考虑的一个重要因素。

【方案一】

A公司将子公司A1的资产、负债通过投资的方式投入B公司。此方法不可行。因为母公司不能以净资产动子公司进行投资。

【方案二】

通过三步走的形式，第一步：A公司先分立成A公司、B公司。第二步：A公司注销，将进项税转移到A公司、B公司。第三步：A公司股东划转股权给A公司。

根据《国家税务总局关于纳税人资产重组增值税留抵税额处理有关问题的公告》（国家税务总局公告2012年第55号），企业分立成几家单位，原单位注销，原纳税人的留抵税额能否结转到分立后新成立的单位继续抵扣的问题，税法文件规定的不明确。

【方案三】

A公司将甲地的资产、负债划转给甲地新设立的A公司，A公司开具增值税发票，并抵扣原留抵的进项税额。

此方案的优点为可通过开票，有效解决了A公司的进项税额留抵的问题。

缺点是由于一次将资产全部划转，需要缴纳较大金额的税费。

资产划转过程中，负债能否随同资产一并划转，存在风险。

企业所得税存在不能按照特殊性税务处理的风险。

关于土地增值税的文件规定不明确，部分专家建议不征。

资产划转过程中，应规避资产、负债、劳动力一并划转。

【方案四】

第一步：A 公司先将部分资产、负债划转给目前甲地成立的公司（假设为 B 公司），A 公司开具增值税发票，并抵扣原留抵的进项税额。

增值税：根据进项情况，可以控制不缴税。

印花税：资产划转过程中需要根据双方划转的资产计算缴纳印花税。另外，资产划转过程中，对于子公司记载资金的账簿（实收资本和资本公积）须根据增加的金额缴纳印花税。

此方案优点为解决增值税缴纳问题，但由于一次将资产全部划转，需要缴纳较大金额的税费。

第二步：A 公司将剩余的资产、负债、劳动力划拨给在甲地新成立的 B 公司。

在此情况下，无须缴纳增值税、企业所得税，在满足条件的情况下，向税务机关报送资料，选择特殊性税务处理。土地增值税、契税、印花税无须缴纳。

第三步：12 个月以后，B 公司吸收合并 B1 公司。

在此情况下，无须缴纳增值税、企业所得税，在满足条件的情况下，向税务机关报送资料，选择特殊性税务处理。土地增值税、契税、印花税无须缴纳。

第 4 个方案路径复杂，时间较长，第二步和第三步的操作时间，至少应在 12 个月以上。此外，还需要有合理的商业目的以减少税务风险。

【案例 12】

集团企业重组问题探讨

（1）变更前，如图 4－32 所示。

（2）变更后，如图 4－33 所示。

集体企业改革改制工作经过国资委批准的，集体资产管理等同于国有资产管理；

整个改制过程没有现金交易，整体上没有权益的增加；

集体资产的经营活动继续进行，上级要求进一步做强做大集体企业，

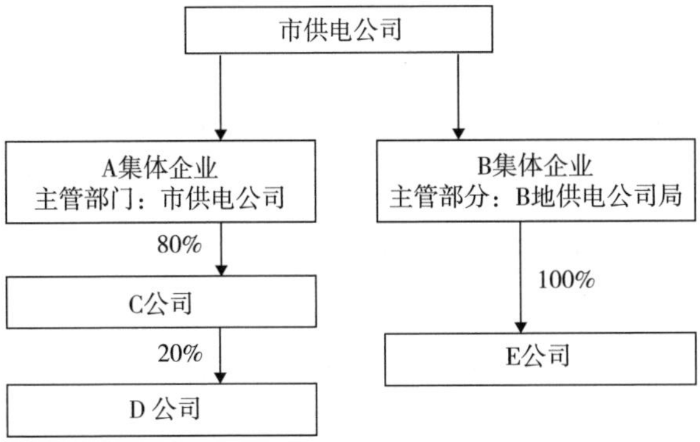

图 4－32　集团企业重组前

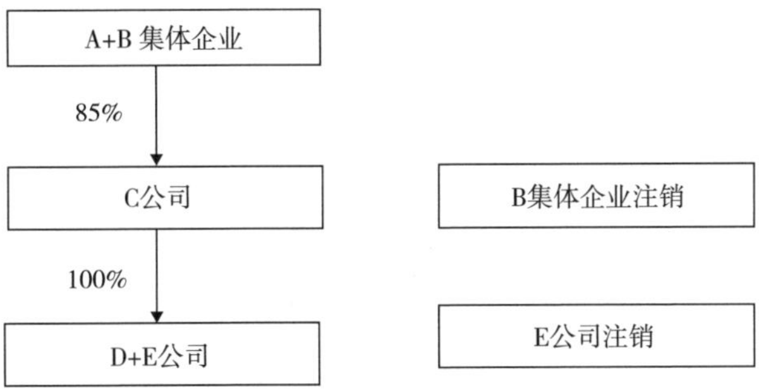

图 4－33　集团企业重组后

促进健康发展；

改制后不会改变资产归属关系和税务关系，会从法律形式上做出权益的明确；

上述安排需要 12 个月内不改变改制后资产原来的实质性经营活动。

十、并购重组问答集

（一）总部关于重组补偿金增值税的问题

1. 涉税问题描述

（1）重组的补偿金增值税计算口径是否为合同约定的重组补偿金率乘以打折收购的本金？

（2）各期的债务重组金额是否应视作利息收入缴纳增值税？

（3）按照合同约定的名义利率和实际利率法计算得出的增值税金额，差异较大，烦请确认附重组业务计算缴纳增值税的方法和依据。

2. 我们的答复

（1）重组宽限补偿金的增值税计算口径是以合同约定的重组债务收购价款重组宽限补偿金率和重组宽限期为基础计算。

（2）各期的债务重组金额包含重组宽限补偿金偿还金额和重组债务偿还金额两部分，重组宽限补偿金偿还金额属于资金占用费性质收益，属于增值税的纳税范围，缴纳增值税及附加；重组债务偿还金额属于债务本金的收回，不属于增值税纳税范围，不缴纳增值税及附加，不开具发票。（也有意见认为打折收购本金属于原债权人对债权的贴现，可以参考票据贴现的原理缴纳增值税，但税务机关尚未明确打折收购债权后对本金的回收征税。）

（3）贷款服务，以合同中注明的名义利率，以提供贷款服务取得的全部利息及利息性质的收入为销售额。计算方法同分公司的计算方法，依据详见政策依据。

3. 政策依据

（1）《中华人民共和国增值税暂行条例》。

第一条　在中华人民共和国境内销售货物或者加工、修理修配劳务（以下简称劳务），销售服务、无形资产、不动产以及进口货物的单位和个人，为增值税的纳税人，应当依照本条例缴纳增值税。

（2）《财政部 国家税务总局关于全面推开营业税改征增值税试点的通知》（财税〔2016〕36 号）附件 1《营业税改征增值税试点实施办法》。

（五）金融服务。

金融服务，是指经营金融保险的业务活动。包括贷款服务、直接收费金融服务、保险服务和金融商品转让。

1. 贷款服务。

贷款，是指将资金贷与他人使用而取得利息收入的业务活动。

各种占用、拆借资金取得的收入，包括金融商品持有期间（含到期）利息（保本收益、报酬、资金占用费、补偿金等）收入、信用卡透支利息收入、买入返售金融商品利息收入、融资融券收取的利息收入，以及融资性售后回租、押汇、罚息、票据贴现、转贷等业务取得的利息及利息性质的收入，按照贷款服务缴纳增值税。

融资性售后回租，是指承租方以融资为目的，将资产出售给从事融资性售后回租业务的企业后，从事融资性售后回租业务的企业将该资产出租给承租方的业务活动。

以货币资金投资收取的固定利润或者保底利润，按照贷款服务缴纳增值税。

(3)《财政部 国家税务总局关于全面推开营业税改征增值税试点的通知》(财税〔2016〕36号) 附件2《营业税改征增值税试点有关事项的规定》。

（三）销售额。

1. 贷款服务，以提供贷款服务取得的全部利息及利息性质的收入为销售额。

（二）分公司关于重组项目开票的问题

1. 涉税问题描述

甲公司广西分公司一附重组项目，2019年1月28日应交易对手中小担保申请，双方同意解除其中2.97亿元的资产转让，原合同自2018年12月28日解除。2018年1月28日分公司收到中小担保退回的2.97亿收购款、239.63万元资金占用费（按解除《债权收购协议》协议书中第二点计算）、20万元监管费补偿款（详见解除《债权收购协议》协议书中第三点，为因资金监管需求分公司2018年12月29日向南商银行预先支付的监管费，现南商行不退还监管费，由中小担保给我们进行补偿）。

问题：上述239.63万元和20万元应该怎么开票?

2. 我们的答复

甲公司广西分公司取得的239.63万元资金占用费、20万元监管费补偿款，属于发生应税行为收取的价款和价外费用，应按照“资金占用费”税目开具增值税发票。

3. 政策依据

《中华人民共和国增值税暂行条例实施细则（2011修订)》（财政部 国家税务总局第50号令）

第十二条：条例第六条第一款所称价外费用，包括价外向购买方收取的手续费、补贴、基金、集资费、返还利润、奖励费、违约金、滞纳金、延期付款利息、赔偿金、代收款项、代垫款项、包装费、包装物租金、储备费、优质费、运输装卸费以及其他各种性质的价外收费。但下列项目不包括在内：

（一）受托加工应征消费税的消费品所代收代缴的消费税。

（二）同时符合以下条件的代垫运输费用：

1. 承运部门的运输费用发票开具给购买方的；

2. 纳税人将该项发票转交给购买方的。

（三）同时符合以下条件代为收取的政府性基金或者行政事业性收费：

1. 由国务院或者财政部批准设立的政府性基金，由国务院或者省级人民政府及其财政、价格主管部门批准设立的行政事业性收费；

2. 收取时开具省级以上财政部门印制的财政票据；

3. 所收款项全额上缴财政。

（四）销售货物的同时代办保险等而向购买方收取的保险费，以及向购买方收取的代购买方缴纳的车辆购置税、车辆牌照费。

（三）关于重组补偿金延期相关增值税问题

1. 涉税问题描述

海南分公司有一个附重组项目原计划于 2019 年 6 月 7 日到期还本金 5 亿元，重组补偿金 1277.78 万元，但在到期前项目组做了展期，为展期的批复及补充协议，这次展期将原来的本金和重组补偿金合并，确认重组债务金额为 51277.78 万元，再以新的重组债务金额为基数计算重组宽限补偿金，并延长至 2021 年 6 月 7 日偿还。针对上面的情况想咨询以下问题：

（1）原先的重组补偿金 1277.78 万元展期后如何定性，是否可以作为本金回收，无须缴纳增值税？

（2）如果 1277.78 万元仍按主合同定性为重组补偿金，是应该按原还款计划作为逾期重组补偿金在 2019 年 6 月 7 日计提增值税，还是按变更后还款计划在 2021 年 6 月 7 日计提？

2. 我们的答复

（1）重组协议约定：依据以上条款，原先的重组补偿金 1277.78 万元展期后作为未偿付的债务本金的基数，按 10% 按重组宽限期计算应重组补偿金。

（2）原先的重组补偿金 1277.78 万元应按原合同规定计算缴纳增值税及附加。从 2019 年 6 月 7 日起，以 51277.78 万作为新本金基数，按 10% 计算重组补偿金，计算增值税及附加，并按照合同约定的支付日期作为纳税义务发生时间履行纳税义务。

3. 政策依据

根据《中华人民共和国增值税暂行条例》，根据 2017 年 11 月 19 日《国务院关于废止〈中华人民共和国营业税暂行条例〉和修改〈中华人民共和国增值税暂行条例〉的决定》（第二次修订）第六条规定，销售额为纳税人发生应税销售行为收取的全部价款和价外费用。

根据《中华人民共和国增值税暂行条例实施细则》2008 年 12 月 18 日财政部 国家税务总局令第 50 号公布，根据 2011 年 10 月 28 日《关于修改〈中华人民共和国增值税暂行条例实施细则〉和〈中华人民共和国营业税暂行条例实施细则〉的决定》（修订）第十二条规定，条例第六条第一款所称价外费用，包括价外向购买方收取的手续费、补贴、基金、集资费、返还利润、奖励费、违约金、滞纳金、延期付款利息、赔偿金、代收款项、代垫款项、包装费、包装物租金、储备费、优质费、运输装卸费以及其他各种性质的价外收费。

根据《财政部 国家税务总局关于全面推开营业税改征增值税试点的通知》财税〔2016〕36 号文第四十五条第一项规定，增值税纳税义务、扣缴义务发生时间为：纳税人发生应税行为并收讫销售款项或者取得索取销售款项凭据的当天；先开具发票的，为开具发票的当天。收讫销售款项，是指纳税人销售服务、无形资产、不动产过程中或者完成后收到款项。取得索取销售款项凭据的当天，是指书面合同确定的付款日期；未签订书面合同或者书面合同未确定付款日期的，为服务、无形资产转让完成的当天或者不动产权属变更的当天。

根据财税〔2016〕36 号文《销售服务、无形资产、不动产注释》第一条第五项金融服务规定，各种占用、拆借资金取得的收入，包括金融商品持有期间（含到期）利息（保本收益、报酬、资金占用费、补偿金等）收入、信用卡透支利息收入、买入返售金融商品利息收入、融资融券收取的利息收入，以及融资性售后回租、押汇、罚息、票据贴现、转贷等业务取得的利息及利息性质的收入，按照贷款服务缴纳增值税。

（四）关于广西分公司债务重组开票问题

1. 涉税问题描述

广西分公司于 2019 年 8 月 25 日与债权人 B 公司，债务人一、债务人

二、债务人三、债务人四（略），共同债务人C公司签订了债权收购暨债务重组协议，广西公司于8月30日支付了收购款2.4亿元，形成了附重组条件收购的不良资产。共同债务人C公司按约定于11月29日支付了分公司重组款607万元。现项目经理要求对这607万元的重组款开具发票，发票购买方名称为协议上的债务人一、债务人二、债务人三、债务人四共四方，按他们占总收购债权比例进行分摊确认。

我们的问题：这样开具发票可以吗？有税法上的依据吗？

2. 我们的答复

贵公司收取的重组宽限补偿金属于资金占用费性质收益，属于增值税的纳税范围，缴纳增值税及附加。

按照合同债务重组宽限补偿金计算方法，其中债权收购价款余额可以按照债务人比例得到四家债务人债权收购价款余额，然后按照合同计算方法分别计算出各家债务人的债务重组宽限补偿金，可以理解贵公司分别与四家债务人签订的协议，四家债务人分别缴纳债务重组宽限补偿金，分别开票给四家债务人。

因此可以按照四家债务人债务占总收购债权比例进行分摊确认开票。

3. 政策依据

（1）《中华人民共和国增值税暂行条例》。

第一条 在中华人民共和国境内销售货物或者加工、修理修配劳务（以下简称劳务），销售服务、无形资产、不动产以及进口货物的单位和个人，为增值税的纳税人，应当依照本条例缴纳增值税。

（2）《财政部 国家税务总局关于全面推开营业税改征增值税试点的通知》（财税〔2016〕36号）附件1《营业税改征增值税试点实施办法》。

（五）金融服务。

金融服务，是指经营金融保险的业务活动。包括贷款服务、直接收费金融服务、保险服务和金融商品转让。

1. 贷款服务。

贷款，是指将资金贷与他人使用而取得利息收入的业务活动。

各种占用、拆借资金取得的收入，包括金融商品持有期间（含到期）利息（保本收益、报酬、资金占用费、补偿金等）收入、信用卡透支利息收入、买入返售金融商品利息收入、融资融券收取的利息收入，以及融资性售后回租、押汇、罚息、票据贴现、转贷等业务取得的利息及利息性质的收入，按照贷款服务缴纳增值税。

融资性售后回租，是指承租方以融资为目的，将资产出售给从事融资性售后回租业务的企业后，从事融资性售后回租业务的企业将该资产出租给承租方的业务活动。

以货币资金投资收取的固定利润或者保底利润，按照贷款服务缴纳增值税。

（3）《财政部 国家税务总局关于全面推开营业税改征增值税试点的通知》（财税〔2016〕36 号）附件 2《营业税改征增值税试点有关事项的规定》。

（三）销售额。

1. 贷款服务，以提供贷款服务取得的全部利息及利息性质的收入为销售额。

（五）关于北京分公司项目交易结构中涉及的股权他益信托的涉税风险分析问题的咨询

1. 涉税问题描述

为进一步强化项目风控措施，提高交易对手的违约成本，分公司当前不少项目要求在交易过程中设立股权他益信托，将项目公司的股权零对价过户到金谷信托公司名下，甲公司资产作为信托的第一受益人。如果项目顺利结束，信托公司再将股权零对价退还给原股东。如果交易对手违约，信托公司将根据分公司的委托处置项目公司债权，处置收益优先偿还我公司债权。该交易模式呈逐步增多趋势，大多数涉及对赌的项目均采用此方法，以实现项目的全方位监管。

鉴于上述交易的主体多数为房地产企业，交易期间至少涉及两次股权过户，即原股东将其股权零对价或较低成本过户给信托公司，项目结束时信托公司将股权退还给原股东。如果出现违约，项目公司的股权还可能会以市场价或打折的市场价转让给第三方。由于项目周期普遍较长，在上述 2 个股权过户时点，项目公司的资产状况及股权价值很可能存在明显的差异。

想请教的是，上述交易结构毕竟涉及项目公司的股权过户，且股权价值在不同时点的差异较大，信托公司实际取得上述股权基本为零对价。上述股权他益信托方式在税收上有何具体规定，涉及哪些纳税行为，上述实务操作中是否存在税收风险，在操作层面需重点关注什么事项，请总部予以指导和支持。

2. 我们的答复

（1）目前针对股权他益信托方式，税收上并无相关规定。

（2）可能涉及的纳税行为：根据贵公司描述的业务相关信息，在项目交易过程中设立股权他益信托，将项目公司的股权零对价过户到金谷信托公司名下，以及项目顺利结束时信托公司再将股权零对价退还给原股东（或者项目出现违约，项目公司的股权还可能会以市场价或打折的市场价转让给第三方），实质上构成股权转让行为，工商登记也是按股权转让进行变更。

根据税法规定，发生股权转让行为时点，若为法人股东，应按规定缴纳企业所得税；若为个人股东，则需要按规定缴纳个人所得税。

此外，对于股权转让行为，股权转让双方应按规定缴纳印花税。

（3）可能存在的税收风险：项目公司的股权零对价过户到金谷信托公司名下、信托公司再将股权零对价退还给原股东以及如果出现违约，项目公司的股权还可能会以市场价或打折的市场价转让给第三方，此无对价以及未来可能低价转让股权转让行为使得股权转让收入明显偏低，存在被税务机关核定股权转让收入缴纳企业所得税或者个人所得税的风险。

（4）实务操作中重点关注事项：我们建议贵公司应重视该事项相关环节的涉税风险，对于股权他益信托模式中无对价的股权转让行为应充分与主管税务机关沟通，在提交给工商管理部门的第一次股权转让材料中体现零对价退回的条款，以证明股权转让价格偏低具有合理理由的依据，同时应及时与税务机关沟通相关事项，避免后续潜在的税务风险给企业带来不必要的负担。

3. 政策依据

（1）《国家税务总局关于企业取得财产转让等所得企业所得税处理问题的公告》（国家税务总局公告2010年第19号）。

一、企业取得财产（包括各类资产、股权、债权等）转让收入、债务重组收入、接受捐赠收入、无法偿付的应付款收入等，不论是以货币形式、还是非货币形式体现，除另有规定外，均应一次性计入确认收入的年度计算缴纳企业所得税。

(2)《国家税务总局关于贯彻落实企业所得税法若干税收问题的通知》(国税函〔2010〕79号)。

三、关于股权转让所得确认和计算问题

企业转让股权收入，应于转让协议生效、且完成股权变更手续时，确认收入的实现。转让股权收入扣除为取得该股权所发生的成本后，为股权转让所得。企业在计算股权转让所得时，不得扣除被投资企业未分配利润等股东留存收益中按该项股权所可能分配的金额。

(3)国家税务总局关于发布《股权转让所得个人所得税管理办法(试行)》的公告(国家税务总局公告2014年第67号)。

第四条 个人转让股权，以股权转让收入减除股权原值和合理费用后的余额为应纳税所得额，按"财产转让所得"缴纳个人所得税。

合理费用是指股权转让时按照规定支付的有关税费。

第十条 股权转让收入应当按照公平交易原则确定。

第十一条 符合下列情形之一的，主管税务机关可以核定股权转让收入：

(一)申报的股权转让收入明显偏低且无正当理由的；

(二)未按照规定期限办理纳税申报，经税务机关责令限期申报，逾期仍不申报的；

(三)转让方无法提供或拒不提供股权转让收入的有关资料；

(四)其他应核定股权转让收入的情形。

第十四条 主管税务机关应依次按照下列方法核定股权转让收入：

被投资企业的土地使用权、房屋、房地产企业未销售房产、知识产权、探矿权、采矿权、股权等资产占企业总资产比例超过20%的，主管税务机关可参照纳税人提供的具有法定资质的中介机构出具的资产评估报告核定股权转让收入。

(4)关于纳税人收回转让的股权征收个人所得税问题的批复(国税函〔2005〕130号)。

股权转让合同履行完毕、股权已作变更登记，且所得已经实现的，转让人取得的股权转让收入应当依法缴纳个人所得税。转让行为结束后，当事人双方签订并执行解除原股权转让合同、退回股权的协议，是另一次股权转让行为，对前次转让行为征收的个人所得税款不予退回。

（六）关于甘肃分公司就传统资产包中法院裁定以物抵债过户的问题

1. 涉税问题描述

鉴于甘肃分公司从建行收购的建行33户资产包中不良债权经过法院强制执行，部分债权项目抵押物经过法院司法拍卖程序（一拍、二拍、变卖）均流拍。目前陆续有法院将抵押物裁定以物抵债，考虑分公司接受以物抵债后，分公司在办理抵债资产过户过程中由于各地不动产交易中心做法存在差异，特提请贵处就法院裁定以物抵债资产产权过户需缴纳的各项税费进行税务咨询。以张掖丰易德债权法院裁定以物抵债为例。

2. 我们的答复

法院裁定债务人用实物资产抵偿贵公司债权（其中含欠款利息671504.17元）。贵公司作为债权人，在取得抵债资产时，主要涉及以下税费。

增值税及附加税费：债务人以资产抵偿贵公司债权不超过本金和逾期90天内利息部分不涉及增值税，超出部分，贵公司需缴纳增值税及附加税费。建议贵公司尽量向债务人索取抵债实物的增值税进项税专用发票，用于资产处置环节抵扣销项税。

印花税：抵债资产以法院裁定价值按照“产权转移书据”税目缴纳印花税。

契税：贵公司是抵债资产的产权承受方，应按照法院裁定价值缴纳契税。

3. 政策依据

（1）《财政部 国家税务总局关于全面推开营业税改征增值税试点的通知》（财税〔2016〕36号）附件1《营业税改征增值税试点实施办法》。

（五）金融服务。

金融服务，是指经营金融保险的业务活动。包括贷款服务、直接收费金融服务、保险服务和金融商品转让。

1. 贷款服务。

贷款，是指将资金贷与他人使用而取得利息收入的业务活动。

各种占用、拆借资金取得的收入，包括金融商品持有期间（含到期）利息（保本收益、报酬、资金占用费、补偿金等）收入、信用卡透支利息收入、买入返售金融商品利息收入、融资融券收取的利息收入，以及融资性售后回租、押汇、罚息、票据贴现、转贷等业务取得的利息及利息性质的收入，按照贷款服务缴纳增值税。

（2）《国家税务局关于印花税若干具体问题的解释和规定的通知》（国税发〔1991〕第155号）。

“财产所有权”转移书据的征税范围是：经政府管理机关登记注册的动产、不动产的所有权转移所立的书据，以及企业股权转让所立的书据。

（3）《中华人民共和国契税暂行条例》。

第一条 在中华人民共和国境内转移土地、房屋权属，承受的单位和个人为契税的纳税人，应当依照本条例的规定缴纳契税。

（七）关于新疆分公司关于抵债资产相关税务问题

1. 涉税问题描述

2018年11月，喀什地区中院裁定，将债务人喀什A公司房产以物抵债给新疆分公司，抵债裁定值5654.89万元，明细见表4－12。

表4－12 抵债资产明细

<table>
<tr><th>编号</th><th>资产位置</th><th>面积/元/平方米</th><th>抵债价格/元</th><th>抵债价格合计/元</th><th>单项资产账面价值占比</th></tr>
<tr><td>1</td><td rowspan="4">喀什A公司</td><td>一层658.01</td><td>7833700.00</td><td rowspan="6">56548935.25</td><td>13.85%</td></tr>
<tr><td>2</td><td>二层894.70</td><td>5858308.00</td><td>10.36%</td></tr>
<tr><td>3</td><td>三层894.70</td><td>5325742.75</td><td>9.42%</td></tr>
<tr><td>4</td><td>四层1093.61</td><td>3905839.50</td><td>6.91%</td></tr>
<tr><td>5</td><td>白云宾馆</td><td>1361.92</td><td>7674860.00</td><td>13.57%</td></tr>
<tr><td>6</td><td>农贸市场二层</td><td>5679.76</td><td>25950485.00</td><td>45.89%</td></tr>
</table>

根据项目经理反馈，新疆分公司依据法院裁定，在喀什当地办理抵债房产契税缴纳及过户手续时，税务机关、房管局明确指出，因喀什A公司尚未履行不动产交易相关的纳税义务，甲公司不能缴纳契税、办理房屋过户手续。经与喀什A公司沟通，债务人明确表示无力承担相关税费。

经项目经理与喀什中院法官、喀什税务机关沟通，计财处与乌鲁木齐主管税务机关、税务代理以及总部同事沟通，目前看来，为减少后期抵债资产处置时的税务、法律风险，新疆分公司需要将资产办理过户，无法以转让抵债裁定项下权益的方式在后期进行资产处置。

我们的问题是：

（1）债务人无力承担税费，甲公司无法取得抵债资产不动产销售发票，后续资产处置是否存在下列问题：①无法取得进项抵扣；②后期转让时，增值税无法差额计税；③土地增值税无扣除成本，需进行重置成本评估，增加开支。

（2）若新疆分公司承担喀什A公司税费，资产可以办理过户，但存在以下问题：①不动产销售发票还是难以取得，代垫的增值税无法变成新疆分公司进项税进行抵扣；②垫付的土地增值税税负较高，且难以入账；③后期处置还是存在增值税无法差额计税、土地增值税扣除成本的问题；④分公司代垫税款如何缴纳给税务机关？资产是喀什A公司的是否可以以新疆分公司的名义去缴纳税款并取得相关票据？

（3）喀什A公司房产抵债裁定金额明显偏离市场价格，项目经理反馈：经多方询价，相关房产市场价格约2500万元上下。这是否会造成新疆分公司后期处置时，税务机关不认可转让价格，增值税、土地增值税存在被核定计税的风险？

（4）依据税收法律、法规规定，新疆分公司取得法院裁定就可以缴纳契税、办理资产过户，税务机关将喀什A公司是否完税作为新疆分公司纳税、办理过户的前置条件，合理吗？

2. 我们的答复

问题（1）

债务人无力承担税费，甲公司无法取得抵债资产不动产销售发票，后续资产处置是否存在下列问题：①无法取得进项抵扣；②后期转让时，增值税无法差额计税；③土地增值税无扣除成本，需进行重置成本评估，增加开支。

答复：

①债务人无力承担相关税费，新疆分公司如不能取得增值税专用发票，无法抵扣进项税。

②后期转让不动产，为2016年5月1日后取得的不动产，增值税一般纳税人适用一般计税方法，以取得的全部价款和价外费用为销售额计算增值税销项税额。

③贵公司后期转让抵债不动产，应按照旧房转让方式申报缴纳土地增值税，如果无购入的发票，各地一般也会采用核定的方式缴纳土地增值税。

问题（2）

若新疆分公司承担喀什A公司税费，资产可以办理过户，但存在以下问题：①不动产销售发票还是难以取得，代垫的增值税无法变成新疆分公司进项税进行抵扣；②垫付的土地增值税税负较高，且难以入账；③后期处置还是存在增值税无法差额计税、土地增值税扣除成本的问题；④分公司代垫税款如何缴纳给税务机关？资产是喀什A公司的是否可以以新疆分公司的名义去缴纳税款并取得相关票据？

答复：

①若新疆分公司承担喀什A公司税费，资产可以办理过户，可以由不动产所有人申请发票后自行开机，也可以到税务机关申请代开增值税专用发票，则可以解决日后二次转让的相关问题，所以税费垫付的情况下必须取得专用发票。

②新疆分公司代垫土地增值税等税费支出不可以在企业所得税前扣除。

③需通过喀什A公司名义缴纳税款，不能以新疆分公司。

问题（3）

喀什A公司房产抵债裁定金额明显偏离市场价格，项目经理反馈：经多方询价，相关房产市场价格约2500万元上下。这是否会造成新疆分公司后期处置时，税务机关不认可转让价格，增值税、土地增值税存在被核定计税的风险？

答复：

后期转让价格需要结合市场价格，如通过公开拍卖的方式，税务机关会予以认可。

问题（4）

依据税收法律、法规规定，新疆分公司取得法院裁定就可以缴纳契税、办理资产过户，税务机关将喀什A公司是否完税作为新疆分公司纳税、办理过户的前置条件，合理吗？

答复：

对于抵债资产的过户问题，各地税务机关确实是以先交税后过户作为条件的，这个涉及税收权利优先的问题，虽然存在争议但政府予以支持。

依据《国家税务总局关于征收机关直接征收契税的通知》（国税发〔2004〕137号）“根据契税法规和相关政策协调与国土部门、房管部门的工作关系，确保‘先税后证’，有效控制税源”，贵公司以实际业务办理流程为准。

问题（5）

对分公司目前面临的这些问题有没有更好的解决办法？

答复：

①可考虑将代垫的相关税费计入交易价格当中，但相应会进一步增加须缴纳的税费；②代垫的税费相当于借钱给债务人，签订借款协议，未来如无法收回再做财产损失。

3. 政策依据

（1）《国家税务局关于印花税若干具体问题的解释和规定的通知》（国税发〔1991〕第155号）。

“财产所有权”转移书据的征税范围是：经政府管理机关登记注册的动产、不动产的所有权转移所立的书据，以及企业股权转让所立的书据。

（2）《纳税人转让不动产增值税征收管理暂行办法》（国家税务总局公告2016年第14号）。

第八条　纳税人按规定从取得的全部价款和价外费用中扣除不动产购置原价或者取得不动产时的作价的，应当取得符合法律、行政法规和国家税务总局规定的合法有效凭证。否则，不得扣除。

上述凭证是指：

（一）税务部门监制的发票。

（二）法院判决书、裁定书、调解书，以及仲裁裁决书、公证债权文书。

（三）国家税务总局规定的其他凭证。

（3）《关于深化增值税改革有关政策的公告》。

一、增值税一般纳税人（以下称纳税人）发生增值税应税销售行为或者进口货物，原适用16%税率的，税率调整为13%；原适用10%税率的，税率调整为9%。

九、本公告自2019年4月1日起执行。

（4）《关于优化房地产交易办税方式的公告》（国家税务总局公告2019年第19号）。

为深化“放管服”改革，贯彻落实《国务院办公厅关于压缩不动产登记办理时间的通知》（国办发〔2019〕8号）要求，打造一流营商环境，进一步增强纳税人改革获得感，现就优化房地产交易办税方式有关事项公告如下：

一、拓宽办税渠道，推行网上预核

税务部门要充分发挥互联网优势，按照税务总局统一规范，基于电子税务局各类办税渠道，推行房地产交易税收网上预核，实现纳税人线上提交资料，税务部门预核并反馈信息，减少现场办税时间，缓解窗口压力。有条件的地区，可通过共享各部门信息，依托电子税务局实现网上计算税款、核实优惠、缴纳税款、开具凭证等功能，为纳税人提供全流程网上办税服务。

二、推动部门合作，实行一窗受理

税务部门要积极会同自然资源、住房城乡建设等部门推行设立房地产交易、办税、登记综合窗口，一次性收取各部门业务事项所需全部资料。不具备设置综合窗口条件的地区，税务部门要主动配合相关部门整合各业务事项所需资料，推动由一个部门的窗口统一受理，通过内部流转，传递给其他部门，避免资料重复提交和纳税人多跑路。

三、优化服务流程，推行业务联办

税务部门要联合自然资源、住房城乡建设等部门积极稳妥推行业务联办。可依托政府政务信息平台，推进信息共享，在此基础上，通过优化服务流程，联通业务办理系统，减少环节和手续，提升办事效率。有条件的地区，可与相关部门共同探索实施“网上业务联办”。

本公告自发布之日起施行，《国家税务总局关于征收机关直接征收契税的通知》（国税发〔2004〕137号）同时废止。

（八）重庆分公司关于附重组项目债权转让的问题

1. 涉税问题描述

重庆分公司与资产管理公司重庆分公司签订债权转让协议，将附重组项目——重庆力帆三期剩余债权本金打折转让给东方资产（转让款小于当前账面成本余额），同时，由本项目共同债务人补足本金损失部分以及截至东方资产支付债权转让款当日的重组补偿金。

从整个转让过程来看，我分公司已足额收取了全部的债权本金及其对应的补偿金，我们是要将整个过程的损益合并纳税，还是要区分？与资产的债权转让认定为资产损失，而共同债务人补足的部分全额认定为收入？

2. 我们的答复

共同债务人补足的金额属于与转让债权相关的赔偿收入，贵公司应将其并入转让债权的损益，合并计算纳税。整个业务中，贵公司已足额收取了全部的债权本金及其对应的补偿金，所以贵公司此次交易未发生资产损失。对于甲公司重庆分公司债权持有期间取得的补偿金，属于利息性质款项，需要交纳增值税。

3. 政策依据

《中华人民共和国企业所得税法实施条例》。

第三十二条　企业所得税法第八条所称损失，是指企业在生产经营活动中发生的固定资产和存货的盘亏、毁损、报废损失，转让财产损失，呆账损失，坏账损失，自然灾害等不可抗力因素造成的损失以及其他损失。

企业发生的损失，减除责任人赔偿和保险赔款后的余额，依照国务院财政、税务主管部门的规定扣除。

（九）天津分公司风险项目债转股涉税问题

1. 涉税问题描述

A公司涉及三个附重组条件类项目，三个项目的原收购暨重组协议是分别签订的，目前账面成本余额12.76亿元，账面余额13.81亿元，账面价值4.14亿元。在分公司账面上显示是三个项目，但在司法重整过程中是不区分具体项目的，只以分公司申报的总体债权进行申报。现在操作中关于涉税事项有以下疑问，还请能帮忙解答确认：

四种清偿方式不是同步进行的，有关的转股协议、信托受益权协议等是分别签订的，财务处理时也会出现分开进行处理的情况，但预计年底前四种清偿方式均能完成。如年底前司法重整均能完成，在做增值税纳税以及企业所得税汇算清缴时是否均可以三个项目统一考虑？

在近期要反馈给债委会的转股材料中，股权按照3.11元折算的话，我分公司总体的受偿额为11.52亿元，与账面成本比较的话均会有损失发生，对于发生的损失我分公司也拟采用一般税务处理的方式进行在企业所得税汇算清缴时进行备案，对此处理上我分公司再汇算清缴时应该注意哪些事项或者预先准备哪些材料？

2. 我们的答复

债务重组的纳税发生时间为债务重组合同或协议生效时确认，四种清偿方式分开进项账务处理，并且存在不同的税务处理方式，在做增值税纳税以及企业所得税汇算清缴时三个项目应该分别考虑。

采用一般税务处理的方式目前不需要进行税务机关报备，但需要对相关资料留存，对此处理上分公司汇算清缴时应该准备司法重整过程中取得的司法文书、债权的计税基础、股权投资计税基础证明材料（特别是股权的评估价值或市场公允价）、被投资企业资产处置方案、成交及入账材料、相关的原始凭证、债务重组合同或协议、其他会计核算资料等债务重组相关证据材料。

3. 政策依据

（1）《国税总局明确企业所得税处理若干事项》（国税函〔2010〕79 号）。

二、关于债务重组收入确认问题、企业发生债务重组，应在债务重组合同或协议生效时确认收入的实现。

（2）《关于企业重组业务企业所得税处理若干问题的通知》（财税〔2009〕59 号）。

（二）企业债务重组，相关交易应按以下规定处理：

1. 以非货币资产清偿债务，应当分解为转让相关非货币性资产、按非货币性资产公允价值清偿债务两项业务，确认相关资产的所得或损失。

2. 发生债权转股权的，应当分解为债务清偿和股权投资两项业务，确认有关债务清偿所得或损失。

3. 债务人应当按照支付的债务清偿额低于债务计税基础的差额，确认债务重组所得；债权人应当按照收到的债务清偿额低于债权计税基础的差额，确认债务重组损失。

4. 债务人的相关所得税纳税事项原则上保持不变。

（3）《企业资产损失所得税税前扣除管理办法》（国税函 2011 年第 25 号）。

第三十九条　企业投资损失包括债权性投资损失和股权（权益）性投

资损失。

第四十条　企业债权投资损失应依据投资的原始凭证、合同或协议、会计核算资料等相关证据材料确认。

第四十一条　企业股权投资损失应依据以下相关证据材料确认：

1. 股权投资计税基础证明材料；

2. 被投资企业破产公告、破产清偿文件；

3. 工商行政管理部门注销、吊销被投资单位营业执照文件；

4. 政府有关部门对被投资单位的行政处理决定文件；

5. 被投资企业终止经营、停止交易的法律或其他证明文件；

6. 被投资企业资产处置方案、成交及入账材料；

7. 企业法定代表人、主要负责人和财务负责人签章证实有关投资（权益）性损失的书面申明；

8. 会计核算资料等其他相关证据材料。

第四十五条　企业按独立交易原则向关联企业转让资产而发生的损失，或向关联企业提供借款、担保而形成的债权损失，准予扣除，但企业应作专项说明，同时出具中介机构出具的专项报告及其相关的证明材料。

第四十六条　下列股权和债权不得作为损失在税前扣除：

1. 债务人或者担保人有经济偿还能力，未按期偿还的企业债权；

2. 违反法律、法规的规定，以各种形式、借口逃废或悬空的企业债权；

3. 行政干预逃废或悬空的企业债权；

4. 企业未向债务人和担保人追偿的债权；

5. 企业发生非经营活动的债权；

6. 其他不应当核销的企业债权和股权。

（十）湖北分公司关于债转股的咨询

1. 涉税问题描述

问题：方案的增值税和印花税如何考虑?

2. 我们的答复

(1) 债转股方案。

①以股抵债。

公司以对某投资集团有限公司 19. 90 亿元债权中的部分债权本金实施

债转股，通过以股抵债的方式协议受让某投资及其一致行动人所持有的某上市公司医药集团股份有限公司的股票 1 亿股，转股日（即转股协议签署日）为 2019 年 10 月 25 日，转股价格按照转股日（含）前 20 个交易日收盘价格的均值与转股日收盘价的 90% 孰高原则确定。

②在转股日后 3 个工作日内，投资集团按照 3%/年支付转股部分债权截至转股日的应付未付重组收益。

税务分析：

增值税：以债权中的部分债权本金实施债转股，无债权收益，不缴纳增值税。楚昌投资按照 3%/年支付转股部分债权，截至转股日的应付未付重组收益应当缴纳增值税。

印花税：以股抵债行为中，贵公司作为股票受让方不缴纳印花税。

③股权退出转股完成后，我公司择机分年减持九州通股票，5 年内减持完毕，具体操作按公司相关制度实施。若我公司在 5 年内无法减持完毕所持某医药集团股票，某投资集团以到期日某医药股票前 20 个交易日收盘价均值回购我公司持有的未减持股票，并在 3 个工作日内支付回购资金。

税务分析：

增值税：减持股票行为属于金融商品转让，应按照“金融商品转让”税目缴纳增值税及附加，以减持部分卖出价扣除对应部分买入价后的余额为销售额。

印花税：减持股票时，贵公司作为股票出让方，按千分之一的税率缴纳证券（股票）交易印花税。

④回收现金分配。

在股票持有期间，收到现金分红、各次处置股票净所得（股票处置所得扣除股票交易相关税费）后按如下顺序分配：

分配债转股本金自债权收购之日起至股票减持之日止甲公司转股债权余额 10%/年（复利计算）的保底收益（扣除已收取的 3%/年重组收益）；

分配债转股本金；

我公司处置股票全额获得 10%/年（复利）保底收益（自债权收购之日计算）及回收转股本金后的剩余股票处置净所得为超额收益，由我公司和某投资集团按 55：45 分成。

税务分析：

增值税：持有股票取得现金分红及减持股票是收回债权本金及相关收益的手段，债权的保底收益及超额收益，应按照贷款服务缴纳增值税及附加（为避免重复交税，对于获得收益中股票转让已按金融商品转让缴纳增值税的部分可不再按贷款服务缴纳增值税）。

印花税：详见内容③。

⑤风控措施。

差额补足：自我公司收购债权之日起至股票减持或某投资集团回购完毕之日止，我公司收益率低于10%/年（复利）时，某投资集团为转股债权全额回收及实现10%/年（复利）收益提供差额补足义务，自我公司持有的标的股票最后一次处置交割（过户）完成日起30个自然日内补足差额。

保证担保：实际控制人三个自然人为投资的差额补足义务提供连带责任保证担保。

公司治理：我公司向医药集团派驻一名董事。转股完成之日起2个月内，某投资应促使医药集团召开临时股东大会，选举我公司推荐的人选进入董事会，并享有表决权。在不损害我公司利益的前提下，我公司推选的董事在医药集团董事会的投票意见与医药集团董事长保持一致，我公司在股东大会投票意见与投资集团保持一致。

⑥违约责任。

若楚昌投资未按照约定履行差额补足义务，则视为楚昌投资违约。我公司有权要求楚昌投资继续按照约定履行差额补足义务，并以楚昌投资未履行的差额补足义务金额为基数，自违约之日起至义务履行完毕之日止按日万分之五计收违约金。

若我公司在5年内无法减持完毕全部股票，楚昌投资未按照约定履行回购未减持股票义务，则视为楚昌投资违约。我公司有权要求楚昌投资继续按照约定履行回购义务，并以楚昌投资未履行的回购义务金额为基数，自违约之日起至义务履行完毕之日止按日万分之五计收违约金。

（2）剩余债务重组方案。

①债务重组。

转股日，我公司与债务人楚昌投资、共同债务人大连九信精细化工有限公司、洪湖市万农水产食品有限公司、湖北九州通置业发展有限公司对未转股部分剩余债务进行重组，以转股日为重组基准日，重组期限12个月；重组宽限补偿金率为10%/年，以重组债务余额为基数计算，重组宽限补偿金于每自然季度末月的21日支付；重组期满，偿还剩余重组债务及相应的重组宽限补偿金。允许提前还款。在转股日后3个工作日内，楚昌投资支付未转股部分债权自债权收购日起至转股日10%/年的应付未付重组收益。

税务分析：

增值税：债务重组宽限补偿金属于提供贷款服务的收益，应按照贷款服务缴纳增值税及附加。

印花税：不属于印花税列举的应税凭证。

②风控措施。

股票质押：楚昌投资及其一致行动人以九州通股票为重组债务及重组宽限补偿金提供质押担保，质押率不高于50%股票价值为转股日的前一交易日九州通股票收盘价乘以股份数。当股票质押率连续20个交易日高于80%或某一交易日高于90%时，楚昌投资应在5个工作日内提供补充增信措施（包括且不限于增加质押股票数量、缴存保证金等），确保股票质押率不高于50%。若债务人提前偿还重组债务，我公司在保持质押率不高于50%的前提下，办理解押手续。

保证担保：实际控制人刘宝林、刘树林、刘兆年为本次重组债务及重组宽限补偿金提供连带责任保证担保。

税务分析：

不涉及税务影响。

3. 政策依据

（1）《财政部、国家税务总局关于调整证券（股票）交易印花税征收方式的通知》（财税明电〔2008〕2号）。

从2008年9月19日起，调整证券（股票）交易印花税征收方式，将现行的对买卖、继承、赠予所书立的A股、B股股权转让书据按千分之一的税率对双方当事人征收证券（股票）交易印花税，调整为单边征税，即对买卖、继承、赠予所书立的A股、B股股权转让书据的出让方按千分之一的税率征收证券（股票）交易印花税，对受让方不再征税。

（2）财税〔2016〕36号附件1《营业税改征增值税试点实施办法》。

（五）金融服务。

金融服务，是指经营金融保险的业务活动。包括贷款服务、直接收费金融服务、保险服务和金融商品转让。

1. 贷款服务。

贷款，是指将资金贷与他人使用而取得利息收入的业务活动。

各种占用、拆借资金取得的收入，包括金融商品持有期间（含到期）利息（保本收益、报酬、资金占用费、补偿金等）收入、信用卡透支利息收入、买入返售金融商品利息收入、融资融券收取的利息收入，以及融资性售后回租、押汇、罚息、票据贴现、转贷等业务取得的利息及利息性质的收入，按照贷款服务缴纳增值税。

融资性售后回租，是指承租方以融资为目的，将资产出售给从事融资性售后回租业务的企业后，从事融资性售后回租业务的企业将该资产出租给承租方的业务活动。

以货币资金投资收取的固定利润或者保底利润，按照贷款服务缴纳增值税。

4. 金融商品转让。

金融商品转让，是指转让外汇、有价证券、非货物期货和其他金融商品所有权的业务活动。

其他金融商品转让包括基金、信托、理财产品等各类资产管理产品和各种金融衍生品的转让。

（十一）重庆分公司关于非上市公司股权在司法拍卖中涉及税费的问题

1. 涉税问题描述

重庆分公司拟处置一户传统不良债权，质押物为债务人持有的非上市公司股权，分公司在处置方案中拟对质押物按照司法拍卖的方式进行估值，质押股权司法拍卖价值扣除相关税费后才是我司回收的债权金额，涉及估计司法拍卖过程中相关税费。具体到本项目，质押物为6000万股股权，司法拍卖价值为8400万元至10800万元（单价1.4～1.8元/股）。

问题：估计司法拍卖过程中涉及哪些税费、税费计算方法、税率、税费缴纳时间？

2. 我们的答复

司法拍卖质押物非上市公司股权涉及印花税、企业所得税。

印花税：依股权转让协议所载金额按照“产权转移书据”税目缴纳万分之五的印花税。

计算方法及税率：股权转让协议所载金额×0.05%。

税费缴纳时间：发生当月申报纳税。

企业所得税：司法拍卖收入扣除股权的取得成本为股权转让所得，股权转让所得并入当年应纳税所得额，适用25%企业所得税税率。

计算方法及税率：（司法拍卖收入－股权的取得成本－股权转让发生的印花税）×25%；

税费缴纳时间：按季预缴，年度汇算清缴。

3. 政策依据

（1）《中华人民共和国企业所得税法》。

第六条　企业以货币形式和非货币形式从各种来源取得的收入，为收入总额。包括：……（三）转让财产收入。

（2）《中华人民共和国企业所得税法实施条例》。

第十六条　企业所得税法第六条第（三）项所称转让财产收入，是指企业转让固定资产、生物资产、无形资产、股权、债权等财产取得的收入。

（3）《国家税务总局关于贯彻落实企业所得税法若干税收问题的通知》（国税函〔2010〕79号）。

三、关于股权转让所得确认和计算问题

企业转让股权收入，应于转让协议生效、且完成股权变更手续时，确认收入的实现。转让股权收入扣除为取得该股权所发生的成本后，为股权转让所得。企业在计算股权转让所得时，不得扣除被投资企业未分配利润等股东留存收益中按该项股权所可能分配的金额。

（4）《国家税务局关于印花税若干具体问题的解释和规定的通知》（国税发〔1991〕第155号）。

“财产所有权”转移书据的征税范围是：经政府管理机关登记注册的动产、不动产的所有权转移所立的书据，以及企业股权转让所立的书据。

（十二）广东分公司关于A项目方案的咨询

1. 涉税问题描述

分公司拟进行世茂公司收购整合集团系列不良债权并开展实质性

重组。

分公司初步开展涉税分析并存在疑问，现特向贵所协助：

请审阅表中“涉及流转税”“计算方式”列，我们的理解是否正确？并请对“问题”列，解答我们的疑问，并请提出合理节税建议。

2. 我们的答复

（1）A 包（债务重组）。

①收购环节。

与贵公司结论一致。

②收购后持有环节。

涉及流转税：与贵公司结论一致。

计算方式：与贵公司结论不一致。公式中“0.072”应修改为“0.0672”；“需就债权转让时回收覆盖标的债权利息部分/1.06×0.072”，应修改为“需就债权转让时回收覆盖标的债权超过‘剩余收购成本－债权相关费用’的部分/1.06×0.0672”。

③同意新债务人加入重组环节。

涉及流转税：与贵公司结论一致。

计算方式：与贵公司结论不一致。公式中“0.072”应修改为“0.0672”；“需就债权转让时回收覆盖标的债权利息部分/1.06×0.072”，应修改为“需就债权转让时回收覆盖标的债权超过‘剩余收购成本－债权相关费用’的部分/1.06×0.0672”。

④违约情况下

涉及流转税：与贵公司结论一致。

计算方式：与贵公司结论不一致。公式中“0.072”修改为“0.0672”；违约金属于价外费用，需要缴纳增值税及附加，应缴税额＝违约金/1.06×0.0672；“需就债权转让时回收覆盖标的债权利息部分/1.06×0.072”，应修改为“需就债权转让时回收覆盖标的债权超过‘剩余收购成本－债权相关费用’的部分/1.06×0.0672”。

（2）B 包（择机处置）。

①收购环节。

与贵公司结论一致。

②收购后持有环节。

涉及流转税：与贵公司结论一致。

计算方式：与贵公司结论不一致。公式中“0.072”应修改为“0.0672”；“需就债权转让时回收覆盖标的债权利息部分/1.06×0.072”，应修改为“需就债权转让时回收覆盖标的债权超过‘剩余收购成本－债权相关费用’的部分/1.06×0.0672”。

（3）问题。

根据项目组介绍：收购标的债权包括委贷等形式的债权，有本有息，本次收购为原价收购，即收购成本＝收购本金＋收购利息＋债权相关费用。

合同条款涉及保本及约定了固定的收益时间及收款金额，其收益应视作利息收入缴纳增值税及附加。分公司作为该标的债权的所有人。

问题一：是否可通过合同条款避免“整合收益及重组收益”与“标的债权利息回收”重复缴税的问题？

我们的答复：“整合收益及重组收益”是贵公司以收购成本余额为基数，根据资金实际占用天数计算，按照年化收益率不低于10.5%/360天计算整合收益，需缴纳相应税款；“标的债权利息回收”中属于收购成本组成部分的利息，即原债权人持有期间产生的利息，可在合同约定：原债权人应申报缴纳相应税款，并向债务人开具发票，甲公司分公司收购后产生的整合收益，已包括债权的应计利息部分，不会产生充分交税。

补充问题：假如整合或重组期内，一季度债务人还款本金100万元，利息50万元，当季分公司应收的整合收益或重组收益为1000万元，因此世茂补足支付850万元。那么应缴增值税销项税的计算基数是1000万元（约定收取的固定收益）/1.06，还是1050万元（其中多出的50万元仍为债权利息，实质上整合收益1000万元中包括了债权持有期间产生的利息收入50万元）/1.06？并且发票应如何开具？

我们的答复：整合收益1000万中已包括了债权持有期间产生的利息收入50万元，所以甲公司分公司理应按1000万元缴纳增值税，并可对50万元开具发票，偿还本金部分不能开具发票。A公司支付850万元的补足款是否能够开具发票，不能简单判断，从方案来看A公司公司是在重组过程中最终以承担债务的方式取得了债务人的部分资产，所以属于资产收购成本的一部分。

问题二：是否可通过合同条款避免“标的债权让渡”环节的转让价款超过标的债权本金而视作还息缴税？

我们的答复：债权转让不是增值税的纳税范围，但如果是债权产生的利息部分在转让环节收回，属于利息收入的实现，方案中“债权整合期间回收的标的债权回款应优先用于归还我公司整合收益，如当期实际回款金额低于我公司当期整合收益要求，差额部分由世茂公司承担差额补足支付义务”，差额补足相当于世贸替债务人偿还了债务及利息，按照实质重于形式原则，如果转让价款超过标的债权本金，贵公司即使修改合同条款仍存在缴纳增值税及附加的税务风险。

此外，方案中认为违约金不需要缴纳增值税，但根据增值税暂行条例实施细则价外费用的概念，违约金也属于利息性质的价外费用，也需要缴纳增值税。

3. 政策依据

（1）《中华人民共和国增值税暂行条例实施细则（2011 修订）》。

第十二条　条例第六条第一款所称价外费用，包括价外向购买方收取的手续费、补贴、基金、集资费、返还利润、奖励费、违约金、滞纳金、延期付款利息、赔偿金、代收款项、代垫款项、包装费、包装物租金、储备费、优质费、运输装卸费以及其他各种性质的价外收费。

（2）财税〔2016〕36 号附件 1《营业税改征增值税试点实施办法》。

（五）金融服务。

金融服务，是指经营金融保险的业务活动。包括贷款服务、直接收费金融服务、保险服务和金融商品转让。

1. 贷款服务。

贷款，是指将资金贷与他人使用而取得利息收入的业务活动。

各种占用、拆借资金取得的收入，包括金融商品持有期间（含到期）利息（保本收益、报酬、资金占用费、补偿金等）收入、信用卡透支利息收入、买入返售金融商品利息收入、融资融券收取的利息收入，以及融资性售后回租、押汇、罚息、票据贴现、转贷等业务取得的利息及利息性质的收入，按照贷款服务缴纳增值税。

融资性售后回租，是指承租方以融资为目的，将资产出售给从事融资性售后回租业务的企业后，从事融资性售后回租业务的企业将该资产出租给承租方的业务活动。

以货币资金投资收取的固定利润或者保底利润，按照贷款服务缴纳增值税。

（十三）甲项目处置方案的咨询

1. 涉税问题描述

甲项目处置方案如下，烦请出具税务意见，包括每个环节涉及的税费，不用算具体金额。基本情况如下：

①将住宅和车位全部销售完毕；②写字楼和酒店转自用（计入固定资产）；③城建东华取消房地产开发资质变更为普通企业；④采取分立方式将写字楼和酒店分立为两个或者多个公司；⑤未来可以采取股权转让方式销售持有写字楼和酒店的公司。

2. 我们的答复

①将住宅和车位全部销售完毕环节涉及税费：增值税及附加、印花税、土地增值税、企业所得税。

②写字楼和酒店转自用（计入固定资产）涉及税费：转自用环节不涉及税费，持有环节缴纳城镇土地使用税、房产税。

③城建东华取消房地产开发资质变更为普通企业，企业变更资质环节不涉及税费，持有后须缴纳城镇土地使用税、房产税。

④采取分立方式将写字楼和酒店分立为两个或者多个公司（见表4－13）。

表4－13　税负情况

税种	税费	备注
增值税及附加	免	需满足财税〔2016〕36号文的条件
土地增值税	免	房地产公司不适用免税，由于公司已由房地产开发企业变更为一般企业，能否使用需要与主管税务局机关沟通
企业所得税	免	满足财税〔2019〕59号文条件可以适用特殊性税务处理
印花税和契税	免	
契税	免	

⑤未来可以采取股权转让方式销售持有写字楼和酒店的公司涉及税费：企业所得税、印花税、土地增值税（如果被转让主体资产主要就是房

地产，有缴纳土地增值税的税务风险，但相关案例较少）。

3. 政策依据

（1）《关于纳税人资产重组有关增值税问题的公告》（国家税务总局公告2011年第13号）。

纳税人在资产重组过程中，通过合并、分立、出售、置换等方式，将全部或者部分实物资产以及与其相关联的债权、负债和劳动力一并转让给其他单位和个人，不属于增值税的征税范围，其中涉及的货物转让，不征收增值税。

（2）《国家税务总局关于房产税城镇土地使用税有关政策规定的通知》（国税发〔2003〕89号）。

（四）房地产开发企业自用、出租、出借本企业建造的商品房，自房屋使用或交付之次月起计征房产税和城镇土地使用税。（条款失效，第二条第四款中有关房地产开发企业城镇土地使用税纳税义务发生时间的规定废止。）

（3）《国家税务总局关于通过招拍挂方式取得土地缴纳城镇土地使用税问题的公告》（国家税务总局公告2014年第74号）。

二、关于有偿取得土地使用权城镇土地使用税纳税义务发生时间问题

以出让或转让方式有偿取得土地使用权的，应由受让方从合同约定交付土地时间的次月起缴纳城镇土地使用税；合同未约定交付土地时间的，由受让方从合同签订的次月起缴纳城镇土地使用税。

（4）《财政部 国家税务总局关于企业重组业务企业所得税处理若干问题的通知》（财税〔2009〕59号）。

一、本通知所称企业重组，是指企业在日常经营活动以外发生的法律结构或经济结构重大改变的交易，包括企业法律形式改变、债务重组、股权收购、资产收购、合并、分立等。

（五）企业分立，当事各方应按下列规定处理：

1. 被分立企业对分立出去资产应按公允价值确认资产转让所得或损失。

2. 分立企业应按公允价值确认接受资产的计税基础。

3. 被分立企业继续存在时，其股东取得的对价应视同被分立企业分配进行处理。

4. 被分立企业不再继续存在时，被分立企业及其股东都应按清算进行所得税处理。

5. 企业分立相关企业的亏损不得相互结转弥补。

（六）分立，是指一家企业（以下称为被分立企业）将部分或全部资产分离转让给现存或新设的企业（以下称为分立企业），被分立企业股东换取分立企业的股权或非股权支付，实现企业的依法分立。

五、企业重组同时符合下列条件的，适用特殊性税务处理规定：

（一）具有合理的商业目的，且不以减少、免除或者推迟缴纳税款为主要目的。

（二）被收购、合并或分立部分的资产或股权比例符合本通知规定的比例。

（三）企业重组后的连续12个月内不改变重组资产原来的实质性经营活动。

（四）重组交易对价中涉及股权支付金额符合本通知规定比例。

（五）企业重组中取得股权支付的原主要股东，在重组后连续12个月内，不得转让所取得的股权。

（十四）河北分公司关于免征土地增值税的咨询

1. 涉税问题描述

廊坊北美塑制品有限公司项目是分公司1999年收购的建行政策类资产项目，中间经历民事、行政诉讼。2017年12月25日，分公司在淘宝网以公开拍卖的形式转让了包括该项目在内的6户资产包债权及其项下的权益。目前，受让人希望分公司向廊坊国土局出具免缴土地增值税的申请，以便其缴纳契税完成土地过户，分公司法律部和财务部希望总部予以政策指导，静待答复。

2. 我们的答复

出让人河北分公司以账面价值进行收购建行政策类资产项目并转让不良资产取得的收入，符合《财政部 国家税务总局关于中国甲公司等4家金融资产管理公司税收政策问题的通知》（财税〔2001〕10号）的规定，免征土地增值税。此外，由于廊坊鼎元公司擅自将抵押给我河北分公司的土地使用权转让给廊坊捷利物流，并向捷利物流颁发了土地使用证。最终经民事和行政诉讼后，河北分公司胜诉，河北分公司取得产权后对外转让可以免于缴纳土地增值税，但需要先过户至分公司名下，如果直接由现产权登记人进行转让，则无法享受土地增值税的免税。

受让人时再次转让须缴纳土地增值税。不符合《财政部 国家税务总局关于中国甲公司等4家金融资产管理公司税收政策问题的通知》（财税〔2001〕10号）的规定。

3. 政策依据

（1）《财政部 国家税务总局关于中国甲公司等4家金融资产管理公司税收政策问题的通知》（财税〔2001〕10号）。

各省、自治区、直辖市、计划单列市财政厅（局）、国家税务局、地方税务局：

根据《国务院办公厅转发人民银行、财政部、证监会关于组建中国甲公司资产管理公司意见的通知》（国办发〔1999〕33号）和《国务院办公厅转发人民银行、财政部、证监会关于组建中国华融资产管理公司、中国长城资产管理公司和中国东方资产管理公司意见的通知》（国办发〔1999〕66号）的精神，经国务院批准，现对甲公司、华融、长城和东方资产管理公司（以下简称“资产公司”）在收购、承接和处置不良资产过程中有关税收政策问题通知如下：

一、享受税收优惠政策的主体为经国务院批准成立的中国甲公司资产管理公司、中国华融资产管理公司、中国长城资产管理公司和中国东方资产管理公司，及其经批准分设于各地的分支机构。除另有规定者外，资产公司所属、附属企业，不享受资产公司的税收优惠政策。

二、收购、承接不良资产是指资产公司按照国务院规定的范围和额度，对相关国有银行不良资产，以账面价值进行收购，同时继承债权、行使债权主体权利。具体包括资产公司承接、收购相关国有银行的逾期、呆滞、呆账贷款及其相应的抵押品；处置不良资产是指资产公司按照有关法律、法规，为使不良资产的价值得到实现而采取的债权转移的措施。具体包括运用出售、置换、资产重组、债转股、证券化等方法对贷款及其抵押品进行处置。

三、资产公司收购、承接、处置不良资产可享受以下税收优惠政策：对各公司回收的房地产在未处置前的闲置期间，免征房产税和城镇土地使用税。对资产公司转让房地产取得的收入，免征土地增值税。

（十五）天津分公司风险项目以股抵债时，关于股权项目入账价值确定问题

1. 涉税问题描述

天津分公司风险项目进入司法重整，通过留债、回现、以股抵债、信托受益权偿债的方式实现重整，目前分公司对于以股抵债按照哪个价值入账有些疑问：

（1）各家金融机构会通过合伙企业持有资产控股平台股份，对合伙企业的出资份额按照每3.11元债权作价1元，我分公司以股抵债的债权为9.01亿元，折算后出资份额为2.90亿元。

（2）合伙企业持股的资产控股平台实际为一个空壳，其实际价值体现为持股40.84%的“某钢铁集团有限公司”，那股权入账价值时是否可以穿透去看“某集团有限公司”，按即2.90（天津分公司持有合伙企业的份额）/424（合伙企业的总份额）×136（某控股平台对某公司的注册资本）=0.93亿元入账。

对于上述入账价值，按照上述哪种方式确定以股抵债的价值比较合适，一方面能够在后期审计时得到审计的认可，另一方面从税务角度看，后期因处置损益对所得税产生的影响，能够得到税审或税务机关的认可？同时为了佐证股权入账价值，债委会需要提供哪些材料？

2. 我们的答复

风险项目以股抵债进行企业重组。企业所得税处理：将重组债权的计税成本与收到的非现金资产的公允价值之间的差额确认为当期的债务重组损失，确认为当期的债务重组损失，冲减应纳税所得。

应采用第一种价值计算方式。

第二种价值计算方式，仅按控股平台对某公司的注册资本136亿元为基础计算，不能反映其公允价值，不符合税收政策的规定，但会计核算处理和税务处理本身会存在差异。

3. 政策依据

根据《企业债务重组业务所得税处理办法》（国家税务总局令第6号），第六条债务重组业务中债权人对债务人的让步，包括以低于债务计税成本的现金、非现金资产偿还债务等，债务人应当将重组债务的计税成本与支付的现金金额或者非现金资产的公允价值（包括与转让非现金资产相关的税费）的差额，确认为债务重组所得，计入企业当期的应纳税所得额中；债权人应当将重组债权的计税成本与收到的现金或者非现金资产的公允价值之间的差额，确认为当期的债务重组损失，冲减应纳税所得。

（十六）关于某重组项目回款合并开票的问题

1. 涉税问题描述

自贸区分公司某重组项目回款，本次还款是合同协议中的主债务人（母公司）归还一部分资金，以及从债务人（子公司）归还一部分资金，主债务人希望能够将母子公司的回款汇总开普票给他，而不是分成两张发票分别开具，并愿意出具相关公函盖章证明。

请问此种情况开具一张总额发票是否三流不一致，是否存在税务风险？

2. 我们的答复

根据情况说明，债务人母公司委托子公司偿还债务，债务人母公司将与子公司对该笔委托付款进行内部清算。

本次偿付债务行为中，子公司替债务人（母公司）代为付款，实际债务人仍然为母公司，子公司只是代为偿还，发票应当开具给实际债务人（母公司）。

3. 政策依据

（1）《中华人民共和国发票管理办法》。

第二十条　销售商品、提供服务以及从事其他经营活动的单位和个人，对外发生经营业务收取款项，收款方应向付款方开具发票；特殊情况下由付款方向收款方开具发票。

（2）《国家税务总局关于纳税人对外开具增值税专用发票有关问题的公告》（国家税务总局公告2014年第39号）。

纳税人通过虚增增值税进项税额偷逃税款，但对外开具增值税专用发票同时符合以下情形的，不属于对外虚开增值税专用发票：

一、纳税人向受票方纳税人销售了货物，或者提供了增值税应税劳务、应税服务；

二、纳税人向受票方纳税人收取了所销售货物、所提供应税劳务或者应税服务的款项，或者取得了索取销售款项的凭据；

三、纳税人按规定向受票方纳税人开具的增值税专用发票相关内容，与所销售货物、所提供应税劳务或者应税服务相符，且该增值税专用发票是纳税人合法取得，并以自己名义开具的。

受票方纳税人取得的符合上述情形的增值税专用发票，可以作为增值税扣税凭证抵扣进项税额。

（3）《财政部、国家税务总局关于全面推开营业税改征增值税试点的通知》（财税〔2016〕36号）。

直接收费金融服务，是指为货币资金融通及其他金融业务提供相关服务并且收取费用的业务活动。包括提供货币兑换、账户管理、电子银行、信用卡、信用证、财务担保、资产管理、信托管理、基金管理、金融交易场所（平台）管理、资金结算、资金清算、金融支付等服务。

（十七）关于分公司开票的问题

1. 涉税问题描述

自2011年9月签订债务重组合同以来，我分公司收到债务人还款时，均向对方开具了收据（未开具发票）。目前债务人正在接受省国税局所得税后续管理核查，税局针对债务人利息支出未取得发票事项存有疑问，因此债务人希望我分公司提供此业务不能开具发票的相关文件。

2. 我们的答复

对债务人政策性买断债权项目债务重组利息未开具发票事项，贵公司可以根据《国家税务总局关于中国甲公司等4家金融资产管理公司税收政策问题的通知》（财税〔2001〕10号）中第三条、《国家税务总局关于中国甲公司资产管理股份有限公司等4家金融资产管理公司有关税收政策问题的通知》（财税〔2013〕56号）第一条、《国家税务总局关于营业税改征增值税试点若干政策的通知》（财税〔2016〕39号）第九条，向税务机关解释说明。（详见政策依据）。

虽然符合条件的利息收入免税，但相关利息收入仍可以向债务人开具增值税免税发票。营改增之前应该开具营业税发票，未开具的可以补开增值税发票。

3. 政策依据

（1）《国家税务总局关于中国甲公司等4家金融资产管理公司税收政策问题的通知》（财税〔2001〕10号）。

一、资产公司收购、承接、处置不良资产可享受以下税收优惠政策：

1. 对资产公司接受相关国有银行的不良债权，借款方以货物、不动产、无形资产、有价证券和票据等抵充贷款本息的，免征资产公司销售转让该货物、不动产、无形资产、有价证券、票据以及利用该货物、不动产从事融资租赁业务应缴纳的增值税、营业税。

2. 对资产公司接受相关国有银行的不良债权取得的利息收入，免征营业税。

（2）《国家税务总局关于中国甲公司资产管理股份有限公司等4家金融资产管理公司有关税收政策问题的通知》（财税〔2013〕56号）。

一、中国甲公司资产管理股份有限公司、中国华融资产管理股份有限公司及其分支机构处置剩余政策性剥离不良资产比照执行《财政部 国家税务总局关于中国甲公司等4家金融资产管理公司税收政策问题的通知》（财税〔2001〕10号）、《财政部 国家税务总局关于4家资产管理公司接收资本金项下的资产在办理过户时有关税收政策问题的通知》（财税〔2003〕21号）、《国家税务总局关于中国甲公司等四家金融资产管理公司受让或出让上市公司股权免征证券（股票）交易印花税有关问题的通知》（国税发〔2002〕94号）规定的税收优惠政策。

（3）《国家税务总局关于营业税改征增值税试点若干政策的通知》（财税〔2016〕39号）。

一、中国甲公司资产管理股份有限公司、中国华融资产管理股份有限公司、中国长城资产管理公司和中国东方资产管理公司及各自经批准分设于各地的分支机构（以下称资产公司），在收购、承接和处置剩余政策性剥离不良资产和改制银行剥离不良资产过程中开展的以下业务，免征增值税：

（一）接受相关国有银行的不良债权，借款方以货物、不动产、无形资产、有价证券和票据等抵充贷款本息的，资产公司销售、转让该货物、不动产、无形资产、有价证券、票据以及利用该货物、不动产从事的融资租赁业务。

（二）接受相关国有银行的不良债权取得的利息。

（十八）关于出租政策性抵债房产的问题

1. 涉税问题描述

分公司原出租政策性抵债房产本月停止出租，能否马上重新适用原来闲置期间免征房产税及土地使用税的减免税政策？

2. 我们的答复

分公司房产税和城镇土地使用税的纳税义务截止时间是停止出租政策

性抵债房产的当月末，次月起可继续享受政策性抵债房产的房产税和城镇土地使用税免税政策。

房产税和城镇土地使用税实行分期缴纳，分公司须及时更新房产信息，才能享受免税政策。

3. 政策依据

（1）《国家税务总局关于房产税城镇土地使用税有关政策规定的通知》（国税发〔2003〕89 号）。

（三）出租、出借房产，自交付出租、出借房产之次月起计征房产税和城镇土地使用税。

（2）《关于房产税城镇土地使用税有关问题的通知》（财税〔2008〕152 号）。

三、关于房产税、城镇土地使用税纳税义务截止时间的问题

纳税人因房产、土地的实物或权利状态发生变化而依法终止房产税、城镇土地使用税纳税义务的，其应纳税款的计算应截止到房产、土地的实物或权利状态发生变化的当月末。

（3）《财政部 国家税务总局关于中国甲公司等 4 家金融资产管理公司税收政策问题的通知》（财税〔2001〕10 号）。

5. 对各公司回收的房地产在未处置前的闲置期间，免征房产税和城镇土地使用税。

（4）《财政部 国家税务总局关于中国甲公司资产管理股份有限公司等 4 家金融资产管理公司有关税收政策问题的通知》（财税〔2013〕56 号）。

一、中国甲公司资产管理股份有限公司、中国华融资产管理股份有限公司及其分支机构处置剩余政策性剥离不良资产比照执行《财政部 国家税务总局关于中国甲公司等 4 家金融资产管理公司税收政策问题的通知》（财税〔2001〕10 号）、《财政部 国家税务总局关于 4 家资产管理公司接收资本金项下的资产在办理过户时有关税收政策问题的通知》（财税〔2003〕21 号）、《国家税务总局关于中国甲公司等四家金融资产管理公司受让或出让上市公司股权免征证券（股票）交易印花税有关问题的通知》（国税发〔2002〕94 号）规定的税收优惠政策。

（5）《财政部 国家税务总局关于房产税若干具体问题的解释和暂行规定》（财税地字〔1986〕8 号）。

六、关于免税单位自用房产的解释

上述免税单位出租的房产以及非本身业务用的生产、营业用房产不属于免税范围，应征收房产税。

（十九）关于物业吸收合并资产公司和物业公司涉税问题

1. 涉税问题描述

贵公司积极推进宁波保税区资产公司、物业公司的机构清理工作，拟由 A 公司分别吸收合并以上两家机构。现针对上述事项征求涉税意见。

2. 我们的答复

根据贵公司提供的吸收合并方案，相关涉税影响分析如下：

贵公司吸收合并方案中办结相关涉税事项：资产公司已向所属地税务局提交了吸收合并特殊性税务处理备案申请；物业公司不享受税收优惠政策，无须提前申请，将根据税务稽查结果办结相关涉税事项及完税证明。建议物业公司也向主管税务局申请备案享受税收优惠政策。

此外，涉税问题应考虑如下内容：

（1）企业所得税。

《国家税务总局关于企业重组业务企业所得税处理若干问题的通知》（财税〔2009〕59 号）第五条规定，企业重组同时符合下列条件的，适用特殊性税务处理规定：

具有合理的商业目的，且不以减少、免除或者推迟缴纳税款为主要目的；

被收购、合并或分立部分的资产或股权比例符合本通知规定的比例；

企业重组后的连续 12 个月内不改变重组资产原来的实质性经营活动；

重组交易对价中涉及股权支付金额符合本通知规定比例；

企业重组中取得股权支付的原主要股东，在重组后连续 12 个月内，不得转让所取得的股权。

《财政部 国家税务总局关于企业重组业务企业所得税处理若干问题的通知》（财税〔2009〕59 号）第四条规定，企业股东在该企业合并发生时取得的股权支付金额不低于其交易支付总额的 85%，以及同一控制下且不需要支付对价的吸收合并，企业所得税可以选择特殊性税务处理，合并企业以被合并企业资产和负债的原有计税基础确定，被合并企业及股东不进行清算所得，不计算缴纳企业所得税，被合并企业股东取得合并企业股权的计税基础，以其原有的被合并企业股权的计税基础确定。

贵公司上述吸收合并事项，企业所得税可以选择特殊性税务处理，中建物业取得中建资产以及建银物业公司资产和负债按原有计税基础确定。

（2）增值税及附加。

根据国家税务总局公告2011年第13号《国家税务总局关于纳税人资产重组有关增值税问题的公告》，纳税人在资产重组过程中，通过合并、分立、出售、置换等方式，将全部或者部分实物资产以及与其相关联的债权、负债和劳动力一并转让给其他单位和个人，不属于增值税的征税范围，其中涉及的货物转让，不征收增值税。

通过该模式将资产公司和物业公司合并到A公司，即将全部资产以及相关联的债权、负债以及劳动力一并转让，满足上述不征税条件。

（3）土地增值税及附加。

根据《关于继续实施企业改制重组有关土地增值税政策的通知》（财税〔2018〕57号），按照法律规定或者合同约定，两个或两个以上企业合并为一个企业，且原企业投资主体存续的，对原企业将房地产转移、变更到合并后的企业，暂不征土地增值税。

按照上述规定，吸收合并中各方均不属于房地产企业，涉及不动产转移的，符合暂不征收土地增值税优惠政策。

被吸收合并方中建资产以及建银物业享受上述土地增值税优惠政策时，应向主管税务机关提交房地产转移双方营业执照、改制重组协议或等效文件，相关房地产权属和价值证明、转让方改制重组前取得土地使用权所支付地价款的凭据（复印件）等书面材料。

（4）契税。

根据《财政部 国家税务总局关于继续支持企业事业单位改制重组有关契税政策的通知》（财税〔2018〕17号），依照法律规定、合同约定，合并为一个公司，且原投资主体存续的，对合并后公司承受原合并各方土地、房屋权属，免征契税。

（5）印花税。

根据《财政部 国家税务总局关于企业改制过程中有关印花税政策的通知》（财税〔2003〕183号）第一条第二项规定，以合并或分立方式成立的新企业，其新启用的资金账簿记载的资金，凡原已贴花的部分可不再贴花，未贴花的部分和以后新增加的资金按规定贴花。

其他需注意事项：

本次吸收合并后，相关资产将变更至合并企业中建资产，但实际被合并企业的相关资产已转至资产公司在当地成立的分公司，被合并企业房产等所有权资产的名称将不能直接变更至分公司，一般为总公司抬头，需要提醒注意。

3. 政策依据

（1）《国家税务总局关于企业重组业务企业所得税处理若干问题的通知》（财税〔2009〕59号）。

五、企业重组同时符合下列条件的，适用特殊性税务处理规定：

（一）具有合理的商业目的，且不以减少、免除或者推迟缴纳税款为主要目的。

（二）被收购、合并或分立部分的资产或股权比例符合本通知规定的比例。

（三）企业重组后的连续12个月内不改变重组资产原来的实质性经营活动。

（四）重组交易对价中涉及股权支付金额符合本通知规定比例。

（五）企业重组中取得股权支付的原主要股东，在重组后连续12个月内，不得转让所取得的股权。

（2）《财政部 国家税务总局关于企业重组业务企业所得税处理若干问题的通知》（财税〔2009〕59号）。

（四）企业合并，企业股东在该企业合并发生时取得的股权支付金额不低于其交易支付总额的85%，以及同一控制下且不需要支付对价的企业合并，可以选择按以下规定处理：

1. 合并企业接受被合并企业资产和负债的计税基础，以被合并企业的原有计税基础确定。

2. 被合并企业合并前的相关所得税事项由合并企业承继。

3. 可由合并企业弥补的被合并企业亏损的限额 = 被合并企业净资产公允价值 × 截至合并业务发生当年年末国家发行的最长期限的国债利率。

4. 被合并企业股东取得合并企业股权的计税基础，以其原持有的被合并企业股权的计税基础确定。

(3)《国家税务总局关于纳税人资产重组有关增值税问题的公告》(国家税务总局公告 2011 年第 13 号)。

纳税人在资产重组过程中，通过合并、分立、出售、置换等方式，将全部或者部分实物资产以及与其相关联的债权、负债和劳动力一并转让给其他单位和个人，不属于增值税的征税范围，其中涉及的货物转让，不征收增值税。

(4)《关于继续实施企业改制重组有关土地增值税政策的通知》(财税〔2018〕57 号)。

按照法律规定或者合同约定，两个或两个以上企业合并为一个企业，且原企业投资主体存续的，对原企业将房地产转移、变更到合并后的企业，暂不征土地增值税。

(5)《财政部 国家税务总局关于进一步支持企业事业单位改制重组有关契税政策的通知》(财税〔2015〕37 号)。

两个或两个以上的公司，依照法律规定、合同约定，合并为一个公司，且原投资主体存续的，对合并后公司承受原合并各方土地、房屋权属，免征契税。

(6)《财政部 国家税务总局关于企业改制过程中有关印花税政策的通知》(财税〔2003〕183 号)。

以合并或分立方式成立的新企业，其新启用的资金账簿记载的资金，凡原已贴花的部分可不再贴花，未贴花的部分和以后新增加的资金按规定贴花。

(二十) 总部关于实质性重组山东 A 集团有限公司项目方案的问题

1. 涉税问题描述

请提供实质性重组山东 A 集团有限公司项目方案的税务意见?

2. 我们的答复

根据项目方案，交易结构安排如下:

由甲公司与 A 集团设立两个主体，一个是有限合伙，一个是基金，分别解决 2019 年底债券兑付和私有化两个问题。

(1) 收购 A 集团内部逾期非金融债权。

甲公司本次拟打折收购 A 集团内部逾期非金融债权共计 5 笔债权，债权金额 13.1 亿元，甲公司支付的收购成本为 13 亿元。见表 4 - 14。

表4－14　资产情况

序号	资产出让方名称	债务人名称	原合同期限（金融）/债权形成时间（非金融）	标的资产类型	标的资产金额/万元
1	B公司	山东A集团有限公司	2017年11月2日－11月10日	企业间借款	13700.00
2	B公司	山东A集团有限公司	2018年4月27日－5月15日	企业间借款	46400.00
3	B公司	山东A集团有限公司	2018年10月8日－10月18日	企业间借款	36000.00
4	B公司	山东A集团有限公司	2018年12月5日	企业间借款	15700.00
5	B公司	山东A集团有限公司	2019年3月22日－3月25日	企业间借款	19100.00
合计			—	—	131000.00

税务分析：

甲公司不涉及税务影响。

甲公司与A集团签订债权转让协议的同时与A集团签订债务重组合同，债务重组安排情况见表4－15。

表4－15　债务重组安排情况

重组期限	36月
重组债务金额（标的资产总额）	131000.00万元
收购成本	130000.00万元
重组补偿金率（合同约定）	9%
预计回收现金总额	150800.00万元
还款计划安排：在收购债权的同时，甲公司与A集团在债务重组合同中约定重组债务额131000万元，重组期限为36个月，甲公司按日计算重组补偿金（日重组补偿金=重组债务余额×9%/360），重组补偿金按半年收取；重组期（自放款之日起）满12个月，偿还债务重组本金70000万元；重组期满24个月，偿还债务重组本金30000万元；重组到期日偿还重组债务本金31000万元及到期重组补偿金（到期重组补偿金=重组债务余额×9%/360×计算补偿金天数）；在重组期限之日起12个月后，债务人可根据资金情况选择提前偿还，还款金额为10000万元的整数倍，并提前1个月书面通知我公司。	

税务分析：

增值税及附加：甲公司收到的重组补偿金属于提供贷款服务的收益，应按照6%税率缴纳增值税，并按实缴增值税缴纳附加税费；

企业所得税：甲公司收到的重组补偿金应并入当年应纳税所得额，按照25%税率缴纳企业所得税。

甲公司收购非金债权所支付的现金在商行实施账户监管，定向用于偿还表4－16三笔到期债务。

表4－16　到期债务情况

债券名称（承销商）	起始日期	终止日期	可回售日期	金额/万元	期限	利率
A债权	2019/3/20	2019/12/15		50000	270天	7.50%
B债权	2017/10/16	2020/10/16	2019/10/16	50000	2年+1年	7.50%
C债权	2016/11/22	2019/11/22		50000	3年	6.30%
合计				150000		

税务分析：

甲公司不涉及税务影响。

（2）设立合伙企业，解决2019年底债券兑付。

由A集团与甲公司共同发起设立合伙企业，A集团认缴劣后级LP出资13亿元，先行以届时持有的100%股权按照其持有上市公司的52.14%股权市值（按照框架协议签订前120个交易日股票交易均价计算）作价实缴出资。合伙企业存续期限为1+3+2年，其中投资期1年，退出期3年，经全体合伙人表决同意可延长2年。

甲公司以打折收购的集团内部逾期非金融债权本金作价认缴合伙企业的优先级LP出资，债权收购日至出资日期间利息由三星集团结清。具体操作为：由甲公司与合伙企业签署债权出资暨转让协议，合伙企业成为债权人并对集团享有债权，由合伙企业与集团签订债权确认协议，确认债权交割。

该合伙企业由集团子公司作为GP/执行事务合伙人，合伙人会议为合伙企业最高权力机构。一般性经营议题由GP决策或合伙人大会三分之二通过，以确保集团对合伙企业并表及不影响对合伙企业的实际控制权，避免触发控制权变动及要约收购。

税务分析：

增值税及附加：

甲公司收到的债权收购日至出资日期间利息（非金融债权）需要缴纳增值税及附加，包括以打折收购的集团内部逾期非金融债权本金作价认缴合伙企业的优先级 LP 出资；

甲公司为合伙企业的优先级，固定收益年化 9%，如果合伙企业收益属于保本收益，应按照贷款服务 6% 的税率缴纳增值税，并按实缴增值税缴纳附加税费，如果合伙企业或者劣后级 LP 未对甲公司进行保本承诺，则优先级收益不需缴纳增值税和附加。

企业所得税：

甲公司收到的债权收购日至出资日期间利息应并入当年应纳税所得额，按照 25% 税率缴纳企业所得税；

甲公司为合伙企业的优先级，固定收益年化 9%，合伙企业收益应并入当年应纳税所得额，按照 25% 税率缴纳企业所得税。

第五章　并购后财务核心问题

企业并购是一项风险极高的资本运作，对于企业的发展有着重要的意义，它在给企业带来收益的同时也可能带来一系列问题。

尤其是并购后相关财务核心难点、重点问题的处理，如并购财务风险分析及对策、并购重组监管部门财务配合、并购重组后财务整合、盈余管理等核心财务问题，稍不审慎可能使企业并购重组项目“为山九仞，功亏一篑”。

第一节　并购重组财务协同及效应

一、并购财务协同

通常企业并购重组能产生协同效应，协同效应能使企业价值产生增值。并购的协同效应主要体现在三个方面：

经营协同，即企业并购后，因经营效率的提高带来的效益；

管理协同，即企业并购后，因管理效率的提高所带来的收益；

财务协同，即企业并购后对财务方面产生的有利影响，这种效益的取得是由于税法、会计处理惯例、企业理财以及证券交易的内在作用而产生的。这里我们主要分析并购的财务动因，也即并购的财务协同效应。

二、并购财务协同效应

一般认为，企业并购重组的财务动因主要有扩大市场、追求利润最大化、筹资、进入资本市场、投机、财务预期效应、避税等，因此，企业并购的终极财务动因可归结为实现企业价值的增值。

但是，大多数并购不但没有给主并企业带来价值增值，相反还影响了企业的正常发展，一定程度上损伤了企业价值。究其原因，并购的财务风险把控、后续财务管理等对实现企业价值增值这一终极并购财务动因有着重要的影响作用，如不审慎将使企业并购功亏一篑。财务协同效应分析见表5－1。

表5－1　财务协同效应分析

<table>
<tr><th colspan="3">财务协同效应</th><th>类型</th><th>实现条件</th></tr>
<tr><td rowspan="7">财务协同</td><td>“共同保险”效应；带来的企业举债能力增强</td><td>杠杆率提高，赋税责任减少；目标公司可以享受收购方较低的贷款利率</td><td>有形</td><td rowspan="5">1. 双方公司现金流相关性较小
2. 收购企业处于低需求增长行业，而目标企业所在行业投资机会较多，且现金流量较低</td></tr>
<tr><td colspan="2">内部资金替代外部资金带来的综合资本成本下降</td><td>有形</td></tr>
<tr><td rowspan="3">证券发行与交易成本的规模经济</td><td>债券发行利率降低</td><td rowspan="3">有形</td></tr>
<tr><td>股东要求的风险回报率下降</td></tr>
<tr><td>发行证券的固定成本摊薄（注册、法律、印刷费等）</td></tr>
<tr><td colspan="2">利用经营亏损递延</td><td>有形</td><td rowspan="2">符合证券法规及税法相关规定</td></tr>
<tr><td colspan="2">换股、发行可转换债券带来的纳税递延</td><td>有形</td></tr>
</table>

第二节　并购重组财务风险

一、并购财务风险

企业并购重组开展前期调研是企业资本运作、并购重组的前提，通过调研作出实施决策，如果调研不充分，关键问题不了解，作出的并购决策可能就是错误的。

企业并购重组是一个综合协调系统工程（如图5－1）。

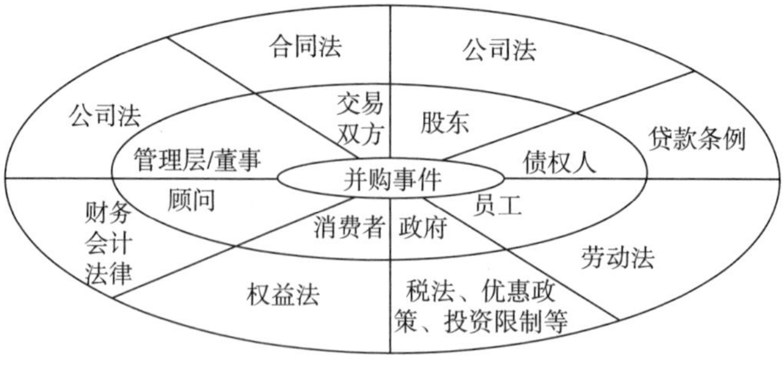

图5－1　并购项目关系人分析

在调研过程中，除对企业概况、人员、资产分布、产业特点、发展趋势等内容作全面了解外，更要关注企业的资产结构及组成情况，是否存在财务风险，全面分析或有事项，并根据调研情况，对企业的财务状况作出客观评价，提出科学意见和建议。

表 5-2　企业并购七大风险分析

风险类型	重点关注
政治环境风险	并购在相当程度上受制于政治环境。如石油业的并购就与中东局势有关
法律风险	各国的反垄断法案和政府对资本市场的管制均可能制约并购行为
信息风险	因信息不对称造成对目标企业资产价值和盈利能力判断失误
财务风险	重点关注并购融资的筹措方式不当，资金成本过高，与现金回笼不匹配
产业风险	并购方必须对目标企业所处行业或产业细分中存在的风险进行充分估计
营运风险	并购方可能对未来经济环境的不确定性和多变性无法准确预测
体制风险	体制转轨时期，许多法规政策正处于不断建设和完善过程中，且市场经济体制尚未健全，一些经济手段还不能充分发挥作用

二、把控并购财务风险

（一）前期应系统了解目标企业情况

资产构成情况是企业状况的重要方面，优质的资产情况是企业规范畅通运作的前提和基础。在并购重组时，应将资产构成状况作为重点进行调查，包括并购目标企业的总资产情况、净资产情况、注册资本构成、负债结构、企业负担情况、经营性资产状况等。通过深入调研，对目标企业从财务角度有一个大体的评价。

（二）准确把握目标企业的财务风险

企业并购是一项高风险性的经营活动，风险贯穿于并购活动的始终，财务风险又是并购风险中的重要组成部分。并购的财务风险主要包括以下几个方面。

1. 标企业价值评估风险

目标企业的估价取决于主并企业对未来收益的大小和时间的预期，对目标企业的价值评估可能高于其实际价值，这就产生了目标企业的价值评估风险。它主要受主并企业所获取的信息质量的影响，包括目标企业的性质（上市还是非上市公司等）、并购的性质（善意并购还是恶意收购）、准备并购的时间、并购企业审计的时间距离、并购的时间长短等。

2. 流动性风险

流动性风险是指企业并购后由于债务负担过重，导致企业发生财务危机的可能性。流动性风险在采用现金支付方式的并购企业表现尤为突出。如果主并企业资产变现能力差，融资能力不强，现金流量安排又不合理，则流动比率会大幅度下降，给主并企业带来资产的流动性风险，影响其短期偿债能力。

3. 支付及融资风险

并购的融资风险是指主并企业能否按时足额地筹集到资金以保证并购支付及并购的顺利进行。

4. 杠杆收购的偿债风险

之所以把杠杆收购的偿债风险单独列示出来，是因为其有特殊性。杠杆收购指并购企业通过举债获得目标企业的股权或资产，并用目标企业的现金流量来偿还负债的方法。杠杆收购是一把双刃剑，杠杆收购会给目标公司带来正反两方面的效应。

杠杆收购带来的财务风险有以下几种：

第一，债务成本风险。由于杠杆收购中大部分资金是靠债务取得的，借债率非常高。收购后，目标公司要经过资产剥离、非核心资产拍卖、管理层的职能转变等一系列变化。这些变化有很大的不确定性，企业存在着不能按照约定到期支付利息和股息而引起经济损失的可能性，同时也存在着融资时债务成本过高而盈利过低形成的亏损风险。

第二，归还本金风险。由于杠杆收购后要对目标公司进行重整，由此会带来一系列重大变化，能不能达到预定的目标，存在着很大的不确定性。也就是说，目标公司存在着不能按规定到期归还借款本金而引起经济损失或债权人要求清算的可能性。

第三，再融资的风险。被收购的目标企业由于在杠杆收购的过程中借了大量的债务，势必会影响到目标公司的财务状况，诸如企业的资产负债率、流动比率、速动比率、销售利润率、经济附加值、利息倍数等经济指标，这些指标都直接影响着公司的再次融资。若收购后的公司不能及时再融到所需资金，或再融资成本增加而引起经济损失，也存在着不能偿还债务的风险。

第四，贷款技术性违约风险。在杠杆收购中最容易出现的风险是贷款违约风险，这种风险有时是技术性的。一条违反合约的陈述对借款人而言有两个实际后果：一是如果出现这种违约行为，银行在交易结束时和结束以后都不会按要求开展业务；二是陈述或保证的错误会引发贷款协议的违约。

有效防范财务风险是衡量企业财务运作能力的重要尺度，要对目标企业的财务管理基础工作是否完善、专业人员业务素质情况、财务机构职能情况、应对外部环境变化措施能力等作出正确判断，并判断目标企业是否具有较强的财务决策能力，资本结构是否合理，根据财务状况对今后企业的营运发展能力作出科学判断。同时，应审查企业隐性负债，对或有负债及潜在的危机等问题进行分析评价。

（三）并购的成本控制

企业并购成本是指企业因并购而发生的一系列费用的总和，它除了包括购买目标企业的成本和并购后进行整合管理的成本外，还包括机会成本（即企业为并购而放弃其他投资所获得的收益）。

根据并购行为的特征以及成本习性，并购成本可以划分为并购实施前的准备成本、并购交易成本和并购后的整合成本。并购前的准备成本主要包括目标公司信息的收集成本、目标公司的选择成本等。

并购交易成本是主并企业为获得目标企业而付出的成本，并购交易成本的高低直接影响了主并企业未来的投资回报率。影响并购交易成本的因素主要包括交易双方的信息对称程度、目标企业评估的方法和程序、并购过程的涉税成本以及政治因素等。

并购财务效益因素分析如图 5－2 所示。

企业应根据自己的并购动机选择并购方式，如果企业以追求规模经济为目的，就要选择横向并购，这种方式不仅降低了产品的单位成本，也减少了竞争对手，因为横向并购的对象就是自己现有的或潜在的竞争对手；如果企业以降低交易费用为目的，就要选择纵向并购，因为这种并购方式让企业实现了纵向生产一体化，减少了市场交易环节及其费用，也节约了很多时间成本；如果企业以分散经营风险为目的，就应选择混合并购，以实现多元化经营。

成本降低

成本降低是最常见的一种协同价值,主要来自规模经济的形成。在并购行为中：首先，规模经济由于某些生产成本的不可分性而产生：单位产品成本得到降低，可以相应提高企业的利润率。规模经济的另一个来源是由于生产规模的扩张，使劳动和管理的专业化水平大幅度提高。有利于产品的标准化、系列化、通用化的实现，降低成本，增强获利能力。企业横向合并所产生的规模经济将降低企业生产经营的成本，带来协同效应。

收入增长

收入增长随着规模的扩张自然发生，例如，在企业进行并购之前，两家公司由于生产经营规模的限制都不能接到某种业务，而伴随着并购的发生、规模的扩张，并购后的公司具有了承接该项业务的能力。此外，目标公司的分销渠道也被用来推动并购方产品的销售，从而促进并购企业的销售增长。

图5－2　并购财务效益因素分析

第三节　并购重组财务整合

并购协议正式签订后，按照协议规定履行相关程序后进行的重组整合，对做好资产划转、资产过户手续、账务处理，真正与母体企业在财务管理上无缝对接，实现实质性重组，达到收益最大化和对并购企业经营、投资、融资等财务活动实施有效管理有重要意义，并且也使并购以后的生产要素发挥出最大的效应，最终实现盘活资产存量、提升企业市场竞争力的目的。

一、并购财务整合

并购整合在企业并购中占有非常重要的地位。

美国的统计表明，大约有50%～80%的并购都出现了令人沮丧的财务状况。一流的学术与商业研究机构近几十年来对并购行为进行了分析研究，发现并购之后可能会出现以下现象：被并购企业管理层及雇员的承诺和奉献精神的下降造成被并购企业生产力降低；对不同的文化、管理及领导风格的忽视造成冲突增加；关键的管理人员和员工逐渐流失，这种情况一般发生在交易完成后的6～12个月之内；客户基础及市场份额遭到破坏；大约三分之一的被并购企业在5年之内又被出售，而且几乎90%的并购没有达到预期效果。

企业并购是把不同经营制度的企业融合在一起，由于每个企业的财务资源、财务制度以及财务管理方式的差异，企业并购完成后必然会在财务管理上面临一些问题。

并购整合分析如图 5－3 所示。

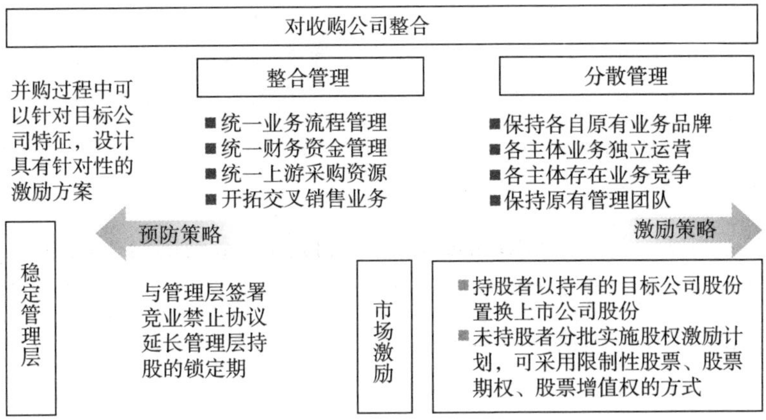

图 5－3　并购整合分析

（一）财务目标方面

财务管理的目标是财务管理工作的起点和终点，只有在统一的财务管理目标的指引下，新的财务管理组织才能正常、有效地运行。企业并购的目标是通过并购协同、企业核心能力的提升和竞争优势的强化创造更多的新增价值。

并购财务协同效应与经营、管理协同效应分析如图 5－4 所示。

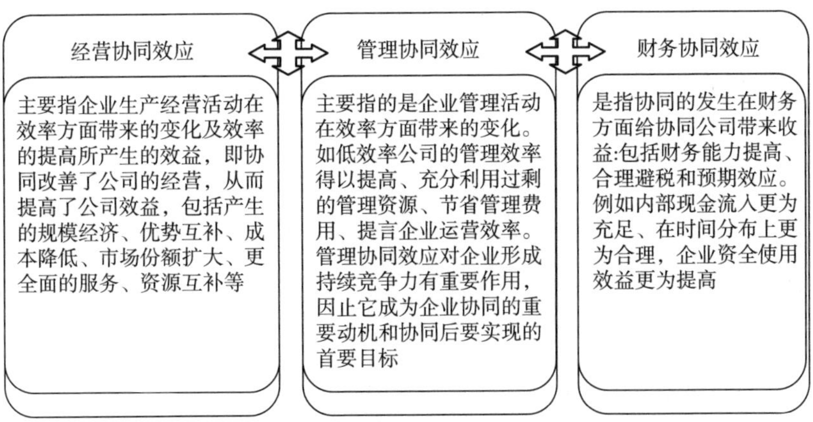

图 5－4　并购财务协同效应与经营协同、管理协同效应分析

因此，在财务整合过程中，企业必须紧紧围绕这一目标，以成本管理、风险控制和财务管理流程的优化为主要内容，通过财务整合力求使并购后的公司在经营活动上统一管理，在投资、融资活动上统一规划，最大限度地实现并购的整合和协同效应。

（二）财务制度方面

财务制度的整合就是企业所实施的一系列财务政策的选择，包括财务核算制度、内部控制制度、投融资制度、股利分配制度、信用管理制度等方面的整合。并购双方只有人员、机构、制度三方面的整合工作都做好了，才能为并购公司对被并购公司实施有效的财务控制奠定基础。

财务制度的整合归根结底是企业所实行的一系列的财务政策的选择。由于财务政策是一种自主选择性的政策，并购前各方企业是根据各自的总体目标和现实要求所制定或选择有利于自身发展的财务政策，因此，处于不同利益主体地位的并购各方在并购前其财务政策会存在很大的差别，而并购后各方合并为一个企业群体，在总体目标上具有一致性。因此，在选择财务政策时不能再仅从单个企业的角度出发，而应当以并购后整个集团的利益和目标为基点来选择或制定财务政策。

（三）财务组织机构和职能方面

作为财务组织机构，权责必须明确，并能相互制约。各部门和部门内的每一个成员，都应做到权、责、利明确。

并购协议签订后，建议并购核心小组还需继续完善并购后的工作，形成一个项目工作闭环。在财务组织机构和职能整合中，财务主管要发挥主导作用。

并购团队分析如图5－5所示。

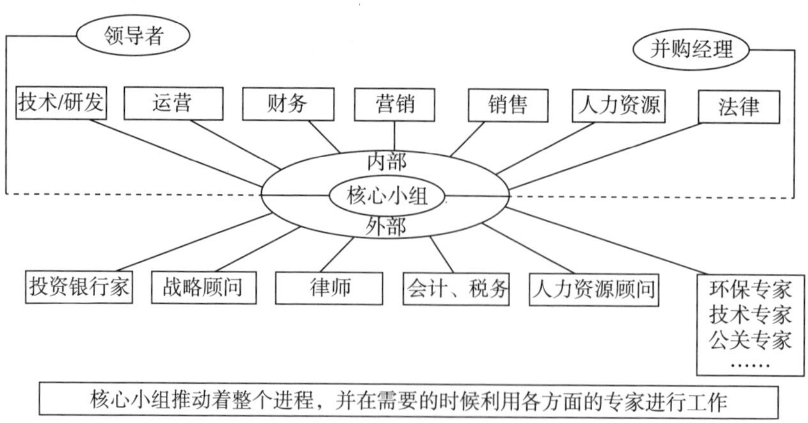

图5－5　并购团队分析

并购后企业组织结构的设置要与企业经营过程的复杂程度、财务管理和会计核算业务量的大小相一致。如果企业经营过程复杂，财务管理和会计核算业务量大，财务组织机构就应相应大些，内部分工也应细些，并可考虑将财务管理和会计机构按其职能的不同划分开来。反之亦然。财务组织机构的责权分工必须明确，并能相互制约。机构内部的各部门和每一个员工，都应明确其职权、责任和具体的任务，做到部门之间、人员之间职责清、任务明，以避免互相扯皮，这是财务部门有效履行责任的重要保证。

二、企业并购后财务整合主要工作

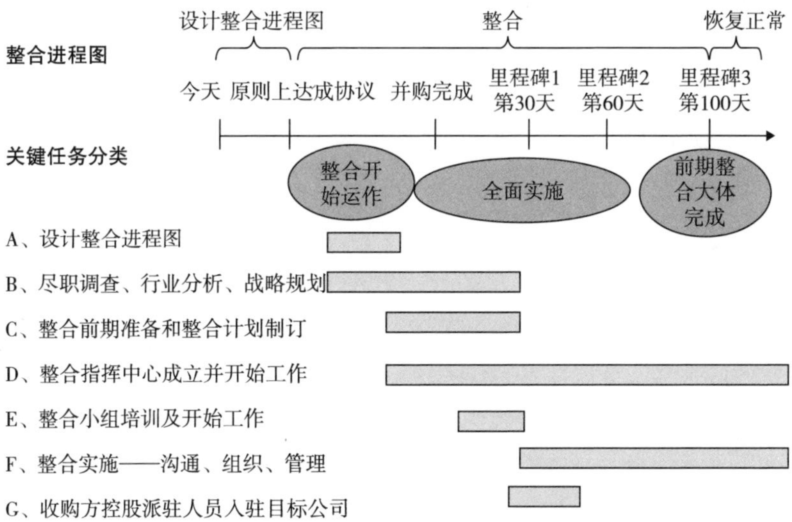

图 5－6　并购整合进程

1. 实现财务管理目标整合统一

不同环境中的企业，其财务管理目标会有很大的差异。并购一方可能以追求利润最大化为目标，而另一方则以实现企业价值最大化或股东财富最大化为目标。两家企业并购后，首先要确定统一的财务管理目标。

企业并购后的财务整合中只有确定了统一的财务管理目标，才能使新的财务管理组织发挥其作用，并有助于企业日常理财行为的高效与规范。

2. 实现财务组织机构和职能的重组整合

主并企业为达到对被并企业财务会计控制的目的，由主并企业向被并企业委派财务负责人并赋予其以下职责：组织被并企业的日常财务活动；对被并企业的理财事项实施监控；在发生影响整个企业的重大事件时享有决策权；把主并企业的有关资产结构调整、资源配置、重大投资、技术发展等重大决策贯彻到被并企业的预算中去，并对被并企业各类预算执行情况进行监督控制；审核被并企业的财务报告；负责对被并企业所属单位会计人员的业务管理；定期向主并企业报告被并企业的资产运行和财务状况。

财务组织机构的设置应该满足精简、高效的要求，只有形成一个既能调动各部门和员工的主动性和创造性，又能够实施统一指挥和有效控制的财务组织系统，才能使并购后企业的各项经济资源得到合理配置和充分利用。

此外，在财务组织机构整合的过程中，还要注意机构的设置要与集权、分权的程度相适应。

3. 选派财务负责人

并购目标企业接收后，要确保财务管理平稳过渡。并购公司应尽快委派财务负责人，根据并购公司的战略意图和财务管理要求开展整合工作，进行财务监督，硬化产权约束。委派的财务负责人向并购方母公司和被并购方负双重责任。

同时，应配合集团人事部门结合并购企业财务人员管理规定，制定财务管理人员的选拔、任命、考核和奖惩制度，提高财务工作效率。

4. 实现财务会计核算制度整合统一

财务会计核算制度的整合是保证企业合并后能够正常地进行生产经营活动并提高经济效益的关键。财务会计核算制度的整合任务是：统一并购双方的会计制度；进一步加强内部控制；规范投资制度、融资制度、股利分配制度、信用管理制度等。

5. 原有财务管理制度流程优化整合

财务管理制度的整合包括财务核算制度、内部控制制度、投融资制度、股利分配制度、信用管理制度等方面的整合。不论是何种形式的并购，并购方若要对并购双方的运营进行合并，则财务核算体系，如账簿的设置、凭证的管理、会计科目的使用、会计报表的编制方法都需要统一，以满足利益相关者对会计信息的需求。

6. 并购后资产管理

资产管理是指在并购后期，以并购企业为主体，对双方企业控制范围内的资产进行分拆、调整、优化组合的一项活动，它也是企业并购管理的核心内容之一。对资产进行管理要按照协调性的原则来进行，要求被并购企业的资产现状与并购企业的资产量、结构相协调并相配合，以期产生合力。并购双方资产的协调程度与并购前双方的业务范围关联度应当相关，所以，判断并购双方资产尤其是设备的协调程度如何，主要是看它们之间是否在用途、性能、功能、科技水平、规格等方面达到一致或可替代。

现代市场经济中，专业化、大批量、规模化生产往往是企业发展的重要条件，并购重组以后生产规模扩大了，相应地对设备系统在运作中的高度协调性、配合性也提出了更高的要求，也只有如此，才可以产生规模效应。同时，整合的资产要看其是否构成企业的核心产业，是否能提高并购后企业的核心竞争力。对非相关资产，即不能与并购企业形成协同性的资产应予以分拆和出售。

7. 并购后债务管理

过度负债在我国企业尤其是国有企业中普遍存在，也是企业经营业绩不良的主要原因之一。而在企业并购活动中，要避免因并购而陷入债务危机从而为并购企业带来了风险。因此，在并购后对企业进行债务管理是非常必要的。并购后债务管理是通过改变并购后企业的资本结构、偿债的期限结构等手段，以达到降低债务成本和减轻偿债压力，并由此获得财务协同效应，提高企业的运营能力和经济效益，以达到提高企业竞争力的目的。它主要涉及财务报表的合并、资本结构的重新调整和债务重组等方面的内容。

并购以后，企业应根据自身的情况提出相适应的目标资本结构，并在一定财务风险的制约下，充分挖掘企业的负债潜力。合理的债务结构可以避免产生由于现金流量不足不能按时偿还债务而带来的风险。偿债期限结构应与企业的盈利能力和现金流量相一致，对于盈利能力较差的被并购企业，需要通过并购后的重组来提高盈利能力，债务结构中长期负债应该占较大比重，而对盈利能力较强的被并购企业，则应当适当提高短期偿债的比例，这样对企业将更为有利。

调整企业偿债期限结构是通过与债权人谈判改变债务的偿还期限或借

长期债务偿还短期债务来实现。在企业处于经营极度困难的时期，将债务转化为企业股权，在短期内对并购企业也是非常有利的。

8. 存量资产、负债的整合

企业并购的目的在于降低营运成本，扩大市场份额，实现资源的重新优化配置，增强核心竞争能力。存量资产、负债的整合有助于实现上述目的。其整合的对象是以并购企业为主体，对并购双方的资产、负债进行分拆，实行优化组合。

9. 加强资金管理

资金管理关系到企业正常的生产经营，是财务管理的核心。应尽快建立与并购公司相配套的资金管理系统，采取全面预算、动态监控及内部审计等手段，以现金流为纽带，以信息流为依据，防范和控制财务及经营风险。同时，应结合并购企业资金管理实际，实现资金的集中统一管理，加大资金使用的监管力度，最大限度地发挥资金的使用效率。

合理编制并购预算，强化预算控制，预算的制定要以并购目标为前提，根据并购目标具体地、系统地反映出企业为达到并购目标而必须拥有的经济资源及其配置情况。对于续存集团公司来说，可以根据被并购公司的组织结构、经营规模以及公司成本控制的特性进行预算控制。

第四节　并购重组后的财务监管

上市公司的利润操纵，这是我国证券市场上大量存在的问题，对我国证券市场的正常发展造成了较大的障碍。

这可归结为企业财务目标问题，有的企业关注眼前目标，过度追求利润最大化，以实现短期内企业价值最大化或股东财富最大化为目标，而不是踏踏实实把企业做大做强，打造成“百年老店”。

一、上市公司利润操纵的动机

上市公司进行利润操纵的动机来自以下三个方面：证券市场对财务结果的要求，退市的威胁，盈利预测的要求。

（一）配股和增发

我国对上市公司配股和增发存在着较高的盈利要求，1999 年 3 月以前，配股门槛相对较高，上市公司在最近三个完整会计年度的净资产收益率每年必须均在 10% 以上才能获得配股资格。为获得配股资格，很多企业就需要把净资产收益率调整在 10% 以上。研究显示，净资产收益率在 10% 附近的公司远高于其他净资产回报率的公司（肖星，2003）。1999 年 3 月 26 日，中国证监会把上市公司的配股条件放宽了，由净资产收益率的 10% 下降到 6%，门槛相应降低了。

（二）特别处理（ST）、特别转让（PT）及退市的威胁

根据两个交易所的规则，上市公司有下列情况之一的，视为财务状况异常。

（1）最近两个会计年度的审计结果显示公司出现了连续的净亏损；

（2）最近一个会计年度的审计结果显示股东权益低于注册资本，即每股净资产低于股票面值。对于财务状况异常的公司将进行特别处理（ST），对连续三年出现亏损的公司将停盘（PT），一年内仍然不能扭亏的企业将被证券交易所摘牌。这种威胁自然让上市公司想尽办法保证资产回报率为正，或者在为负的情况下加大亏损，为下一年度的扭亏“打下”基础。

（三）盈利预测的要求

证监会规定，上市公司在年报中必须对下一年度的盈利能力作出预测，如果实际盈利水平与预测水平发生很大的差异（一般 10% 以上算作重大差异），上市公司将会收到证监会的处罚。

所以，如果上市公司发现自己的盈利能力与预测水平发生重大偏离的时候，也会想办法将利润调整到与预测水平相符。

二、上市公司利润操纵的主要方式

上市公司进行利润操纵的方式可以分为以下三类。

第一类，不安排交易，仅仅是利用会计方法和会计原则进行利润操纵。

第二类，利用上市公司与其所属集团或者其他关联方进行的关联交易进行利润操纵。

第三类，违反法律，制造假账目进行利润操纵。这属于违法行为，完全是会计造假，随着我国证券监管力度的加大，正逐步消失。

我国目前会计采用权责发生制，收入与费用的确认是以责任和权利的转移与否作为标准。权责发生制在很多情况下都要进行一些估计，比如对坏账的估计、折旧费用的估计，虽然准则有一定的限制，但考虑到现实情况往往是复杂的，为会计人员留下了调整的余地，会计人员往往利用这个来进行操纵。

三、上市公司并购重组中的盈余管理

上市公司并购重组中的盈余管理，特别是亏损上市公司盈余管理是我国理论界研究比较多的问题，而亏损上市公司通常也会利用重组的方式达到盈余管理的目的。

（一）盈余管理的含义

盈余管理是目前国外经济学和会计学广泛研究的课题。对盈余管理的概念会计学界存在着诸多不同意见。从以下两个权威性的定义可以看出盈余管理的基本含义。一是美国会计学家威廉·R. 斯科特（William R. Scott）认为，盈余管理是指“在一般公认会计原则（GAAP）允许的范围内，通过对会计政策的选择使经营者自身利益或企业市场价值达到最大化的行为”。二是美国会计学家凯瑟琳·雪珀（Kathehne SchipPer）认为，盈余管理实际上是企业管理人员通过有目的地控制对外财务报告过程，以获取某些私人利益的“披露管理”。

（二）上市公司进行盈余管理的动因分析

目前的研究集中于第一种观点。一般的出发点是考虑在什么情况下，管理层更可能进行盈余管理，找到要研究的样本后，再采用一定的方法证明盈余管理行为是否存在。综合国内外的相关研究成果，盈余管理的动因可分为终极动因和中介动因两个层面。（钱荷英，2001；陈致平，2001）

1. 终极动因

终极动因即机会主义观（opportunistic perspective），该观点认为盈余管理的目的就是通过误导投资者达到管理层个人的目的。企业盈余管理的终极动因即为获取私人利益。一般认为，通过盈余管理获取私人利益的主体是拥有企业管理权的高级管理人员，包括总经理、部门经理和其他高级主管。在以所有权与经营权的分离为基础的现代公司制企业中，公司的大股东可能并不参与日常经营管理，真正掌握管理权的往往是公司的高级管理人员。由于管理者与股东是委托代理关系，他们的目标并不完全一致，因此，将产生“道德风险”“信任危机”等问题。

而委托方（股东）为使二者目标一致，通常采用的业绩—报酬激励的方式也有双重效应。一方面，它使管理者的管理活动迅速向股东的目标靠拢；另一方面，它又使管理者更积极地谋求任期内自身利益的最大化，包括报酬最大化、更多晋升机会等。为此，管理者就有动因采用盈余管理来达到自己的目的。如果净利润低于奖金方案的下限，管理者就会有进一步降低净利润的动机，即所谓的“洗澡”。这样，下一年度得到奖金的概率就会增加。相反，如果净利润高于奖金方案的上限，管理者在计算报告利润时就会尽量去除超过上限的部分，因为这部分利润得不到奖金。只有当净利润在奖金方案的上限和下限之间时，管理者才会有增加报告利润的动机。

此外，管理者在卸任之前通常会选择有利的会计政策调增报告利润，以获取最后一次高额奖金。同样，业绩较差的企业管理者在任期将到时，为防止或推迟被解雇，也会利用盈余管理来粉饰真实业绩。在实行承包制的企业中，管理者更是具有强烈的盈余管理动机。管理者报酬与会计利润挂钩的制度原本是用来消除股东与企业管理者之间的“信任危机”，但实施的结果却事与愿违，非但没有消除危机，反而加深了危机。最终的结果是管理者通过盈余管理获取了巨大的私人利益，而股东、底层雇员却成了受害者。这也是通常认为的契约动机（contracting motivations），一般包括债务契约（debt contracts）和薪酬契约（management compensation contracts）。很多债务契约中债权人要求公司必须将财务指标保持在某一水平。公司管理层为减少来自债权人的制约或降低违约的成本会进行增加盈余的管理行为。由于管理层的薪酬契约一般与公司的业绩有紧密的联系，管理层为了提高个人收入，也存在盈余管理的动机。Dechow and Sloan（1991）发现首席执行官（CEO）在离职的前 1 年会降低研究开发费用的支出，从而提高盈余，增加个人的收入。与终极动因研究相关的还有内幕交易动机（insider trading），这方面的研究很少，但已经引起研究者的关注。Beneish（1999）发现那些违反了 GAAP 规定高估盈余的公司经理人在盈余高估期间会更多地卖出自己持有的公司股票。当这一行为被揭露时，股票价格会下降 20% 左右，且需要支付相当于盈余管理行为被发现之前股票价格的 9% 做为赔偿。

2. 中介动因

中介动因又称具体动因，是企业管理者在采用盈余管理谋求私人利益的过程中有意促进企业发展的动因，也是所称的信息观（information perspective）。这种观点认为管理层进行盈余管理的目的是向投资者传递关于公司未来经营业绩的私人信息。对管理者而言，盈余管理的一般中介动因是追求企业发展。

至于终极动因，则表现为公司规模扩张之后管理者报酬的增加、在职消费层次的提高以及政治前途的发展等。

因此，管理者会潜意识地将终极动因与中介动因相统一，以企业利益为基础实现私人利益的最大化。

中介动因主要有以下三个方面。

（1）筹资动因：筹资动因主要是针对上市公司而言的。从某种意义上讲，我国上市公司盈余管理的直接动因是筹资，具体经历了三个阶段。

首次公开募股（IPO）阶段。

《公司法》对企业上市有着严格的规定，如必须在近三年内连续盈利，才能申请上市。为达到目的，企业便采用盈余管理，进行财务包装，合规合法地“骗”得上市资格。同时，经过盈余粉饰的报表还有助于企业获得较高的股票定价。

配股阶段。

中国证监会的有关文件规定，上市公司要配股，“最近三年内净资产收益率每年都必须在10%以上，属于能源、原材料、基础设施类的公司可略低于9%”。为了达到配股及格线，上市公司积极利用盈余管理调整净资产收益率。

增发新股。

上市公司增发新股的定价由承销商与发行公司协商也会导致上市公司的盈余管理行为。另外，《公司法》规定，“最近三年连续亏损”的上市公司应暂停其股票上市。有关统计数据表明：上市公司在首次出现亏损年度明显地非正常调减盈余，而在扭亏为盈的年度，又明显地存在调增收益的盈余管理行为，其目的只有一个，就是要避免出现连续三年亏损而受到证券监管部门的处罚。这也是称作提高股票发行价格（euity offerings）或降低经理人买断的（managers buyouts）的价格动因，首次公开幕股（IPO）

和上市后再筹资（SEO）后股票的长期价格行为一直是一个难以解释的问题。

（2）避税动因：公司盈余管理的避税动因是十分明显的。“合理避税”之所以成为可能，一方面是由于我国的税法体系还不十分完善，税收优惠政策颇多；另一方面是由于公司管理者在会计政策和会计方法的选用上有较大的灵活性。

例如我国企业所得税存在照顾性税率。对企业管理者而言，这可能为其开展盈余管理提供了弹性空间。此时，管理者会通过选用适当的会计政策和方法进行应纳税所得额调节，从而有资格按照顾性税率缴纳所得税。

（3）债务契约动因：债权人与企业签订债务契约是为了限制管理者用债权人的资产为企业获利但有损于债权人利益的行为。债务契约中通常包含一些保证条款以保护债权人利益，如不能过度发放股利、不进行超额贷款、计提一定比例的偿债准备金等。有些商业银行甚至规定不得向亏损企业贷款。这些都使得企业不敢轻易违反有关条款，因为违反这些条款会招致很高的违约成本。如果企业的财务状况越接近违反债务契约，管理者就越有可能调增报告利润，以减少违约风险。如果是长期债务合约，企业管理者通常会将各期收益均衡化，避免偿债能力比例大起大落，从而减少违约的可能性。这样，盈余管理就成为企业减少违约风险的一个工具。

（三）企业盈余管理通常采用的手段

通过以上分析，企业为了实现不同的目的都可能采取盈余管理的行为。特别是上市公司，进行盈余管理的动机更强，在具体操作会计方法进行盈余管理时，又有多种手段。

（1）多种形式的“利润储存器”。有些企业用不切实际的假设去估计诸如退货、贷款损失、保修费用等或有事项的准备，这样，企业就可在业绩良好时多计提准备，在业绩不佳时少计提准备，以调节利润。

（2）操纵收入的确认时间。如为了虚增利润，在销售完成之前、货物起运之前，或在客户还有权取消订货或推迟购货之前，就确认收入；但为了少计利润就做相反的操作。

（3）滥用重要性原则：重要性原则认为，对微不足道的项目不值得对其进行精确计量和报告。有些企业以会计上的重要性原则为借口，编造会计数据，从而达到粉饰财务业绩的目的。

（4）巨额冲销：有些企业为了保证未来盈利水平，采取巨额冲销的手法。例如，在企业重组过程中夸大重组费用，以隐瞒利润。而当重组企业未来盈利不足时，这些虚列的费用，即隐瞒的利润，就会变成重组企业的收入。有些兼并公司，尤其是那些通过发行股票实施兼并的公司，在兼并时确认一大笔研究开发费用，或预提大量经营费用，形成巨额准备，在适当的时候就可以调节利润。

四、了解监管部门并购监管整体思路

就提交并购重组委的审核流程而言，主要包括“受理—初审—反馈专题会—落实反馈意见—审核专题会—并购重组委会议—落实重组委审核意见—审结归档”等环节。

并购重组委的审核流程如图 5－7 所示。

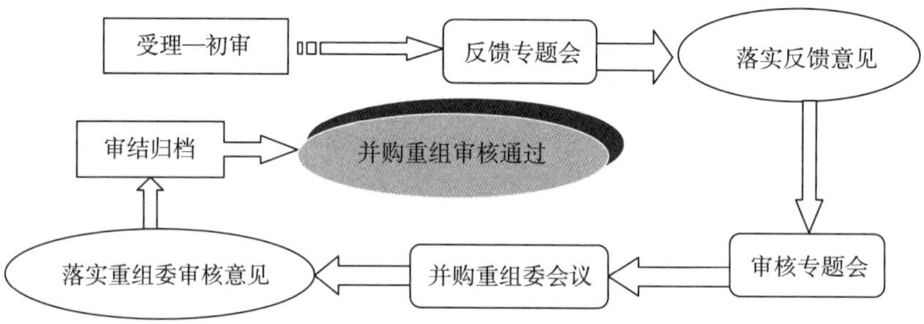

图 5－7　并购重组委的审核流程

重大资产重组的实质是资产证券化过程中发生的交易行为，交易的核心原则之一是体现资产定价的公允性。

其审核的视角主要在于：定价方法的合规性、合理性，定价机制的市场化。

此外，审核的立足点主要在于关注中小投资者利益及上市公司整体利益是否得到必要保护。

五、了解并购重组监管部门关注重点

监管部门主要关注上市公司的资产是否被高估，或是上市公司的资产是否被低估。对于交易价格以法定评估报告为依据的交易项目，监管会重点关注特别事项说明部分。

六、了解资产定价审核过程

评估报告与盈利预测报告、公司管理层讨论与分析之间是否存在重大矛盾，例如对未来销售单价、销售数量、费用种类、费用金额等的测算是否存在重大差异以及评估基准日的选择是否合理，基准日后至审核期间是否发生了重大变化导致评估结果与资产当前公允价值已存在重大偏差，在此情况下，评估机构是否已视情况重新出具评估报告也是审核的重点。

同时，标的资产在拟注入上市公司之前三年内是否进行过评估，两次评估值之间是否存在较大的差异，如存在，是否已详细说明评估差异的合理性关联交易问题。

七、关注涉及股权变动及关联关系方面

此外，牵涉到股权转让和权益变动时，比如，标的公司在重组前增减资或发生股权转让的，是否详细说明历次增减资及股权转让的原因和必要性，增减资或转让股权的作价依据及其合理性，每次增减资或转让涉及的价款来源是否合法、支付是否到位，是否详细披露股权变动相关各方的关联关系。

八、关注中介机构客观独立性方面

证监会也特别关注审计机构与评估机构的独立性。

在上市公司重大资产重组中，公司聘请的对标的资产进行审计的审计机构与对资产进行评估的评估机构是否存在主要股东相同、主要经营管理人员双重任职、受同一实际控制人控制以及是否由同时具备注册会计师及注册资产评估师的人员对同一标的资产既执行审计业务又执行评估业务等情形。

影响审核进程最主要因素是非审核因素，如相关方涉嫌内幕交易或申请人落实反馈意见时间较长。

附录 1

企业会计准则第 20 号——企业合并

财会〔2006〕3 号

第一章　总则

第一条　为了规范企业合并的确认、计量和相关信息的披露，根据《企业会计准则——基本准则》，制定本准则。

第二条　企业合并，是指将两个或者两个以上单独的企业合并形成一个报告主体的交易或事项。企业合并分为同一控制下的企业合并和非同一控制下的企业合并。

第三条　涉及业务的合并比照本准则规定处理。

第四条　本准则不涉及下列企业合并：

（一）两方或者两方以上形成合营企业的企业合并。

（二）仅通过合同而不是所有权份额将两个或者两个以上单独的企业合并形成一个报告主体的企业合并。

第二章　同一控制下的企业合并

第五条　参与合并的企业在合并前后均受同一方或相同的多方最终控制且该控制并非暂时性的，为同一控制下的企业合并。

同一控制下的企业合并，在合并日取得对其他参与合并企业控制权的一方为合并方，参与合并的其他企业为被合并方。合并日，是指合并方实际取得对被合并方控制权的日期。

第六条　合并方在企业合并中取得的资产和负债，应当按照合并日在被合并方的账面价值计量。合并方取得的净资产账面价值与支付的合并对价账面价值（或发行股份面值总额）的差额，应当调整资本公积；资本公积不足冲减的，调整留存收益。

第七条　同一控制下的企业合并中，被合并方采用的会计政策与合并方不一致的，合并方在合并日应当按照本企业会计政策对被合并方的财务报表相关项目进行调整，在此基础上按照本准则规定确认。

第八条　合并方为进行企业合并发生的各项直接相关费用，包括为进行企业合并而支付的审计费用、评估费用、法律服务费用等，应当于发生时计入当期损益。

为企业合并发行的债券或承担其他债务支付的手续费、佣金等，应当计入所发行债券及其他债务的初始计量金额。企业合并中发行权益性证券发生的手续费、佣金等费用，应当抵减权益性证券溢价收入，溢价收入不足冲减的，冲减留存收益。

第九条　企业合并形成母子公司关系的，母公司应当编制合并日的合并资产负债表、合并利润表和合并现金流量表。

合并资产负债表中被合并方的各项资产、负债，应当按其账面价值计量。因被合并方采用的会计政策与合并方不一致，按照本准则规定进行调整的，应当以调整后的账面价值计量。

合并利润表应当包括参与合并各方自合并当期期初至合并日所发生的收入、费用和利润。被合并方在合并前实现的净利润，应当在合并利润表中单列项目反映。

合并现金流量表应当包括参与合并各方自合并当期期初至合并日的现金流量。

编制合并财务报表时，参与合并各方的内部交易等，应当按照《企业会计准则第33号——合并财务报表》处理。

第三章　非同一控制下的企业合并

第十条　参与合并的各方在合并前后不受同一方或相同的多方最终控制的，为非同一控制下的企业合并。

非同一控制下的企业合并，在购买日取得对其他参与合并企业控制权的一方为购买方，参与合并的其他企业为被购买方。购买日，是指购买方实际取得对被购买方控制权的日期。

第十一条　购买方应当区别下列情况确定合并成本：

（一）一次交换交易实现的企业合并，合并成本为购买方在购买日为取得对被购买方的控制权而付出的资产、发生或承担的负债以及发行的权益性证券的公允价值。

（二）通过多次交换交易分步实现的企业合并，合并成本为每一单项交易成本之和。

（三）购买方为进行企业合并发生的各项直接相关费用也应当计入企业合并成本。

（四）在合并合同或协议中对可能影响合并成本的未来事项作出约定的，购买日如果估计未来事项很可能发生并且对合并成本的影响金额能够可靠计量的，购买方应当将其计入合并成本。

第十二条　购买方在购买日对作为企业合并对价付出的资产、发生或承担的负债应当按照公允价值计量，公允价值与其账面价值的差额，计入当期损益。

第十三条　购买方在购买日应当对合并成本进行分配，按照本准则第十四条的规定确认所取得的被购买方各项可辨认资产、负债及或有负债。

（一）购买方对合并成本大于合并中取得的被购买方可辨认净资产公允价值份额的差额，应当确认为商誉。

初始确认后的商誉，应当以其成本扣除累计减值准备后的金额计量。商誉的减值应当按照《企业会计准则第 8 号——资产减值》处理。

（二）购买方对合并成本小于合并中取得的被购买方可辨认净资产公允价值份额的差额，应当按照下列规定处理：

1. 对取得的被购买方各项可辨认资产、负债及或有负债的公允价值以及合并成本的计量进行复核；

2. 经复核后合并成本仍小于合并中取得的被购买方可辨认净资产公允价值份额的，其差额应当计入当期损益。

第十四条　被购买方可辨认净资产公允价值，是指合并中取得的被购买方可辨认资产的公允价值减去负债及或有负债公允价值后的余额。被购买方各项可辨认资产、负债及或有负债，符合下列条件的，应当单独予以确认：

（一）合并中取得的被购买方除无形资产以外的其他各项资产（不仅限于被购买方原已确认的资产），其所带来的经济利益很可能流入企业且公允价值能够可靠地计量的，应当单独予以确认并按照公允价值计量。

合并中取得的无形资产，其公允价值能够可靠地计量的，应当单独确认为无形资产并按照公允价值计量。

（二）合并中取得的被购买方除或有负债以外的其他各项负债，履行有关的义务很可能导致经济利益流出企业且公允价值能够可靠地计量的，应当单独予以确认并按照公允价值计量。

（三）合并中取得的被购买方或有负债，其公允价值能够可靠地计量的，应当单独确认为负债并按照公允价值计量。或有负债在初始确认后，应当按照下列两者孰高进行后续计量：

1. 按照《企业会计准则第13号——或有事项》应予确认的金额；

2. 初始确认金额减去按照《企业会计准则第14号——收入》的原则确认的累计摊销额后的余额。

第十五条　企业合并形成母子公司关系的，母公司应当设置备查簿，记录企业合并中取得的子公司各项可辨认资产、负债及或有负债等在购买日的公允价值。编制合并财务报表时，应当以购买日确定的各项可辨认资产、负债及或有负债的公允价值为基础对子公司的财务报表进行调整。

第十六条　企业合并发生当期的期末，因合并中取得的各项可辨认资产、负债及或有负债的公允价值或企业合并成本只能暂时确定的，购买方应当以所确定的暂时价值为基础对企业合并进行确认和计量。

购买日后12个月内对确认的暂时价值进行调整的，视为在购买日确认和计量。

第十七条　企业合并形成母子公司关系的，母公司应当编制购买日的合并资产负债表，因企业合并取得的被购买方各项可辨认资产、负债及或有负债应当以公允价值列示。母公司的合并成本与取得的子公司可辨认净资产公允价值份额的差额，以按照本准则规定处理的结果列示。

第四章　披露

第十八条　企业合并发生当期的期末，合并方应当在附注中披露与同一控制下企业合并有关的下列信息：

（一）参与合并企业的基本情况。

（二）属于同一控制下企业合并的判断依据。

（三）合并日的确定依据。

（四）以支付现金、转让非现金资产以及承担债务作为合并对价的，所支付对价在合并日的账面价值；以发行权益性证券作为合并对价的，合并中发行权益性证券的数量及定价原则，以及参与合并各方交换有表决权股份的比例。

（五）被合并方的资产、负债在上一会计期间资产负债表日及合并日的账面价值；被合并方自合并当期期初至合并日的收入、净利润、现金流量等情况。

（六）合并合同或协议约定将承担被合并方或有负债的情况。

（七）被合并方采用的会计政策与合并方不一致所作调整情况的说明。

（八）合并后已处置或准备处置被合并方资产、负债的账面价值、处置价格等。

第十九条　企业合并发生当期的期末，购买方应当在附注中披露与非同一控制下企业合并有关的下列信息：

（一）参与合并企业的基本情况。

（二）购买日的确定依据。

（三）合并成本的构成及其账面价值、公允价值及公允价值的确定方法。

（四）被购买方各项可辨认资产、负债在上一会计期间资产负债表日及购买日的账面价值和公允价值。

（五）合并合同或协议约定将承担被购买方或有负债的情况。

（六）被购买方自购买日起至报告期期末的收入、净利润和现金流量等情况。

（七）商誉的金额及其确定方法。

（八）因合并成本小于合并中取得的被购买方可辨认净资产公允价值的份额计入当期损益的金额。

（九）合并后已处置或准备处置被购买方资产、负债的账面价值、处置价格等。

附录 2

并购重组常用企业所得税法规

1.《中华人民共和国企业所得税法（中华人民共和国主席令第六十三号）》

2.《中华人民共和国企业所得税法实施条例（中华人民共和国国务院令第 512 号）》

3.《关于企业重组业务企业所得税处理若干问题的通知（财税〔2009〕59 号）》

4.《关于发布〈企业重组业务企业所得税管理办法〉的公告（国家税务总局公告 2010 年第 4 号）》

5.《国务院关于进一步优化企业兼并重组市场环境的意见（国发〔2014〕14 号）》

6.《关于促进企业重组有关企业所得税处理问题的通知（财税〔2014〕109 号）》

7.《关于非货币性资产投资企业所得税政策问题的通知（财税〔2014〕116 号）》

8.《国家税务总局关于资产（股权）划转企业所得税征管问题的公告（国家税务总局公告 2015 年第 40 号）》

9.《国家税务总局关于企业重组业务企业所得税征收管理若干问题的公告（国家税务总局公告 2015 年第 48 号）》

10.《国家税务总局关于企业所得税有关问题的公告（国家税务总局公告 2016 年第 80 号）》

附录3

北京注册会计师协会专业技术委员会专家提示〔2020〕第11号

——上市公司重组需关注事项

一、上市公司重组形式及法律依据

（一）重组形式

目前，我国上市公司重组常见形式，按照交易目的可以归纳为借壳上市、集团整体上市和产业并购三类；按照交易模式分类，可以分为现金收购、重大资产出售、重大资产置换、发行股份购买资产，或者是以上某两种或几种方式的结合。

（二）法律依据

目前，对于上市公司重组具有指导性的文件涉及法律、行政法规、部门规章、规范性文件、监管问答及沪深交易所、全国中小企业股份转让系统（以下简称“股转系统”）自律性规则等。法律主要包括：《公司法》《证券法》《企业破产法》《反垄断法》等；相关的行政法规包括：《上市公司监督管理条例》等；部门规章包括：《上市公司收购管理办法》《上市公司重大资产重组管理办法》等；相关的自律规则包括交易所、股转系统业务规则等。其中的《上市公司重大资产重组管理办法》（2020年3月20日修订），对上市公司重组的相关原则、标准、程序及法律责任等进行了明确规定。

二、上市公司重组需关注的财务事项

注册会计师一般会参与到上市公司重组整个过程，对于与财务相关的事项需关注以下方面：

（一）资产的权属、质量及相关债权债务关系

对目标企业重组资产权属的判断，将对重组的会计处理及重组后的财务报表产生重要影响。需充分考虑以下问题：

1. 标的资产是否已取得相应权证，如土地、房产、商标、专利、采矿权等；标的资产权属是否存在纠纷或限制，如抵押、质押等；标的资产的完整性情况是否充分披露等。

2. 尚未取得相应权证资产的详细信息是否补充披露。如不能按期或按原办理计划办妥权证的情况，上市公司及目标企业是否明确相关的解决方式以及责任分摊等问题。

3. 标的资产存在权利瑕疵的期间内，对其所有权、使用权及管理等问题是否有明确规定。

4. 若标的资产被抵押、质押或担保的，且对应债务金额相对于目标企业资产金额较为重大的，是否已充分说明相关债务人的偿债能力，证明其具有较强的偿债能力和良好的债务履行记录，不会因为抵押、质押或担保事项导致上市公司重组后的资产存在重大不确定性。

5. 上市公司拟重组的资产涉及完整经营实体的，需关注相关资产是否将整体注入（或置出）上市公司。

6. 除实物资产外，对于生产经营所需的商标权、专利权、非专利技术、特许经营权等无形资产，上市公司是否详细披露权属变动的具体安排和风险，如未包括，是否需要向关联方或第三方支付（或收取）资产使用费，具体包括支付金额和支付方式等。关注该类资产的协议，判断该类使用他人的资产的存在及未来剩余使用期限对上市公司持续经营的影响。

7. 对目标企业的债权债务需关注：当上市公司重组的资产为股权时，是否存在目标企业持有的银行借款合同条款约定重大股权变动需要取得银行同意；当上市公司重组资产为经营性资产时，债权转移是否需要通知债务人，债务转移是否需要取得债权人同意等；债项是否存在大额到期未偿还情形，是否可能导致上市公司面临财务风险及违约责任等。

对于前述资产存在权利限制或瑕疵的情况，注册会计师需与独立财务顾问、重组评估师、律师等各方沟通专业意见，判断其对财务报表和会计处理的影响，是否需要补充披露等。此外，除上述资产的权属问题，注册会计师需关注标的资产其他质量问题，如巨额应收或预付款项是否存在关

联方占用情形；标的资产是否合理计提资产折旧或摊销、资产是否存在减值迹象，资产减值准备是否充分计提，如存在是否需要对标的资产历史经营业绩和进一步重组进行调整，并考虑该类事项是否已经得到解决并作充分的披露。

（二）盈利预测的合理性及持续盈利能力

上市公司重组的目的很大程度上是提升上市公司的收益能力和公司价值，如果并购进来的为非优质资产，持续盈利能力不佳，既不利于进一步提升上市公司的价值，也会损害到广大中小股东的利益。上市公司重组时，可能需要对目标企业进行盈利预测。盈利预测不仅直接影响评估结果和对价，还影响重组后的会计处理和披露，注册会计师需要关注目标公司盈利预测的合理性以及重组后上市公司及目标企业的持续盈利能力。

1. 盈利预测报告是否合理

注册会计师需要与目标企业和进行盈利预测的其他中介机构（以下简称“盈利预测机构”）进行充分沟通，询问并获取如下有关盈利预测报告的信息或证据，包括但不限于：盈利预测假设前提的合理性；预测利润中非经常性损益的比例；对未来期间收入、成本、费用的预测方法是否恰当、预测数据是否有据合理，所采用的会计政策、会计估计与历史数据是否一致；盈利预测报告中未来年度的预测数据与历史经营记录相比是否存在较大差异，如有差异相关解释是否充分、合理。盈利预测报告中未来年度的预测数据与行业水平（包括增长率和毛利率）相比是否恰当，如存在较大差异，理由是否充分合理。

在盈利预测时，还需要考虑做为预测基础所依据历史财务数据的可靠性，包括但不限于：预测使用的历史年度财务报告及财务报表数据是否经会计师事务所审计，审计意见是否为无保留意见；对于未经会计师事务所审计的财务报表或非无保留意见的审计报告，注册会计师需与目标企业和进行盈利预测的机构进行充分沟通，包括但不限于依据的财务报表的可靠性，判断其是否可以依赖，是否可以作为盈利预测的基础数据，以及对盈利预测准确性和合理性的影响等。

2. 持续盈利能力

注册会计师在核查目标企业的持续盈利能力时，需与编制盈利预测的机构及上市公司管理层进行充分沟通，包括但不限于：目标企业所处行业情况及未来市场发展空间、目标企业的盈利能力、目标企业是否存在单一客户或供应商、客户及供应商的分散度和依赖度等。必要时，需与上市公司管理层沟通是否需要补充额外的程序，包括但不限于是否需要对目标企业实施履行一定的财务核查程序，包括目标企业是否存在控股股东的资金占用或者控股股东的资金支持、是否存在重大资金风险、是否存在重大关联交易及其关联交易的真实性和可靠性、是否存在重大舞弊风险以及目标企业的内部控制是否健全完善等。

（三）同业竞争及解决

对于重组双方存在同业竞争情形的，注册会计师需关注以下方面：

1. 重组的相关各方是否就解决已存在的同业竞争及避免潜在同业竞争问题作出明确的承诺和安排。

2. 是否及时充分地披露了解决同业竞争的具体措施、时限、进度与处理计划。

3. 解决同业竞争的时间进度安排是否妥当、采取特定措施的理由是否充分，具体措施是否明确且具有可操作性。

4. 相关各方为消除已存在的或潜在的同业竞争而采取的措施是否切实可行。

5. 是否已详细披露重组交易的双方，以及双方的实际控制人及其子公司或重大关联方，历史期间相关方的交易金额和关联关系的变动；是否已结合上述企业的财务报表、经营业务等相关数据，详细披露其与上市公司的关系，就是否存在现实或潜在的同业竞争进行说明和判断等，并关注对财务报告及持续经营问题的考虑与披露。

（四）关联交易

注册会计师需对上市公司重组的双方或多方是否属于关联方进行判断，如为关联方，应对交易进行充分的披露，对于关联交易的充足披露需关注以下方面：

1. 上市公司是否充分披露关联交易的相关信息，包括但不限于：关联交易的定价依据及定价公允性，如是否与市场交易价格或独立第三方价格存在重大偏差，存在较大偏差的理由是否充分，是否存在导致单方获利性交易或者显失公允的情形。

2. 对于交易对方或其实际控制人与目标企业之间存在特定债权债务关

系的，结合关联方款项余额占比及其未来回款计划等分析，关注是否可能出现重组完成后上市公司违规对外担保、资金关联方被违规占用等问题，以及该等问题能否在最终重组方案实施前彻底规范并解决，同时关注该等问题是否已充分披露。

3. 关联方之间的重组是否增加上市公司的风险，如财务风险、资金风险或经营风险等。对于重组导致的不可避免的持续关联交易，重点关注交易定价的公允性；在此基础上，对持续关联交易进行合理预测并披露，未来每年如何采取恰当措施监控并披露持续的关联交易，是否损害上市公司独立经营或少数股东的利益等。

（五）构成控制权变化重组的关注

上市公司重组涉及控制权变化时，注册会计师需关注管理层对交易是否构成业务以及控制权的判断，非同一控制下企业合并成本的确定以及合并取得资产的后续计量及收购价格分摊。构成业务要关注资产的组合是否具有投入、加工处理和产出的能力，能够独立计算其成本和费用，而控制权的判断相对较复杂，注册会计师应关注以下方面：

1. 是否符合证监会《上市公司收购管理办法》的相关规定。

2. 是否实现上市公司对被投资方的权力，能够通过参与被投资方的相关活动而享有可变回报，并且有能力运用对被投资方的权力影响其回报金额等。

3. 根据具体情况分析和判断被投资方的相关活动，通常包括商品或劳务的销售和购买、金融资产的管理、资产的购买和处置、研究与开发活动以及融资活动等。

4. 对事实控制认定及特殊控制权归属认定事项的真实性、证据充分性、依据合理性等，注册会计师应当重点关注、审慎判断并妥善处理。

此外，注册会计师还应关注非同一控制下企业合并成本的确定，以及合并取得资产的后续计量及收购价格分摊等。企业合并成本包括购买方为进行企业合并支付的现金或非现金资产、发行或承担的债务、发行的权益性证券等在购买日的公允价值，对此需要关注的重点包括构成或有对价的处理［参见后述（六）交易价格的公允性及或有对价］。收购价格分摊，是指将并购中发生的对价分摊到被并购企业的资产（有形及无形资产）及或有债务中的过程。收购方在收购日应当对收购价格进行分摊，确认所取得的被收购方各项可辨认资产、负债及或有负债。收购价格大于合并中取得的被收购方可辨认净资产公允价值份额的差额，应当确认为商誉。收购价格分摊要关注分摊方法的合理性，比如针对不同资产类型的多期超额收益法、节省法、重置成本法的选择，同时考虑评估参数选取的合理性等。

（六）交易价格的公允性及或有对价

交易的对价包括公允对价，以及重组协议中所约定的或有对价。影响对价是否公允的因素主要包括：企业价值评估方法的选择、评估报告是否恰当可靠，评估机构的选择，以及其他特别资产评估的考虑（参见后述“四、上市公司重组需关注评估事项”）。

或有对价的约定在重组协议中很常见，一般指重组各方根据未来一项或者多项或有事项的发生，支付额外现金或者其他资产等方式追加合并对价，或者要求返还之前已经支付的对价。注册会计师需关注重组协议中关于或有对价的相关条款，考虑其合同实质，以此做出审慎的判断。对于企业在非同一控制下企业合并中确认的或有对价构成金融资产的，该金融资产分类为以公允价值计量且其变动计入当期损益的金融资产，不得指定以公允价值计量且其变动计入其他综合收益的金融资产。此外，还要考虑或有对价是否构成对被收购方管理层的股份支付。

购买日后12个月以内出现对购买日已经存在情况需要调整或有对价的，应当确认并计入合并商誉的金额进行调整。后续计量中，不仅要考虑当期目标公司实际利润和承诺利润的差异，还需要充分考虑支付方的信用风险及偿付能力，其他方连带担保责任，货币时间价值，支付或返还股份的公允价值以及剩余有业绩承诺期利润的风险等因素。

（七）信息披露事项

注册会计师应关注上市公司重组的业绩承诺方案是否存在或构成舞弊动机和压力的风险因素，关注管理层在会计估计等风险领域是否存在偏差或通过非合规操作影响财务报表公允性的问题。

注册会计师需核查上市公司重组的相关披露是否满足监管机构、投资人及其他利益关系方的要求，如一些基本条款，包括但不限于购买资产交易价格及定价依据、支付方式、发行股份数量及定价、发行股份锁定期、期间损益归属、滚存未分配利润的安排、业绩补偿条款（以及业绩激励）等。同时，对一些特定事项，如对于形成商誉时的并购重组相关方有业绩承诺的，应当充分披露业绩承诺的完成情况及其对商誉减值测试的影响。后续至少每年末要对商誉进行减值测试，积极关注商誉所在资产组合的宏观环境、行业环境、实际经营状况以及未来经营规划等因素，合理判断商誉是否存在减值迹象等。

（八）其他需关注事项

除上述内容外，注册会计师还需要关注的财务报表的其他事项：

目标企业是否存在内部控制缺陷，如会计基础薄弱、大股东或管理层操纵盈余、未及时进行审计调整导致的重大会计核算疏漏、滥用会计政策或者会计估计以及恶意隐瞒或舞弊行为等。

营业税金及所得税项目是否与收入或利润配比；标的资产最近两年净利润是否主要依赖非经常性损益的贡献；如存在非经常性损益的，是否对扣除非经常性损益后净利润的持续性作出说明、该非经常性损益项目是否具备持续性和可实现性；标的资产最近两年的毛利率与同行业相比是否存在较大差异，如存在较大差异，是否作出合理解释；标的资产的主营业务是否严重依赖于重组方或其他关联方；主营业务严重依赖于关联方的，是否对该业务价格的合理性作出充分说明等。

资产负债表与利润表相关项目及现金流量表之间的钩稽关系是否合理；标的资产涉及的产品交易是否存在公开市场且能够实现正常销售；标的资产涉及的产品或业务是否受到合同、协议或相关安排约束，如特许经营权、特种行业经营许可等，是否具有影响正常交易的不确定性因素；会计政策是否与上市公司采用的会计政策一致；标的资产是否存在重组前调整会计政策、变更会计估计或者更正前期差错情形等。

三、上市公司重组需关注税务事项

对于上市公司重组相关的税务处理，注册会计师需关注以下重组相关事项：

（一）业务重组

重组业务是一项非常复杂的系统工程，需要综合考虑协调适用企业所得税特殊性税务处理、增值税资产重组以及土地增值税、契税和印花税的改制重组等相关优惠政策。

以企业所得税为例，在一般税务处理中，需以公允价值为基础计算重组所得缴纳所得税。企业需留存公允价值确认的依据（如评估报告）等相关资料，以备税务机关检查。一般情况，企业公允价值显著高于投资成本，重组过程可能面临较高税负。因此，对于特殊性税务处理是企业关注的重点。适用特殊性税务处理需同时满足 12 个月和规定比例的限制，即企业重组后的连续 12 个月内不改变重组资产原来的实质性经营活动；取得股权支付的原主要股东，在重组后连续 12 个月内不得转让所取得的股权（以下简称“静默期”）；重组交易对价中涉及股权支付金额比例不低于 85%；被收购、合并或分立部分的资产或股权比例不低于 50%。实操中，重组过程涉及跨境交易能否满足特殊税务处理的不确定性，适用特殊税务处理要求的 12 个月静默期对上市进程的影响，如涉及资产和负债同时交易的情形 50%、85% 的比例如何计算，以及重组发生前后连续 12 个月内分步对其资产、股权进行交易，能否运用实质重于形式原则将交易作为一项企业重组对待，均是需要谨慎判断和处理的问题。

此外，实操中，个别自然人股东为达到逃避缴纳税款的目的，往往低价或平价转让股权。如属于转让收入明显偏低且无正当理由的，存在被税务机关调整转让价格或核定股权转让收入的风险。

（二）搭建与拆除红筹架构

以往，许多国内企业通过对资金规模等的综合考虑，选择境外上市。为在境外上市，境内企业通常采用原股东在境外搭建红筹架构再收购或协议控制境内运营主体的方式进行架构外翻。近年来，随着境内资本市场改革加速，制度不断完善，规则更加包容，又吸引了大量原本选择境外上市的企业回归境内资本市场。红筹架构的搭建拆除过程以及历史上其他重组的具体情况，重组时相关主体境内外税务合规情况，已成为目前监管机构在审核中关注的重点。

实操中，由于协议控制架构在境内缺乏法律和税务的相关规定，要重点关注分红或退出的税务处理存在的一定不确定性。境外上市企业重组回归国内资本市场，在拆除红筹架构时，应当重点关注的税务问题主要包括股东取得上市主体股权时的价格、税负和税基、境内外业务重组、股东回购的税务成本和风险等。

一般情况下，相关股权转让的对价应当按公允价值确定，税务机关在评估对价是否公允时参考的依据一般有净资产、实收资本、股权评估价值和资本市场估值等。在拆红筹过程中，如发生老股东退出、新股东加入等股权交易，相关价格也会影响对该次交易定价的认定。因此，企业需根据其自身经营及财务情况确定转让价，从商业角度考虑相关交易顺序时兼顾税务逻辑，并提前与主管税务机关沟通公允价值的判定依据和可行性。在拆除红筹架构时，需要考虑国家税务总局公告 2015 年第 7 号下间接转让的税务处理，在国内履行申报义务。在拆红筹将境外股权激励重组落回国内过程中，可能会发生股权回购的情形，还需关注员工在此环节的个人所得税纳税义务。

（三）对赌协议

对赌协议是指投资方与融资方在达成股权性融资协议时，为解决交易双方对目标公司未来发展的不确定性、信息不对称以及代理成本而设计的包含了股权回购、现金补偿等对未来目标公司的估值进行调整的协议。现行税收法规针对对赌协议尚未有明确规定。若发生股权回购的情形，回购交易很有可能被认定为一次新的股权转让交易，而非前次交易的抵销。若支付的利润补偿为现金，此部分现金补偿是属于对原交易价格的调整可申请退税，还是属于一笔支出可以在税前扣除暂无明确的规定。发行人如存在对赌协议安排，需就其纳税处理包括交易性质是否涉税、不同税种下的计税价格及成本确认、缴税时点等，进行具体分析并与主管税务机关进行沟通，以避免因税务处理的不确定性而导致交易及经营风险。

（四）股权激励

常用的股权激励工具分为权益类和现金类工具。常见的权益类工具包括股票期权、限制性股票或股权、员工购股计划、股票或股权的赠予；常见的现金类工具包括股票或股权增值权、虚拟股票或股权以及递延薪酬计划。

从个人所得税角度，对于个人取得非上市公司的股票期权、股权期权、限制性股票和股权奖励，对符合条件的实行递延纳税政策；对于上市公司授予个人的股票期权、限制性股票和股权奖励，个人可自股票期权行权、限制性股票解禁或取得股权奖励之日起，在不超过 12 个月的期限内缴纳个人所得税。实操中适用递延纳税政策时，税务机关可能强调激励对象应直接持有发行人股权/股票，与目前常见的通过合伙企业实行股权激励计划模式存在一定的个人所得税税负差异。

从企业所得税角度，境内公司实施股权激励在合法履行个人所得税扣缴义务后，存在企业所得税扣除的可行性。然而，对于以保留海外架构重组回归境内 A 股的情形，由于目前各地对以境外主体为标的实施股权激励的企业所得税处理存在差异，需就个案进行分析确认。

此外，对于以上市主体股票向集团内关联公司员工发放股权激励，确定税务处理方法时应考虑：按照股份支付准则进行会计处理，在等待期内在会计上确认费用；激励对象实际行权产生的费用由其任职公司实际负担；在行权或解禁时，及时为激励对象按“工资、薪金所得”扣缴个人所得税。

四、上市公司重组需关注评估事项

不论以何种方式实现上市公司资产重组，当涉及股权变更时，都需要经过相关监管机构的审核及批复，涉及国有股权的还需经过国有资产监督管理监管部门或财政部门的批准。而重组过程中涉及的交易定价不仅是重组中影响当事人利益分配的核心要素，更是监管机构关注的重点。因此，注册会计师需关注以下方面：

（一）评估方法选择的理由或依据是否合理

近期上市公司重大资产重组实例显示，常见的评估方法组合为收益法和资产基础法组合以及收益法和市场法组合。当评估方法组合包含收益法时，通常会采取收益法的评估结果作为最终评估结论。但在实际中需根据评估标的的自身状况，例如企业是否具备持续经营能力、历史期间是否有稳定的收益、未来的收益是否可合理预测、可获取的评估资料是否充分等，分析拟采用评估方法的适用性，并关注是否在评估报告中予以详细的披露。如遇到评估标的历史期间持续亏损（持续经营假设存在不确定性）或无法获取评估标的的未来财务预测信息等情况时，需谨慎考虑收益法的适用性，并关注是否在报告中披露收益法不适用的考虑因素。

在对同一评估标的采用不同评估方法进行评估时，需关注是否对不同评估方法得到的评估结论进行充分分析，特别是不同方法得出的结论存在较大差异时，需着重分析差异产生的原因并根据相关差异对不同评估方法得出的结论进行复核，必要的时候应调整相关评估结果。例如，当收益法得出的评估结论大于资产基础法得出的评估结论时，应分析是否在采用资产基础法进行评估时，未考虑可能存在的账外无形资产；反之，则说明资产基础法中的相关资产价值可能未充分考虑经济性贬值等情况。最后还需关注评估结论是否充分披露其评估结论的确定依据。例如在采用收益法和资产基础法的评估组合时，若最终选取资产基础法的结论作为其最终评估结论，此时，需关注报告中是否有针对性地说明未采用收益法结论的原因。

（二）需结合评估标的情况合理关注评估相关参数

1. 收益法

加强财务盈利预测合理性的分析。近年上市公司重大资产重组案例显示，证监会在对“有条件通过”的案例进行意见回复时，主要关注评估标的未来盈利预测的合理性及预期业绩的可实现性。在获取评估标的管理层提供的盈利预测后，需充分结合以下因素对其进行分析和判断：

（1）历史经营状况。当评估标的管理层提供的盈利预测与其历史期间的收入、毛利率、营运资金等存在较大差异时，应对相关差异进行合理分析，并通过分析其业务模式及收入增长的主要驱动因素判断其变化的可能性以及增长的可持续性；

（2）政策要求及行业生命周期。可结合行业政策、竞争对手分析、企业核心竞争力、集团产业布局、行业生命周期、上下游供求关系、行业整体毛利率及息税前利润率指标等方面论证其盈利预测的合理性；

（3）业务数据与财务数据的一致性。需关注盈利预测中的财务数据与业务逻辑是否吻合。例如财务预测中的销量数据应匹配评估标的的设计产能利用情况，优惠所得税率的采用应符合评估标的享用的税收优惠情况，并分析评估标的可持续享有相关优惠的可能性等；

（4）其他因素。在上市公司并购重组相关业务中，还需关注借款在预测期间是否存续以及筹资成本对评估标的净利润是否产生影响。当评估标的存在业绩承诺或业绩奖励时，需关注业绩承诺的可实现性并在相应的评估参数（如折现率）中反映其影响。特别是今年以来，企业的经营业绩普遍受到新冠疫情的影响而产生较大波动，应关注评估标的受疫情影响的具体情况，谨慎分析并充分披露。

折现率的选用需与财务盈利预测的情况相匹配。折现率中的相关参数在选用时，应充分披露其选择方式及逻辑，并确保相关参数与评估标的财务盈利预测相匹配。例如无风险利率在选择时，应与评估标的的收益期间保持一致；确定可比公司时，应充分考虑业务结构、经营模式、企业规模、杠杆结构等因素；名义折现率应对应名义现金流，若财务预测现金流为不含通货膨胀的实际现金流匹配名义折现率，则可能造成价值的低估。

关注其他评估参数的选取是否按照评估标的自身状况合理确定。预测期间的确定应结合评估标的自身经营特点、业务开展阶段以及产业生命周期等共同分析判断，并选择与评估标的自身状况相吻合的合理预测期间。应结合评估标的自身情况，在得到的企业价值基础上，充分考虑并披露非经营性资产（负债）、溢余资产（或负债）的确定原则以及对财务报表的调整内容。明确可能存在的缺乏流动性折扣及控制权溢价等股权价值的影响，并充分披露。

2. 市场法

应用市场法时，需关注可比公司或可比交易案例与评估标的的可比性。对于可比交易案例的交易背景应充分了解并排除特殊交易条件的影响。同时应注意所选取的价值比率应符合评估标的自身状况及行业特点，并确保数据口径的一致性。另外，应充分考虑评估标的与可比公司或可比案例之间在流动性及控制权等方面存在的差异，并针对该差异做出相应的调整。

3. 资产基础法

在使用资产基础法进行评估时，需关注评估标的的经营模式及风险等因素，充分识别并分析评估标的资产负债表中的表内表外资产、负债。特别需要注意上市公司并购重组中目标企业由于未决诉讼事项、未足额缴税、拖欠社保公积金或未足额缴纳土地出让金等可能产生的或有负债，此时，需与委托方聘请的其他中介团队进行充分沟通。

附录4

企业重组税收策划业务指引

——税务师行业涉税专业服务规范（试行）

第一章　总则

第一条　为了规范税务师事务所及其具有资质的涉税服务人员（以下简称“涉税服务人员”）提供企业重组税收策划业务执业行为，提高执业质量、防范执业风险，依据《涉税专业服务监管办法（试行）》（国家税务总局公告2017年第13号）和中国注册税务师协会《税务师行业涉税专业服务基本指引》《税收策划业务指引（试行）》，制定本指引。

第二条　税务师事务所及其涉税服务人员承办企业重组税收策划业务适用本指引。

第三条　实施企业重组税收策划业务中，税务师事务所及其涉税服务人员除应当遵循合法合理、客观独立、审慎胜任、诚实信用等基本原则外，还应根据业务性质坚持以下原则：

（一）特定目标原则

税务师事务所及其涉税服务人员承办企业重组税收策划业务，应以与委托人约定的委托目标为核心开展服务。

（二）合理商业目的原则

税务师事务所及其涉税服务人员承办企业重组税收策划业务，应基于委托人的合理商业目的，服务过程和服务成果不得单纯以减少、免除或者推迟缴纳税款为主要目的，也不得向委托人建议只在形式符合税法规定，但与其经济实质不符的方式获取税收利益。

（三）诚信及保密原则

税务师事务所及涉税服务人员承办企业重组税收策划业务时，应当按照业务委托协议内容完整、真实地提供服务，并根据保密协议或业务委托协议中的保密条款内容为委托方提供的各项信息采取保密措施。

第四条　税务师事务所及其涉税服务人员提供企业重组税收策划服务，应当按照《国家税务总局关于采集涉税专业服务基本信息和业务信息有关事项的公告》（国家税务总局公告2017年第49号）、《关于进一步完善涉税专业服务监管制度有关事项的公告》（国家税务总局公告2019年第43号）要求，向税务机关报送《涉税专业服务机构（人员）基本信息采集表》和其他相关信息。

第五条　税务师事务所及其涉税服务人员提供企业重组税收策划服务，实行信任保护原则。存在以下情形之一的，税务师事务所及其涉税服务人员有权终止业务：

（一）委托人违反法律、法规及相关规定的；

（二）委托人提供不真实、不完整资料信息的；

（三）委托人要求违反本指引第三条的；

（四）其他因委托人原因限制业务实施的情形。

如已完成部分约定业务，应当按照协议约定收取费用，并就已完成事项进行免责性声明，由委托人承担相应责任，税务师事务所及其涉税服务人员不承担该部分责任。

第六条　税务师事务所及其涉税服务人员提供企业重组税收策划服务，应当遵循《税务师行业职业道德指引（试行）》的有关规定。

第七条　税务师事务所及其涉税服务人员应当遵循《税务师行业涉税专业服务程序指引（试行）》相关的规定，在接受企业重组税收策划业务委托前，项目负责人应当对委托人的情况进行了解和评估，充分评估委托人及其项目风险。重大项目应由税务师事务所主要业务负责人对项目负责人的评估情况进行评价和决策。

第八条　为确保企业重组税收策划业务顺利实施及业务质量，项目负责人应当根据项目的复杂程度、风险状况和时间要求等情况，遵循《税务师行业涉税专业服务程序指引（试行）》相关规定在实施企业重组税收策划业务前，编制企业重组税收策划总体业务计划和具体业务计划。

业务计划应确定工作目标、工作方案、时间安排、业务范围、人员分工、沟通协调、执行程序等事项。

第九条　税务师事务所及其涉税服务人员提供企业重组税收策划服务，应当按照《税务师行业质量控制指引（试行）》、《税务师行业涉税专业服务程序指引（试行）》和《税收策划业务指引（试行）》执行业务承接、业务委派、业务计划、数据信息收集、分析适用法律法规、分析参考案例、设计策划方案、方案数据测算、对比分析、业务记录及业务成果等一般流程。

根据承接业务的简易程度，可以选择仅执行部分程序，但需保证已执行程序足以支撑方案制定以及结论。

第二章　业务定义与目标

第十条　本指引所称企业重组税收策划业务，是税务师事务所依法接受委托，依据国家税收法律法规和政策及其他相关法律、法规规定，为委托人重组事项进行税收规划和安排，以达到管理税收成本，控制纳税风险，提高经营效益为目标的涉税服务业务。

第十一条　根据《财政部 国家税务总局关于企业重组业务企业所得税处理若干问题的通知》（财税〔2009〕59 号）及其他相关税收法律法规，重组方式具体分为企业法律形式改变、债务重组、资产收购、股权收购、企业合并、企业分立、资产（股权）划转以及非货币性资产投资等方式。

实务中注意区分企业重组方式的概念在不同政策环境下的内涵和外延，以便正确使用相应的法律法规。

企业重组税收策划应根据企业特定需求目标，选择有利于达成委托事项结果的方式。

第十二条　项目负责人在执行重组税收策划业务时，应充分关注本指引关于重组方式分类与实际业务涉及的其他文件中关于重组方式的协调与统一。两者存在差异的，应区分为形式性差异或是实质性差异处理，并做如下处理：

（一）对于形式性差异，项目负责人应关注两者关于重组概念描述及重组交易分类等文本描述差异，通过梳理技术性或语言性差异影响，合理分析以适用本指引；

（二）对于实质性差异，项目负责人应关注两者对于重组规则要素、具体交易内容、重组目的等实质性差异，通过比较交易内容和对价支付方式等差异，分析适用重组规则，统一协调妥善处理以适用本指引。项目负责人在业务承接与实施时应充分考虑分属不同领域法律法规政策中重组形式和内容上的差异和风险。

第十三条　企业重组税收策划具体涉及税种包括企业所得税、个人所得税、增值税、土地增值税、契税、印花税及税金及附加等。具体策划涉及的税种应根据委托需求目标确定。

第三章　业务实施

第一节　数据与信息收集

第十四条　在进行数据与信息收集前，项目负责人应当考虑行业情况、业务模式、政策法规等因素，制定收集范围、收集口径及文档格式，要求委托人提供所需的相关资料。项目负责人书面列示资料清单，并告知委托人进行事前准备。

第十五条　数据与信息包括但不限于委托人企业组织构架、财务数据、纳税申报资料、内部管理信息和税法遵从度意愿等。对于资产收购、股权收购以及企业合并等涉及其他股权企业的，收集范围包括标的股权企业的数据与信息。

第十六条　开展企业重组税收策划业务时，可以通过资料采集、问卷调查与现场访谈等方式，收集与重组税收策划项目相关的数据与信息。

第十七条　以资料收集方式向企业开展的数据与信息收集，需涵盖重组策划涉及的各纳税主体企业资料，重点关注与本次交易直接相关的相关数据与信息收集，具体包括但不限于以下内容：

（一）营业执照、章程、企业组织构架等资料；

（二）各年度审计报告、企业所得税年度纳税审核报告、委托方执行的财务会计制度、各年财务账册明细以及与重组相关的评估报告；

（三）业务涵盖的税收种类及税率等基本税收政策；

（四）纳税申报表资料，包括增值税申报表、企业所得税申报表以及其他各类税务申报表等资料；

（五）享受税收优惠、财政补贴等财政、税务、审计等相关部门的执法文书；

（六）被税务机关等处罚的决定书等；

（七）涉及重组相关的主管部门批准文件、政府产业引导文件或指引等资料；

（八）涉及重组的企业股东会、董事会决议文件等资料；

（九）涉及重组相关业务合同、文件等资料；

（十）涉及重组的各项资产负债账面价值以及计税基础，包括应收款项、固定资产、生物资产、无形资产、长期待摊费用、投资资产以及存货等；

（十一）其他能确定各纳税主体企业税收状况的资料。

第十八条　以问卷调查与现场访谈方式向企业开展的数据与信息收集包括但不限于以下内容：

（一）委托重组交易事项具体目标、背景及服务需求；

（二）与重组交易事项直接相关的经营战略、发展规划、企业经营等资料；

（三）与重组交易事项相关的业务形态、模式及流程等资料；

（四）委托人及管理层对税收政策法规执行与遵从度，是否存在滥用税收政策规避纳税义务问题；

（五）其他与重组事项相关的信息。

第十九条　对资产收购、股权收购以及企业合并等涉及并入目标公司履行数据与信息收集时，除上述资料外，还需收集包括但不限于以下内容：

（一）目标公司经营过程中对税务政策法规遵从情况，是否存在逃税、欠税、漏税、少缴税款及其他潜在税收风险的情况；

（二）目标公司所执行适用的相关纳税政策及税收优惠是否得到了有关税务机关的认可，是否具有合法性、稳定性；

（三）目标公司设立是否具有合理商业目的，根据其存续时间、经营情况等判断是否属于专为避税设立的壳公司；

（四）其他需要收集的相关信息资料。

第二十条　对所收集的数据与信息进行初步复核及整理，关注包括但不限于以下事项：

（一）审核收集的数据及信息在财务核算和纳税申报方面是否存在差错；

（二）分析收集的数据及信息是否恰当、真实和完整；

（三）分析收集的数据及信息是否与服务需求紧密契合，是否足够支撑方案制定。

第二十一条　对委托人情况理解不充分导致的分歧，涉税服务人员应重新调查或与委托人进行讨论、确认。

对涉及委托人重要事项及重大经济利益等资料，可要求委托人签字和盖章确认。

第二节　分析适用法律法规及参考案例

第二十二条　收集分析有关企业重组税收政策法规，分析或了解出台背景、执行对象、执行条件以及执行流程，分析法规政策与服务需求的匹配程度和差异点。

第二十三条　收集重组策划涉及的各纳税主体企业所在地区域性税收政策以及税务机关税收执法环境等资料。

第二十四条　涉税服务人员根据具体服务目标收集的信息和资料，研读相关的税收政策、法规及税收协定条款，确定政策法规的引用方向和基础。

对相关税收法律法规理解不同所导致的分歧，可以向税务机关或者专家学者进行咨询及讨论。在与税务机关或者专家学者进行沟通前，应告知委托人，沟通时应注意对委托人信息保密。

第二十五条　根据案例背景、策划条件、执行过程及财税管理部门判定结果等信息，寻找类似的重组税收策划案例信息，并与委托人的数据与信息及服务需求进行差异分析，以此作为方案设计参考。

第三节　设计策划方案

第二十六条　依据收集的数据与信息，结合政策分析、参考的案例以及企业组织构架基础上，项目负责人设计可能存在的不同税收策划方案，分析和确定各项重组标的资产在不同重组方案下的各税种的税收成本、税收风险、资金需求及可操作性。

第二十七条 重组税收策划方案应尽可能详细地分步骤设计，并须明确提出方案实施的前置条件、政策依据、步骤顺序、实操要领等。

第二十八条 提供重组税收策划方案时，可根据目标实现及业务实际情况，选择重组方式。

第二十九条 选择法律形式改变税收策划方式时，应关注的重点包括但不限于以下事项：

（一）对利用公司、自然人、个体户、合伙企业以及个人独资企业股东身份而改变企业为有限责任公司的，视同企业进行清算、分配，股东重新投资成立新企业处理；

（二）对其他法律形式简单改变的，可直接变更税务登记，有关企业纳税事项由变更后企业承继。

第三十条 选择债务重组税收策划方式时，应关注的重点包括但不限于以下事项：

（一）充分理解债务重组的定义。债务重组，是指在债务人发生财务困难的情况下，债权人按照其与债务人达成的协议或者法院的裁定做出让步的事项。若按照双方协议或法院裁定，债权人实质未做出让步，只是将债权换成了其他资产，则不属于债务重组的范围。

（二）分解交易内容。债权转股权应分解为债务清偿和股权投资两项业务，确认有关债务清偿所得或损失；以非货币资产清偿债务应分解为转让相关非货币性资产、按非货币性资产公允价值清偿债务两项业务，确认相关资产转让的所得或损失。

（三）合理策划享受企业所得税递延纳税政策。企业债务重组确认的应纳税所得额符合条件的，可在 5 个纳税年度的期间内均匀计入各年度的应纳税所得额；对于债权转股权业务，债务清偿和股权投资两项业务暂不确认所得或损失。

第三十一条 选择资产收购税收策划方式时，应关注的重点包括但不限于以下事项：

（一）合理策划享受企业所得税递延纳税政策，对股权支付比例与收购资产比例符合特殊性税务处理条件的，转让企业（被收购企业）无须确认转让所得；

（二）资产收购选择特殊性税务处理，在重组后的连续12个月内，取得资产方不改变重组资产原来的实质性经营活动，转让企业（被收购企业）股东不转让所取得股权；

（三）合理利用整体并购策略，收购标的企业全部或者部分实物资产以及与其相关联的债权、负债和劳动力，享受增值税优惠政策；

（四）合理利用作为非债权人收购破产企业土地、房屋权属时，安置员工达到一定比例，享受契税优惠政策；

（五）收购标的资产是否涉及不征税收入等税收优惠，关注税收优惠延续性；

（六）对于100%直接控制的居民企业母子公司之间以及受同一或相同多家母公司100%直接控制的子公司之间的资产收购，关注资产划转和资产收购的区别及适用性。

第三十二条　选择股权收购税收策划方式时，应关注的重点包括但不限于以下事项：

（一）合理策划享受企业所得税递延纳税政策，对股权支付比例与收购股权比例符合条件的，被收购企业股东无须确认股权转让所得，收购企业、被收购企业的原有各项资产和负债的计税基础和其他相关企业所得税事项保持不变；

（二）股权收购若选择一般性税务处理，合理策划通过提前分配利润，将应税转让所得转为免税分配所得，降低股权转让税收成本；

（三）对于100%直接控制的居民企业母子公司之间以及受同一或相同多家母公司100%直接控制的子公司之间的股权收购，关注股权划转和股权收购的区别及适用性。

第三十三条　选择企业合并税收策划方式时，应关注的重点包括但不限于以下事项：

（一）合理策划享受税收优惠，符合条件的企业合并，享受企业所得税、增值税、契税及印花税等税收免征或递延纳税政策，除房地产企业外，合并双方可以享受免征土地增值税；

（二）合理策划亏损弥补事项，根据情况选择一般性税务处理或特殊性税务处理。对特殊性税务处理，被吸收合并企业亏损按限额在规定年度内由吸收合并方弥补；对一般性税务处理，被吸收合并方按清算、分配处理，股东按收回股权投资处理；

（三）合并选择特殊性税务处理，取得股权支付的原主要股东，在重组后连续12个月内，不得转让所取得的股权，合并企业12个月内不改变被合并企业资产原来的实质性经营活动；

（四）合理策划增值税留抵税额结转，对被合并企业注销时留抵税额策划转移至合并方抵扣。

第三十四条　选择企业分立税收策划方式时，应关注的重点包括但不限于以下事项：

（一）合理策划享受税收优惠，对符合条件的企业分立事项，享受企业所得税、增值税、契税、印花税等税收免征或递延纳税政策，除房地产企业外，公司分立可以享受免征土地增值税；

（二）分立选择企业所得税特殊性税务处理，须满足分立企业在重组后的连续12个月内不改变资产原来的实质性经营活动，分立企业原主要股东在重组后连续12个月内，不得转让所取得的股权。

第三十五条　选择资产（股权）划转税收策划方式时，应关注的重点包括但不限于以下事项：

（一）资产（股权）划拨特殊性税务处理对会计处理应符合相关规定；

（二）合理策划享受企业所得税递延纳税政策，对100%直接控制的居民企业之间，以及受同一或相同多家居民企业100%直接控制的居民企业之间按账面净值划转股权或资产符合条件的，双方不确认所得；

（三）选择特殊性税务处理划转取得股权（资产），须满足股权或资产划转后连续12个月内不改变被划转股权或资产原来实质性经营活动；

（四）合理策划享受企业接收股东划入资产作为资本金（包括资本公积）可以不计入收入总额的优惠政策；

（五）合理利用划转资产行为免征契税等税收优惠政策。

第三十六条　选择非货币性资产投资税收策划方式时，应关注的重点包括但不限于以下事项：

（一）合理策划享受以非货币性资产对外投资递延纳税政策，对以非货币性资产投资按公允价值计算确认转让所得，在不超过5个纳税年度分期均匀确认企业所得应纳税所得额；

（二）对外投资分期确认所得，投资项目5年内注销或转让的，应在注销或转让当年一次性确认所得；

（三）合理策划享受非货币资产对外投资土地增值税、契税等税收优惠政策。

第四节　方案数据测算及对比分析

第三十七条　涉税服务人员根据重组策划方案，设置评价方案的试算指标，形成测算结果，以便对各个方案进行量化评价。

第三十八条　在试算过程中应就试算指标、计算方法、试算前提及试算假设与委托人进行沟通，并按照各因素对委托人的重要程度有侧重地进行试算与分析。

（一）设置测算指标：测算指标应体现重组税收策划方案的税收成本、纳税风险、经营效益等结果；

（二）进行测算并形成测算结果：制定表格、清晰简练文字描述等多样式呈现测算结果，以便委托人直观了解测算结果。

第三十九条　重组税收策划方案设计试算数据，应重点关注包括但不限于以下事项：

（一）策划方案确定计税基础及应纳税金额时，若存在税收法规政策与财务会计规定不一致的，应以税收法规政策为准。税收法律法规政策没有明确规定的，可参考财务会计规定；

（二）策划方案引用各项资产公允价值时，应为非关联双方在自愿和公平交易条件下所确定的价格。对于公允价值难以认定的，可参考引用评估公司等第三方中介机构的评估结果；

（三）策划方案设计中企业与其关联方之间业务往来的交易价格，应当按照与独立第三方的交易价格、交易方式等要素进行确认计量，不应直接以减少企业或者其关联方应纳税收入或者所得额为目标调整交易价格。

第四十条　对比分析是涉税服务人员从多维度评价分析策划方案的过程，体现服务成果的专业、客观及谨慎，通过对比方法展示不同策划方案的优势及不足，重点分析可能会阻碍企业重组正常推进，导致企业重组税收策划目标失败因素。

第四十一条　对比分析多方案试算结果，应体现方案税收成本，同时根据受托业务范围结合委托人提供的相关信息，分析各个策划方案对委托人的财务管理、资金成本等事项造成的影响，合理预估各个策划方案的管理成本和操作成本。

第四十二条　对比分析多方案政策适用性。结合政策法规解读策划成果，评价各个策划方案的适用性，分析其适用差距及贴合方法，突出税收政策适用性的风险评价，包括但不限于以下风险：

（一）重组税务备案风险。重组及其税务处理方案不符合主管税务机关政策执行口径，导致无法报请主管税务机关备案；

（二）不具备合理商业目的风险。重组交易无实质的商业目的，明显带有以减少、逃避税收为唯一或主要目的的嫌疑，被主管税务机关认定交易架构和交易方式安排不当；

（三）重组后税收政策延续风险。企业正在执行的税务政策、享受的税务优惠政策因重组因素不再继续符合政策导致重组效果出现折扣（方案失败）风险。

第四十三条　涉税服务人员将对比分析的结果进行归纳整理后，与委托人进行充分的沟通，关注策划成果与委托人经营目标的一致性，并经委托人认可。

第四章　业务记录与成果

第四十四条　税务师事务所提供企业重组税收策划业务，应当遵循《税收策划业务指引（试行）》和《税务师行业涉税专业服务程序指引（试行）》相关的规定编制工作底稿与业务报告。

业务成果包括出具税收策划报告、方案分析文档、方案试算底稿等。

第四十五条　企业重组税收策划报告包括封面、前言、背景、法规依据、策划方案、分析比较内容、实施取向以及附件等基本要素。

第四十六条　企业重组税收策划报告中背景资料是根据委托人所提供以及与委托人沟通后所掌握的数据信息，经过整理后提炼出与企业重组税收策划服务相关的内容情况，具体应包括但不限于以下内容：

（一）委托人基本信息情况；

（二）委托人的具体目标；

（三）其他与委托人直接相关服务内容情况事项。

第四十七条　企业重组税收策划报告中列明与服务内容相关法律法规条款，法律法规条款繁多时可以对其内容进行归纳后列示。

第四十八条　企业重组税收策划报告中应提出税收策划方案并分析比较内容，包括但不限于：

（一）列示不同策划方案下的主要分析过程、方案实施步骤、方案测算结果、优势及不足评价；

（二）列示不同策划方案风险提示，在对策划方案内容、实施取向以及分析过程列出风险提示，提醒报告使用人可能存在的风险和不确定性。

第五章　附　则

第四十九条　本指引自2020年8月1日起试行。

附件1：

企业重组税收策划业务报告
（参考示例）

报告号：

备案号：

一、封面示例

关于________公司重组税收策划业务报告

________税务师事务所

________年________月________日

二、前言示例

（一）要点

1. 敬语

2. 简要过程或结论

3. 事务所名称和日期

（二）示例

致：有限公司敬启者

________税务师事务所（以下简称“我们”）非常高兴接受贵公司的委托，对贵公司的资产重组提供税收策划专项服务，依据现行的法律法规对企业的重组方案进行纳税成本管理分析并提供专业的建议。我们在此向贵公司提交《重组税收策划业务报告》，供贵公司参考使用。

在我们工作期间得到了贵公司财务部的大力支持和协作，在此我们表示衷心感谢。

________税务师事务所

________年________月________日

三、报告目录示例

（一）要点

1. 逻辑清晰、简洁

2. 目录名称与题目保持一致

3. 页码与内容对应

（二）示例

目录

四、报告目的、报告限制用语示例

（一）要点

写明起草报告目的，如咨询报告背景，并不与业务委托书相冲突。

报告中应向客户说明报告的使用、责任等重要方面的事项。

（二）示例

1. 报告目的

我们接受委托，对 A 公司的资产重组提供税收策划专项服务，依据现行的法律法规对企业的重组方案进行纳税成本管理分析并提供专业的建议。

2. 报告限制

需要指出的是，我们的调查工作并非执行审计程序，因而不能亦不会提供与审计服务相同程序的保障，不会对获取的信息发表审计意见。我们的资料信息来源于公司提供的资料、访谈记录和公司管理层的口头说明与解释。

我们并没有执行任何审计性质的工作，也没有对本报告内的财务或其他资料执行任何核对或验证程序。因此，我们不对本报告内资料的准确性或完整性承担责任。

本报告分析结果仅供公司管理层内部决策参考使用，不得作为其他任何目的的引用或使用。

五、报告正文语示例

（一）要点

写明起草报告企业基本情况，项目背景即服务需求等。

报告应说明筹划重组方案及对比分析过程及注意事项。

（二）示例

1. 企业基本情况
2. 委托项目
3. 资产重组方案
4. 重组方案纳税成本对比分析
5. 重组方案选择
6. 重组其他需关注事项
7. 重组税收策划报告参考税收政策

附件2：

报告参考示例

一、企业基本情况

A公司成立日期、营业执照、注册地址、法定代表人以及股权情况等资料。

二、委托项目

（一）项目背景

（二）服务需求

在满足公司经营目标的前提下，策划A公司账面资产（含土地、房屋和商标）以合理纳税成本方式转移至股东新成立的B公司。

三、资产重组方案

方案一：资产无偿划转+业务转移+股权交易模式

（一）方案描述

（二）流程图

（三）纳税成本匡算

（四）方案分析

优势：

劣势：

方案二：非货币性资产出资+业务转移+股权交易模式

（一）方案描述

（二）流程图

（三）税费匡算

税费计算过程：

（四）方案分析

优势：

劣势：

方案三：整体资产带负债人员一并划转 + 业务转移 + 股权交易

（一）方案描述

（二）流程图

（三）税费匡算

（四）方案分析

优势：

劣势：

四、重组方案税负对比分析

方案税负对比分析表

五、重组方案选择

六、重组其他需关注事项

七、重组税收策划报告参考税收政策

（一）企业所得税

（二）增值税

（三）土地增值税

（四）契税

（五）印花税

（六）其他

后　记

感谢各位读者朋友们的信任，购买并阅读此书。作为一本企业并购重组工作的参考书籍，希望本书能带给您启迪和帮助。

本书从2017年开始启动，当时正值企业并购重组业务蓬勃发展时期，在此过程中，企业家们和财税业务工作者亟须对并购重组过程中所涉及财务和税务事宜进行了解和归纳，也非常希望熟知在实践操作过程中的程序和风险。基于上述需求，我考虑可以将并购和重组过程中涉及的财税法规和相关实践经验，结合诸位同行的需求进行系统、简明的梳理和总结，提炼出企业并购重组过程中的财务和税务核心要点，为已经或者即将进行并购重组的企业提供简明扼要的系统化指引，协助他们了解并购和重组过程中的财税要点，规避相关财税风险。带着这样的初衷，承蒙国家行政管理出版社的鼓励，我开始撰写此书。本书在写作过程中，不断有财税新规颁布和实施，越来越多的企业通过并购和重组为企业赋能并创造新的生机。我结合最新的财税新规和实践经验对本书内容进行了多次的补充整理和完善。

在并购和重组实践经验方面，我也得到了众多企业家朋友和财税同行的支持。中汇税务师事务所高级经理张娟、某集团财务总监曹义胜对本书第三章和第四章内容的撰写提供了大力支持。

此外，特别感谢国家行政管理出版社的王莹主任，没有她及其团队的悉心指导和耐心沟通，本书不会如此顺利地完成和出版。在此一并表示感谢。

最后，感谢我的家人给予我的全力支持，使我在繁忙的工作之余可以全情投入到本书的写作过程中。

由于时间仓促，本书在内容上一定还有不完善的地方，如果书中内容、观点或者引用案例有不当之处，敬请读者朋友们不吝赐教。

巴海鹰

2021 年 12 月于北京

推荐语 RECOMMENDATION

作者以从事税务工作20多年的实践经验，结合其深厚的财税知识底蕴，全面讲解了企业并购重组的财税问题及筹划方案，给读者以实际的帮助。值得期待!

彭启蕾

罗格科技集团高级副总裁

罗格研究院院长

本书对并购重组全环节（财务、税收、审计政策、实务）进行了介绍，在企业并购重组过程中如何开展财税尽职调查、并购评估、财税和审计工作，以及防范相关财税风险进行了详细的讲解。相信每一位读者都会通过阅读学习本书，系统地掌握并购重组相关财税知识，进一步提高个人专业能力。

周 涛

国家税务总局货物和劳务税司二级调研员

并购重组是企业谋求战略转型和规模扩张的重要途径，更是企业发展历程中必然面对的战略决策课题。并购重组本身属于资本运营范畴，涉及繁杂、专业的税务及财务处理事项。凡事预则立，不预则废。并购类财税处理事项，面对内外部因素复杂变化，必须规划在前，首先确定关键合规要素、优化并购框架和路径，在执行中面对各种变化，才可从容有序。为此，除了确保理论上的合规，更需要结合不同并购项目实际情况进行设计和规范，才可专业高效，总体税负最优。本书以作者多年的专业财务咨询实务和案例为基础，整理出企业并购之投前、投中、投后各环节的财税问题及筹划方案，务实且通俗易懂，涵盖了主要的并购业务情况，具有很好的专业指导作用。本书可作为参考用书，助力企业高效并购运作，体现财税经理人职业价值。

尹 磊

北京德瑞通咨询有限公司高级合伙人

原业之峰集团副总裁兼CFO

原李宁有限公司财务会计总监

并购是一项综合的、复杂的、跨专业的投资业务。在并购业务中，专业和经验并驾齐驱。每一个并购标的都是独特的，不能靠单一的专业力量完成其全部过程，其潜在的风险令投资人心怀忐忑。财税专业在并购业务中起着核心作用，因为对并购标的所有的认知程序都是为了识别风险、评估价值，而风险识别、价值评估的所有结果都将呈现在财税结论中。掌控了财税风险，也就掌控了并购标的的价值风险。

要想贯通企业并购，单靠理论知识远远不够，还需大量的实践积累方能游刃有余。愿此书能使读者开眼界、明疑惑，带给大家深邃的思考。

韩玉岭

华润置地华北大区财务部助理总经理

作者基于扎实的理论功底和多年工作实践，将并购重组的实战案例进行了系统梳理。本书特色一是“实”，书中案例绝大部分来自作者多年来为大中型企业服务的第一手实战案例；二是“精”，将一个异常复杂的跨学科的综合业务凝练到20万字让读者基本掌握并购重组的体系及实操方法论；三是“广”，本书将理论与实务融于一体，适用的读者对象非常广泛，财税实务工作者，在校的财税、法律研究生和税务执法部门的工作者都可从中受益。

吴　建

中汇江苏税务师事务所合伙人

原苏宁环球集团税务总监

原江苏省建筑设计研究院财务总监

原福中集团财务总监

企业并购涉及的财税问题极其复杂，稍有不慎就会给企业带来重大损失。此书从理论到实务操作阐述如何处理好并购中的财税问题，尤其是对一些经典案例的剖析，具有很高的实务指导价值，是我们财税工作者在并购工作中的必备参考书。

张　波

中汇（四川）税务师事务所合伙人